D1670653

Schriften der EBS Law School

herausgegeben von
der EBS Universität für Wirtschaft und Recht

Band 2

Michael Nietsch/Matthias Weller/Markus Kiesel (Hrsg.)

Kulturstiftungen

Gründung – Führung – Kontrolle

Nomos

Die Deutsche Bibliothek verzeichnet diese Publikation in
der Deutschen Nationalbibliografie; detaillierte bibliografische
Daten sind im Internet über http://dnb.ddb.de abrufbar.

ISBN 978-3-8487-1040-9

1. Auflage 2013
© Nomos Verlagsgesellschaft, Baden-Baden 2013. Printed in Germany. Alle Rechte,
auch die des Nachdrucks von Auszügen, der fotomechanischen Wiedergabe und der
Übersetzung, vorbehalten. Gedruckt auf alterungsbeständigem Papier.

Vorwort

Stiftungen spielen im öffentlichen Leben eine immer größere Rolle. Sie ermöglichen es vermögenden Privatpersonen und Unternehmen, sich zu engagieren und eigene Ideen zu befördern. Die Umsetzung der Stiftungsidee ist allerdings nicht einfach. Dies gilt insbesondere für Kulturstiftungen. Die EBS Law School veranstaltete deshalb am 23. Februar 2013 im Foyer des Hessischen Staatstheaters das Symposium „Kulturstiftungen: Gründung – Führung – Kontrolle". Prof. Dr. Dr. *Gerrick Frhr. v. Hoyningen-Huene*, Vizepräsident der EBS Universität für Wirtschaft und Recht und Dekan der EBS Law School, eröffnete die Tagung. Der Oberbürgermeister der Stadt Wiesbaden Dr. *Helmut Müller* übernahm die Schirmherrschaft und sprach seinerseits ein Grußwort.

Der vorliegende Tagungsband enthält die Schriftfassung der Fachbeiträge. Im ersten Teil werden stiftungsrechtliche Grundlagen gelegt. Prof. Dr. *Michael Nietsch*, EBS Law School, führt in diese Grundlagen ein. Prof. Dr. *Stefan Geibel*, Centrum für soziale Investitionen und Innovationen (CSI), Universität Heidelberg, stellt neue Rechtsformmöglichkeiten für Kulturstiftungen vor. RiAG Priv.-Doz. Dr. *Thomas von Hippel*, Amtsgericht Hamburg-St. Goar, zeigt Möglichkeiten und Grenzen nachträglicher Zweck- und Satzungsänderungen auf. Prof. Dr. *Ulrich Burgard*, Universität Magdeburg, thematisiert die Corporate Governance bei Kulturstiftungen.

Im zweiten Teil wird ein konkretes Beispiel zur Diskussion gestellt, nämlich die Richard-Wagner-Stiftung. Diese soll den künstlerischen Nachlass Richard Wagners pflegen und das Festspielhaus in Bayreuth dauerhaft für die Nachwelt erhalten. Welche stiftungsrechtlichen Maßgaben hierfür gelten und wie die Verwirklichung des Stiftungszwecks zu bewirken sei, diese Fragen werden unterschiedlich beurteilt. Dr. *Markus Kiesel*, Heidelberg, führt in diese Thematik ein. Prof. h.c. Dr. *Nike Wagner*, Leiterin des Kunstfestes Weimar, schildert sodann die Geschichte und die Idee einer Richard-Wagner-Stiftung. Reg.-Präs. *Wilhelm Wenning*, Vorsitzender der Richard-Wagner-Stiftung beschreibt im Anschluss aus seiner Sicht die Stiftung als eine „nicht ganz alltägliche". Prof. Dr. *Gerte Reichelt*, Vorsitzende der Forschungsgesellschaft Kunst und Recht an der Universität Wien untersucht den kulturellen Ensembleschutz als Element der Erinnerungskultur in Bayreuth und fragt nach daraus erwachsenden Maßgaben für die Auslegung des Stiftungszwecks. Prof. Dr. Dr. h.c. mult. *Erik Jayme*, LL.M., Universität Heidelberg, stellt Stiftungen und andere Rechtsinstitute als Instrumente der rechtlichen Verfestigung der Erinnerungskultur zur Diskussion.

Zum Teil finden sich im Anschluss an die Beiträge schriftlich festgehaltene Diskussionsbeiträge. Hierzu hatten die Veranstalter das Auditorium eingeladen.

Die Idee zur Tagung im Wagnerjahr 2013 entstand aus Gesprächen zwischen Prof. Dr. Dr. h.c. mult. *Erik Jayme*, Institut für ausländisches und internationales Privat- und Wirtschaftsrecht der Ruprecht-Karls-Universität Heidelberg, Prof. Dr. *Matthias Weller*, Mag.rer.publ., EBS Law School, und Dr. *Markus Kiesel* bei verschiedenen Treffen in Wien, Heidelberg und Wiesbaden. Mit Prof. Dr. *Stefan Geibel*, Institut für deutsches und europäisches Gesellschafts- und Wirtschaftsrecht der Ruprecht-Karls-Universität Heidelberg, zugleich Direktor des Centrums für soziale Investitionen und Innovationen (CSI) der Universität Heidelberg, fand die Veranstaltung einen starken wissenschaftlichen Kooperationspartner. Realisieren ließ sich die Tagung nur durch die großzügige Unterstützung der EBS Universität Wiesbaden, der Sal. Oppenheim Privatbank sowie weiterer Förderern. Hierfür danken die Herausgeber herzlich. Herr Ref. iur. *Gordon Dawirs*, Wiesbaden, übernahm als Projektleiter die Organisation der Tagung. Frau *Petra Schröder*, Wiesbaden, betreute die Drucklegung. Beiden danken die Herausgeber ebenfalls herzlich!

Michael Nietsch / *Matthias Weller*, Wiesbaden
Markus Kiesel, Heidelberg

Inhaltsverzeichnis

Teil 1: Stiftungsrechtliche Grundlagen

Einführung: Perspektiven von Kulturstiftungen

Michael Nietsch [*]

A.   Aktuelle Entwicklungstendenzen im Stiftungsrecht

Die Stiftung ist ein Verband, der im Gegensatz zu anderen keine Gesellschafter oder Mitglieder hat.[1] Sein wesentliches Merkmal ist die dauerhafte Widmung eines bestimmten Vermögens zur Verfolgung eines konkreten Stiftungszwecks. Dies erfordert die Schaffung einer Organisation, welche der Stiftung Handlungsfähigkeit verleiht. Im vergangenen Jahrzehnt hat sich die Zahl der rechtsfähigen Stiftungen bürgerlichen Rechts mehr als verdoppelt. Ausgangspunkt für den Aufschwung der Stiftungsgründungen war vor allem das Gesetz zur weiteren steuerlichen Förderung von Stiftungen.[2] Ihm schloss sich zeitnah das Gesetz zur Modernisierung des Stiftungsrechts an.[3] Nachdem die Zahl der neu gegründeten Stiftungen mit 1.134 im Jahr 2007 einen vorläufigen Höhepunkt erreicht hatte, ist der Zuwachs dieser Rechtsform zwar konstant rückläufig und mit 645 Neugründungen im Jahre 2012 auf dem niedrigsten Stand seit 1999. Gleichzeitig darf diese Entwicklung den Blick aber nicht darauf verstellen, dass sich die rechtsfähige Stiftung bürgerlichen Rechts mit derzeit rund 19.500 Stiftungen zu einer bedeutenden Rechtsform entwickelt hat.[4] Das gilt umso mehr, als sich neben der selbständigen Stiftung geschätzte 40.000 sog. unselbständige Stiftungen finden.[5] Hinzu kommt eine zahlenmäßig zwar geringe, aber mit erheblichem Vermögen ausgestattete Gruppe von Kapitalgesellschaften mit Stiftungszwecken.[6]

Die Gesetzgebung setzt ihre Anstrengungen zur Erleichterung von Stiftungsgründungen und der Steigerung der Attraktivität dieser Rechtsform durch steuerliche Anreize weiterhin fort. Ging es in der Vergangenheit vor allem um die Hö-

---

[*]   Prof. Dr. Michael Nietsch ist Inhaber des Lehrstuhls für Bürgerliches Recht, Unternehmensrecht und Kapitalmarktrecht, EBS Law School, Wiesbaden.

[1]   Weiterführend zum Stiftungsbegriff *Beuthien*, in Münchener Handbuch des Gesellschaftsrechts, Bd. 5, 3. Aufl., München 2009, § 77 Rn. 1 ff.

[2]   BGBl. I 2000, 1034; zur Entwicklung auch *Zimmermann*, NJW 2011, 2931.

[3]   BGBl. I 2002, 2634.

[4]   Quelle der statistischen Angaben: Bundesverband deutscher Stiftungen.

[5]   Vgl. dazu den Beitrag von *Geibel*, S. 26 f.; ferner *Zimmermann*, NJW 2011, 2931.

[6]   Vgl. *Zimmermann*, NJW 2011, 2931, 2932.

he des steuerfrei als Kapital in eine Stiftung einzubringenden Geldbetrages – seit 2002 konnten rund 300.000 Euro steuerfrei eingebracht werden, und im Jahre 2007 wurde dieser Betrag auf 1 Million erhöht – so zielen die derzeit zu beobachtenden Reformbestrebungen darauf, die Finanzverfassung von Stiftungen zu stärken. Das unlängst in Kraft getretene Gesetz zur Stärkung des Ehrenamtes[7] bezweckt eine Erleichterung gemeinnützigen Engagements zwar in allgemeiner Form – hat also insbesondere den bürgerlich-rechtlichen Verein vor Augen. Es begünstigt durch erweiterte Möglichkeiten der Rücklagenbildung (§ 62 AO n. F.), einen eindeutigen gesetzlichen Rahmen als Verbrauchsstiftung und die Zulässigkeit eines beschränkten „Endowment" aber zugleich und in besonderer Weise Stiftungen.[8] § 80 II 2 BGB n. F. stellt nunmehr klar, dass auch eine auf mindestens 10 Jahre befristete Stiftung als Verbrauchsstiftung anzuerkennen ist.[9] Unter dem „Endowment"-Verbot war es Stiftungen bislang verwehrt, zeitnah zu verwendende Mittel als Ausstattungskapital einer neuen gemeinnützigen Stiftung einzusetzen. Hierdurch wurden gemeinnützige Einrichtungen erheblich darin eingeschränkt, sich als (Zu-)Stifter an der Gründung anderer gemeinnütziger Verbände zu beteiligten. § 58 Nr. 3 AO erlaubt in seiner neuen Fassung nunmehr eine partielle Einnahmenverwendung in dieser Weise und geht in seinem Umfang sogar über die ursprünglichen rechtspolitischen Forderungen des Stifterverbands hinaus.[10] Davon verspricht man sich ein zunehmendes Engagement insbesondere im Rahmen der Wissenschaftsförderung, hatte vor allem das bisherige Endowment-Verbot Stiftungen weitgehend daran gehindert, Professuren dauerhaft mit Kapital auszustatten.[11] Gleichermaßen erwartet man Erleichterungen der Kulturförderung durch Zustiftungen.

Im Wege haftungsbeschränkender Neuregelungen greift der Gesetzgeber zudem in verstärktem Maße in die Stiftungs-Governance ein. Schon im Zuge der Vereinsrechtsreform war die Haftung von Vorstandsmitgliedern, die unentgeltlich oder nur gegen geringfügige Vergütung (von zunächst 500 Euro nunmehr 720 Euro) tätig sind, gegenüber dem Verein auf vorsätzlich oder grob fahrlässig

---

7   BGBl. I 2013, 556.
8   Vgl. dazu *Hüttemann*, DB 2012, 2592, 2593 f.
9   Krit. und abweichend zur „Verbrauchsstiftung" nach der bisherigen Rechtslage *Suerbaum*, in Stumpf/Suerbaum/Schulte/Pauli (Hrsg.), Stiftungsrecht, C. Rn. 123; zum Diskussionsstand auch *Hof,* in Seifart/v. Campenhausen (Hrsg.), Stiftungsrechts-Handbuch, 3. Aufl., München 2009, § 4 Rn. 50.
10 So können insgesamt 15% der Einkünfte für Zuwendungen verwendet werden. Vgl. zur Aufhebung des Endowment-Verbots etwa die Reformvorschläge des Bundesverband Deutscher Stiftungen vom November 2009 unter www.stiftungen.org.
11 Vgl. etwa FAZ v. 1.2.2013, S. 14.

verursachte Schäden beschränkt worden (§ 31a BGB).[12] Davon wurden allerdings nicht auch sonstige Organmitglieder, z. B. Stiftungsbeiräte, oder anderweitig ehrenamtlich handelnde Personen begünstigt. Nach Einfügung der zusätzlichen Bestimmung des § 31b BGB kommt die Haftungsmilderung nunmehr grundsätzlich allen Vereinsmitgliedern zugute. Die Vorschrift ist von der Verweisungsnorm des § 86 BGB allerdings nicht erfasst, gilt also nicht unmittelbar für Stiftungen.

B. Begriff und Bedeutung von Kulturstiftungen

Die vorstehend beschriebene Entwicklung erweist sich auch für Kulturstiftungen als außerordentlich bedeutsam. Der Begriff der Kulturstiftung ist nicht allgemein definiert.[13] Dergestalt bezeichnen kann man Stiftungen, die entweder selbst eine kulturelle Einrichtung oder kulturelle Veranstaltung betreiben oder sich der Förderung von kulturellen Einrichtungen, Veranstaltungen oder kulturschaffenden Personen widmen. Die Förderung von Kunst und Kultur im Sinne des abgabenrechtlichen Begriffsverständnisses (§ 52 II Nr. 5 AO) umfasst die Bereiche der Musik, der Literatur, der darstellenden und bildenden Kunst und schließt die Förderung von kulturellen Einrichtungen, wie Theatern und Museen, sowie von kulturellen Veranstaltungen, wie Konzerten und Kunstausstellungen, ein. Ebenfalls hierzu gehört die Pflege und Erhaltung von Kulturwerten, also Gegenständen von künstlerischer und sonstiger kultureller Bedeutung, Kunstsammlungen und künstlerischen Nachlässen, Bibliotheken, Archiven sowie anderen vergleichbaren Einrichtungen.[14] Dabei kommt dem Gedanken des Ensemble-Schutzes besonderer Stellenwert zu.

Verfolgt werden diese Stiftungszwecke aus ganz unterschiedlichen Gründen und mitunter von sehr heterogenen Personengruppen. Stifter sind sowohl juristische Personen des öffentlichen Rechts wie des Privatrechts, aber auch einzelne natürliche Personen oder Personengruppen, zum Beispiel Familien. Beispiele für Kulturstiftungen mit öffentlich-rechtlicher Trägerschaft finden sich in Form der Kulturstiftung des Bundes und der Kulturstiftung der Länder. Die Kulturstiftung des Bundes fördert insbesondere internationale Kulturprojekte im Rahmen der Zuständigkeit des Bundes. Die Kulturstiftung der Länder fördert maßgeblich kulturelle Einrichtungen wie etwa Museen, Bibliotheken und Archive. Ihr Ziel be-

---

12 BGBl. I 2009, 3161.
13 Vgl. ausführlich zur Phänomenologie *Geibel*, S. 26 f.
14 *Pauli*, in Stumpf/Suerbaum/Schulte/Pauli (Hrsg.), Stiftungsrecht, § 52 E Rn. 14.

steht insbesondere darin, national wertvolle Kunstwerke und Kulturgüter, aber auch Objekte der Natur- und Technikgeschichte zu erwerben und zu unterhalten. Der Ankauf findet hierbei vielfach aus Nachlässen von Künstlern, Sammlern, aber auch öffentlich-rechtlichen Körperschaften statt. Beispiele für private Kulturstiftungen finden sich in Gestalt der in diesem Band eingehend und exemplarisch dargestellten Richard Wagner-Stiftung oder etwa der Kulturstiftung der Deutschen Bank. Gemeinsames Bestreben vieler Kulturstiftungen ist der Erhalt der Erinnerungskultur, Wirkungskultur und Geschichte von Künstlern. Es geht damit um den Erhalt und das Verständnis von Kunstwerken, aber auch die Ermöglichung von sich aus ihnen ergebenden Folgerungen für die Gegenwart. Die historische Dimension vieler Kulturstiftungen wird auch am Beispiel der ältesten Kulturstiftung der Bundesrepublik Deutschland, der Franckeschen Stiftungen zu Halle, deutlich. Gegründet im Jahre 1698 war sie nach heutigem Verständnis eher eine soziale Stiftung. Die Reformvorhaben des Stifters (August Hermann Francke, 1663 – 1726) umfassten Aktivitäten im kirchlichen Bereich, Bildung und Universität sowie Sozialfürsorge und Gesellschaft. Diesen Zwecken dient die Stiftung auch in der Gegenwart. Gleichzeitig besteht ihr wesentliches Anliegen darin, die Person des Stifters, ihr Wirken und die dadurch ausgelösten gesellschaftlichen Veränderungen zum Gegenstand der Erinnerungskultur der Gegenwart zu machen.

Kulturstiftungen haben in der deutschen Stiftungslandschaft herausragendes Gewicht. Zwar entscheidet sich die überwiegende Zahl aller Stifter (im langjährigen Durchschnitt 31 Prozent) für gesellschaftlich-soziale Zwecke.[15] Auf Stiftungen, die sich kulturellen Zwecken einschließlich der Bildung und Erziehung verschreiben, entfallen aber immerhin rund 15 Prozent.[16] Damit gehören Kulturstiftungen zu der zweitgrößten Stiftungskategorie. Ihre Zahl beträgt rund 3.000 Stiftungen.

---

15   Quelle: Bundesverband deutscher Stifter.
16   Etwa 13 Prozent aller Stiftungsgründungen verfolgen Zwecke auf den Gebieten Wissenschaft und Forschung, jeweils 4 Prozent der Stiftungen dienen rein privaten Zwecken bzw. dem Umweltschutz. Die übrigen 33 Prozent verteilen sich auf verschiedene weitere Förderzwecke.

C. Rechtsfragen von Kulturstiftungen

I. Verbleibender Reformbedarf im Stiftungsrecht

Die eingangs erwähnten Gesetzesreformen haben maßgeblich dazu beigetragen, die Gründungen von Stiftungen zu erleichtern und diese durch steuerliche Anreize allgemein zu fördern. Auch die neuerdings in den Blick genommene Verbesserung der Finanzverfassung von Stiftungen dürfte dieser Rechtsform weiteren Schub verleihen. Wenig Aufmerksamkeit von Seiten des Gesetzgebers haben dagegen bislang Fragen der Stiftungsorganisation und der Stiftungsführung, also der Stiftungs-Governance erhalten. Das muss überraschen, handelt es sich bei der weit überwiegenden Zahl der Stiftungsanliegen letztlich im Kern um eine unternehmerische Tätigkeit. Verwundern muss die bisherige Enthaltsamkeit des Gesetzgebers auch deswegen, weil sowohl im Bereich der Stiftungs-Führung wie ihrer Organisation ein weitgehend unbestrittener Handlungs- und Regelungsbedarf besteht. So verfügen nur wenige Stiftungen über Elemente ordnungsgemäßer Unternehmensführung, die im erwerbswirtschaftlichen Bereich längst üblich sind. Zwar glaubt die weit überwiegende Mehrheit der Stiftungsvorstände, in Einklang mit den gesetzlichen Vorschriften zu handeln und den Stiftungszweck zu fördern. Gleichzeitig fehlt es vielfach aber an einem Risikomanagement, Regelungen zu Interessenkonflikten, der Herstellung von Transparenz und Rechnungslegung sowie der Gewährleistung zur Einhaltung rechtlicher Bestimmungen (Compliance). Im Bereich der Beaufsichtigung kommen weitere Defizite hinzu: So verfügt die öffentlich-rechtliche Stiftungsaufsicht lediglich über begrenzte Einblicke in das Geschehen und beschränkt sich im Rahmen ihrer Rechtsaufsicht größtenteils auf die Wahrung des Stiftungszwecks dem äußeren Rahmen nach. Spender und erst recht Destinatäre verfügen regelmäßig ebenso wenig über Einfluss auf die Stiftungsverwaltung. Zumeist sind sie auch nicht klagebefugt. Als besonders folgenreich wirkt sich ferner aus, dass es der Stiftung an Mitgliedern fehlt und Aufsichtsorgane innerhalb der Stiftung innerhalb entweder nicht existieren oder nur wenig effizient arbeiten. Auch dafür gibt es spezifische Gründe. Sie reichen von einer nur schwach ausgeprägten Funktionstrennung zwischen Stiftungsverwaltung und Stiftungsaufsicht über ein nur gelegentliches Engagement bis hin zu unzureichender Qualifikation. Letzteres findet seinen Grund vor allem darin, dass viele Stiftungsorgane ehrenamtlich tätig sind.

Damit rücken die Haftungsbeschränkungen der §§ 31a, 31b BGB in den Blickpunkt der Aufmerksamkeit. Unklar ist hier zum einen, ob die Privilegierung gemäß dem beschränkten Wortlaut des § 86 I BGB lediglich Stiftungsorganen zugute kommt oder ob sie auch – was auf den ersten Blick durchaus naheliegen könnte – auch andere Beteiligte hiervon begünstigt werden. Zum anderen muss über die weiteren Konsequenzen der Haftungsbeschränkung nachgedacht werden: Sie lässt die Gefahr für ein Einstehenmüssen wegen Verletzungen der organschaftlichen Pflichten im Ergebnis nämlich als fernliegend erscheinen. Damit wird zwar erreicht, dass sich überhaupt eine größere Zahl zu ehrenamtlichem Engagement bereiten Personen findet; kaufmännischer Sorgfalt und Disziplin bei der Stiftungsführung wird dadurch aber kein Dienst erwiesen. Mit der für eine unternehmenstragende Stiftung unerlässlichen Professionalisierung lässt sich das kaum vereinbaren. Hier hätte nahegelegen, über eine differenzierte Regelung nachzudenken, was sich in dem eher rudimentären Regelungsumfeld des Stiftungs- und Vereinsrecht freilich als echtes Novum erwiesen hätte.

Der Umstand, dass das Stiftungsrecht nur über einen vergleichsweise geringen Bestand gesetzlicher Regelungen verfügt, bildet zugleich den Ausgangspunkt einer anderen Frage, nämlich inwieweit sich eine Verbesserung der Stiftungs-Governance durch außergesetzliche Regulierung erreichen lässt. Der Bundesverband deutscher Stiftungen hat dem durch die Schaffung eines Verhaltenskodex über die „Grundsätze guter Stiftungspraxis" (2006) Rechnung tragen wollen. Allerdings scheint es an einer breitflächigen Akzeptanz zu mangeln. Anders als es beispielsweise beim Deutschen Corporate Governance Kodex der Fall ist, fehlt es jedoch an einer gesetzlichen Regelung, welche Stiftungen zur Erklärung darüber anhält, inwieweit sie diesem Kodex folgen oder davon abweichen (sogenanntes comply or explain, vgl. § 161 AktG). Daher ist zum einen undurchsichtig, welche Wirkung der Verhaltensleitfaden des Bundesverbands tatsächlich entfaltet. Zum anderen fehlt es jedenfalls an einem hinreichenden „Befolgungsdruck" seitens der Stiftungen.

II.   Besonderheiten von Kulturstiftungen

Die genannten Fragen stellen sich zwar in allgemeiner Form bei allen Stiftungen mit unternehmenstragender Bedeutung. Das gilt aber zugleich in besonderem Maße für Kulturstiftungen. Die bei ihnen bestehenden Problemlagen finden ihren Grund maßgeblich in zwei Umständen: Der erste besteht in ihrer vielfach eher schwach ausgeprägten Finanzverfassung. Deren Ursache liegt darin, dass die Kulturförderung zur Entlastung der öffentlichen Haushalte seitens der öffentlich-rechtlichen Gebietskörperschaften zwar in der jüngeren Vergangenheit zunehmend in Stiftungen ausgelagert wurde, dies aber nicht mit hinreichendem Kapital oder entsprechenden Einnahmemöglichkeiten, um langfristig unabhängig agieren zu können. Hinzu kommt, dass die Kosten von Kulturbetrieben im langfristigen Vergleich stärker als das allgemeine Preisniveau ansteigen, wodurch immer neue Finanzierungslücken entstehen.[17] Die Erschließung weiterer Einnahmequellen ist damit einerseits eine Notwendigkeit, das dafür bestehende Potential aber andererseits gering bzw. nur wenig genutzt. Es fehlt bei Kulturstiftungen damit oft an einer tragfähigen Selbstfinanzierung. Stattdessen ist man auf öffentliche Zuschüsse angewiesen, hängt vom Wohlwollen des Kämmerers und der Entsendungskörperschaft ab und bewegt sich in den Strömungen (kommunal-)politischer Gezeitenwechsel. Für eine zur Attraktivität und Sichtbarkeit von Kulturforderung notwendige Kreativität – beides für ein Fundraising unverzichtbare Voraussetzungen – besteht dabei vielfach kein Raum.

Das zweite besondere Problemfeld bei Kulturstiftungen ergibt sich aus ihrem Gründerumfeld. Wo es um eine Pflege der Erinnerungskultur geht, finden sich als Stiftungsorgane regelmäßig die Abkömmlinge des Künstlers zusammen. Träger von Kulturstiftungen sind damit also die nachfolgenden Generationen des Künstlers. Dieser Umstand bringt Konfliktlagen mit sich, wie sie typischerweise in vielen Familiengesellschaften anzutreffen sind. Dazu gehört die unterschiedliche Entwicklung der einzelnen Familienstämme, in deren Folge eine mitunter nur noch schwach ausgeprägte Verbundenheit zwischen den Beteiligten entsteht. Man begegnet sich als Fremde und vermag die zur Verwirklichung des Stiftungsanliegens erforderliche Identifikation als überschaubare Gruppe nicht mehr herzustellen. Als besonderes Problem erweist sich sodann oft eine unzureichende oder zu kurzsichtige Nachfolgeplanung. Ähnlich wie die Familiengesellschaft wird auch die Kulturstiftung nicht selten durch einen „Patriarchen" geführt, der es versäumt, die betriebswirtschaftliche Führung frühzeitig auf andere geeignet erscheinende Personen zu übertragen. Erschwerend wird hierbei bisweilen auch eine ihm gewogene Person oder sogar außenstehende Einrichtung oder Behörde involviert, welche das erforderliche Integrationsvermögen vermissen lässt.

D.   Ausblick auf die Referate des Grundlagenteils

Der vorliegende Tagungsband widmet sich in seinem ersten Teil den vorstehend skizzierten rechtlichen Grundfragen. Stefan Geibel geht auf rechtliche Gestaltungsmöglichkeiten von Kulturstiftungen ein. In seinem Referat werden die derzeitigen Erscheinungsformen von Kulturstiftungen und ihre Struktur vorgestellt

---

17   Vgl. näher dazu im Referat von *Burgard,* S. 89 ff.

sowie alternative Strukturen untersucht. Besondere Aufmerksamkeit gebührt dabei der Schaffung von Dachstiftungen. Behandelt werden zudem auch die sich durch die Europäische Stiftung eröffnenden Gestaltungsperspektiven. Ulrich Burgard befasst sich in seinem Referat mit Fragen der Corporate Governance bei Kulturstiftungen. Dabei erfährt die derzeitige Gesetzesentwicklung, allen voran die weitere Ausdehnung haftungsrechtlicher Privilegierungen eine kritische Würdigung. Thomas von Hippel widmet sich den Möglichkeiten und Grenzen nachträglicher Zweck- und Satzungsänderungen, eine Thematik, die bei Kulturstiftungen insbesondere wegen ihrer langfristigen vielfach mehrere Jahrhunderte dauernden Perspektive von besonderer Bedeutung ist.

Neue Rechtsformmöglichkeiten für Kulturstiftungen

Stefan J. Geibel[*]

A. Einführung

I. Begriff der „Kulturstiftung"

Eine gewisse Klassifizierung der Stiftungen im Allgemeinen und eine Abgrenzung der Kulturstiftungen von anderen Stiftungsgruppen, insbesondere von den Wohltätigkeitsstiftungen, sind zum beginnenden 19. Jahrhundert aus verwaltungspraktischen Gründen vorgenommen worden.[1] Der häufig verwendete Begriff der „Kulturstiftung" ist rechtlich nicht geklärt. Typologisch betrachtet erfüllen Kulturstiftungen einen wichtigen Gemeinwohlauftrag, indem sie nach ihrem jeweiligen Zweck große und kleine Zeugnisse des kulturellen Erbes oder einzelne Kunstschätze sichern, bewahren und fördern, und zwar nicht nur in ihrer Existenz und vor der Gefahr des Vergessenwerdens, sondern vornehmlich in einem diesen Zeugnissen und Schätzen gerecht werdenden Kontext und in ihrer lebendigen Darbietung. Wenngleich es keinen Rechtsbegriff der „Kulturstiftung" gibt, knüpfen doch die beiden Wortbestandteile „Kultur" und „Stiftung" an rechtliche Regelungen an:

Mit dem Begriffsbestandteil „Stiftung" einerseits wird deutlich, dass Träger der Kulturstiftung eine rechtsfähige oder unselbstständige Stiftung sein soll – darauf wird noch sogleich näher einzugehen sein. Mit dem Begriffsbestandteil „Kultur" andererseits verbindet sich der Gemeinnützigkeitsstatus, der näher festgelegte Steuervorteile gewährt und ohne den kaum eine Kulturstiftung errichtet wird. Weil er nur unter großen Nachteilen verlassen werden kann,[2] kann er zur Rechtsform hinzugerechnet werden.

---

[*] Prof. Dr. Stefan J. Geibel ist wissenschaftlicher Direktor des Centrums für soziale Investitionen und Innovationen (CSI), Universität Heidelberg und Universitätsprofessor ebendort. Die Vortragsform wurde im Wesentlichen beibehalten.

[1] Vgl. z. B. *Liermann*, Geschichte des Stiftungsrechts, 2. Aufl., unveränd. Nachdruck der 1. Aufl., Tübingen 2002, S. 224.

[2] Siehe hierzu vor allem *Hüttemann*, Gemeinnützigkeits- und Spendenrecht, 2. Aufl., Köln 2012, § 1 Rn. 50 („...dass der Einstieg in die Gemeinnützigkeit in der Praxis vielfach eine ‚Einbahnstraße' ist,...").

Freilich kann im Hinblick auf die einhergehenden Steuervergünstigungen die Förderung von Kunst und Kultur im Kontext der Kulturstiftung nicht in einem umfassenden, weiten Sinne interpretiert werden, sondern in einem etwas engeren Sinne. Der Anwendungserlass zur Abgabenordnung nennt die Bereiche der Musik und der Literatur, der darstellenden und bildenden Kunst, der kulturellen Einrichtungen wie Theater und Museen, sowie der kulturellen Veranstaltungen wie Konzerte und Kunstausstellungen, ferner die Pflege und Erhaltung von Kulturwerten, wie insbesondere Kunstsammlungen oder künstlerische Nachlässe, Bibliotheken oder Archive.[3]

Ob die Stiftung operativ tätig ist, also insbesondere wie eine Anstaltsstiftung durch den Einsatz ihres Stiftungsvermögens (zum Beispiel eines Konzerthauses) oder wie eine Kapitalstiftung aus den aufgrund des Stiftungsvermögens erwirtschafteten Erträgen selbst den jeweiligen Stiftungszweck durch eigene Projekte erfüllt, oder ob es sich um eine reine Förderstiftung handelt, die selbst keine Projekte durchführt, sondern ihre Zuwendungen anderen Projektträgern zur Verfügung stellt, spielt in rechtlicher Hinsicht kaum eine Rolle,[4] so sehr auch dieser Unterschied in der Praxis zur typologischen Kennzeichnung von Kulturstiftungen herangezogen wird.[5]

II. Verschiedene Formen der Kulturstiftungen

Dass der Begriff der Kulturstiftung schillernd ist, liegt allerdings nicht nur an den vielfältigen Stiftungszwecken und Verständnissen von Kunst und Kultur. Auch die Rechtsformen, die Kulturstiftungen annehmen können, sind verschieden. So gibt es neben den rechtsfähigen Stiftungen mehrere *unselbstständige Stiftungen*, denen die Rechtspersönlichkeit fehlt, wie zum Beispiel – in der Variante einer privatrechtlichen Treuhandstiftung[6] - die Cornelsen Kulturstiftung in Berlin oder – in der Variante einer nichtrechtsfähigen Stiftung öffentlichen Rechts – die Göttinger Kulturstiftung. Manche Kulturstiftungen werden nicht von einer Stiftung getragen, sondern von einer *gGmbH* (so z.B. die Altana Kul-

---

3   Vgl. AEAO Nr. 2.2 zu § 52 AO.
4   So auch bspw. Staudinger/*Hüttemann/Rawert*, 2011, Vor §§ 80 ff. Rn. 124 ff.
5   Vgl. z. B. *Mercker/Peters*, Die Förderung der Kultur als Stiftungszweck, in Graf Strachwitz/Mercker (Hrsg.), Stiftung in Theorie, Recht und Praxis, Handbuch für ein modernes Stiftungswesen, Berlin 2005, S. 176, 183.
6   Zur umstrittenen zivilrechtlichen und zur steuerrechtlichen Einordnung der privatrechtlichen Treuhandstiftung siehe z. B. näher *Geibel*, Treuhandrecht als Gesellschaftsrecht, Tübingen 2008, S. 422 ff.; *ders.* Non Profit Law Yearbook 2011/2012, 29, 52 ff.

turstiftung gGmbH in Bad Homburg) oder von einem *Verein* (so z.B. die Spree-wälder Kulturstiftung e.V.). Unter den rechtsfähigen Stiftungen gibt es einige *Stiftungen des öffentlichen Rechts*, die durch Verwaltungsakt, Gesetz oder Ab-kommen errichtet worden sind, so zum Beispiel die mit einem Abkommen der Bundesländer errichtete Kulturstiftung der Länder von 1988, die Stiftung Rhein-land-Pfalz für Kultur oder die Kulturstiftungen des Landes Schleswig-Holstein oder des Freistaates Sachsen.

Die allermeisten Kulturstiftungen werden aber von einer *rechtsfähigen Stif-tung bürgerlichen Rechts* getragen. Vielfach schlüpfen übrigens der Bund und andere Verwaltungsträger des öffentlichen Rechts bewusst in die bürgerlich-rechtliche Stiftungsform, um den zugedachten Betrag ganz und nachhaltig dem Förderzweck zu sichern und vor den Begehrlichkeiten, die ein öffentlicher Haus-halt weckt, zu schützen. So ist die im Jahr 2002 errichtete Kulturstiftung des Bundes eine Stiftung bürgerlichen Rechts, desgleichen die Hessische Kulturstif-tung, die Kunststiftung Nordrhein-Westfalen, die Beethovenstiftung für Kunst und Kultur der Bundesstadt Bonn oder die Kulturstiftung Trier. Viele regionale Kulturförderstiftungen sind von Banken errichtet worden. Die schiere Zahl also, aber auch der Umstand, dass die im zweiten Teil des Symposiums näher vorge-stellte Richard-Wagner-Stiftung eine bürgerlichrechtliche Stiftung ist, rechtferti-gen es, dass sich dieser Beitrag im Folgenden ganz auf diese Rechtsform kon-zentriert.

III.   Kurzer allgemeiner Blick auf die Rechtsform der Stiftung bürgerlichen
        Rechts

Es war in der Sache eine Kulturstiftung, die am Beginn des gesamten neuzeitli-chen bürgerlichrechtlichen Stiftungsrechts steht, und zwar das „Kunstinstitut", das der Frankfurter Kaufmann *Johann Friedrich Städel* nach seinem Tod 1816 zur Beherbergung seiner Kunstsammlung und für die Künstlerausbildung gestif-tet hatte.[7] Im Gefolge des Rechtsstreits um dieses Testament *Johann Friedrich Städel*s, der etliche juristische Fakultäten beschäftigte, und unter dem großen Einfluss von *Friedrich Carl von Savigny* und einiger anderer Wissenschaftler wurde schließlich die Rechtspersönlichkeit einer Stiftung anerkannt und in das

---

7   Für einen guten Überblick über den Sachverhalt und über die sich stellenden Rechtsfra-gen siehe z. B. *Schiemann*, Spenden- und Stiftungswesen in rechtshistorischer Sicht, Er-langer Universitätsreden Nr. 40, Erlangen 1992, S. 9, 14 f.

BGB aufgenommen.[8] Noch heute betitelt man einen stiftungsrechtlichen Paragraphen des BGB, § 84 BGB, der die Erbfähigkeit einer Stiftung vor ihrer staatlichen Anerkennung sichert, als „Städel-Paragraphen".[9]

Wenn auch die Regelung dieser mitgliederlosen Rechtsform einer rechtsfähigen Stiftung bürgerlichen Rechts im BGB einige Rechtsunsicherheiten beseitigte, blieben doch viele Fragen offen. Vor allem nachdem die Regelungen zur steuerlichen Gemeinnützigkeit hinzutraten, wuchs der Reformbedarf und die Gesetzesnovellen kamen „in Wellen", wenn auch in größeren Zeitabständen, manchmal von mehr als einem Jahrzehnt.[10]

IV. Spezifische Rechtsprobleme einer *Kultur*stiftung

Zunächst kann festgehalten werden, dass eine Kulturstiftung alle Schwierigkeiten der Rechtsform Stiftung im Allgemeinen teilt. Dieses Boot, das der Stifter mit einer bestimmten Zweckrichtung losschickt, ohne Wiederkehr zum Stifter, mit einer gewissen Vermögensausstattung und einer die Steuerung übernehmenden Organisation, ist gewiss anfällig für allerlei Stürme von außen und Fehleinschätzungen oder Zwistigkeiten im Innern. Es besteht die Gefahr, dass die Stiftung von dem vom Stifter bestimmten Kurs abkommt - zum Beispiel wegen verfehlter Interpretation des Stiftungszwecks durch die Mitglieder des Stiftungsvorstands. Die Stiftung kann auch in ein Dilemma geraten, weil eine Notwendigkeit besteht, dass sie auf äußere geänderte Umstände reagieren muss, aber nicht oder nicht angemessen reagieren kann – zum Beispiel, weil eine Satzungsänderung nur sehr eingeschränkt möglich ist.[11]

Die Kulturstiftung bürgerlichen Rechts charakterisiert in besonderer Weise die Ewigkeit ihrer Objekte und kulturellen Zwecke, was mit den endlichen Ressourcen und vor allem der notwendig nur begrenzten Amtsdauer der für die Stiftung Verantwortlichen kontrastiert. Die Organisationsstrukturen einer Stiftung können später verkrusten oder die Stiftungsverantwortlichen lassen es möglicherweise an

---

8   Vgl. dazu z. B. näher *Liermann*, Geschichte des Stiftungsrechts, 2. Aufl., unveränd. Nachdruck der 1. Aufl., Tübingen 2002, S. 243 ff.; *Kiefner*, Quaderni fiorentini 11/12 (1982/1983), S. 339 ff.; *H. J. Becker*, Der Städel-Paragraph (§ 84 BGB), in Baumgärtel et al. (Hrsg.) Festschrift für Heinz Hübner zum 70. Geburtstag am 7. November 1984, Berlin 1984, S. 21 ff.; *R. Schulze*, in Hauer et al. (Hrsg.), Deutsches Stiftungswesen 1977–1988, Tübingen 1989, S. 29,31 f.

9   Siehe insbesondere die einschlägigen Kommentierungen zu § 84 BGB.

10 Näher dazu unter III.

11 Siehe hierzu näher den Beitrag *von Hippel*s in diesem Band.

dem für Kulturstiftungen so wichtigen Sachverstand mangeln. Darauf kann eine besondere Gestaltung des Stiftungsinnenlebens, der Stiftungsverfassung, Antworten geben, was nach überwiegender Ansicht auch später noch unter bestimmten Voraussetzungen nachgeholt werden kann.[12]

In diesem Eingangsbeitrag soll besonders auf drei spezifische Rechtsprobleme der Kulturstiftungen im Kontext ihrer Rechtsform eingegangen werden, und zwar auf die besondere Finanzierungsverantwortung, die Kulturstiftungen haben, der sie aber aufgrund begrenzter Erträge nur eingeschränkt gerecht werden können, ferner auf ihre Konflikte mit den Anforderungen des Steuerrechts an ihre Gemeinnützigkeit und schließlich auf die internationale Dimension von Kultur, die an Grenzen nicht Halt macht, weshalb zunehmend höhere Anforderungen an ein grenzüberschreitendes Tätigwerden der Kulturstiftungen zu stellen sein werden. Besonders auf diese letzten drei Punkte können aufgrund der jüngeren und jüngsten Rechtsentwicklung gewisse Lösungsansätze gefunden werden oder sind schon gefunden worden – entweder auf der Grundlage einer neueren Gestaltungspraxis wie die unter II. behandelte Möglichkeit einer Dachkulturstiftung, oder aber auf normativer Grundlage wie die des Gesetzes zur Stärkung des Ehrenamts (dazu unter III.), oder im Hinblick auf eine noch nicht geltende, aber mögliche künftige Rechtsgrundlage wie die des von der Europäischen Kommission vorgeschlagenen Statuts einer Europäischen Stiftung (dazu unter IV.).

B.   Möglichkeit einer Dachkulturstiftung

Die erste Rechtsformvariante für Kulturstiftungen, die hier vorgestellt werden soll, beruht auf einer neueren Gestaltungspraxis und nicht auf einer gesetzlichen Neuerung. Zunehmend haben sich in jüngerer Zeit Stiftungen oder Stiftungszentren darauf verlegt, andere Stifter zu gewinnen, die unter ihrem „Dach" Unterstiftungen errichten möchten. Auch Kulturstiftungen können zumindest teilweise die Funktion einer Dachstiftung übernehmen und sich dadurch neue Ressourcen erschließen, die direkt ihrem Kulturstiftungszweck zugute kommen können. Die verschiedenen Dachstiftungsmodelle werfen eine Reihe von Rechtsfragen auf, deren Beantwortung von der rechtlichen Konstruktion der Dachstiftung, der jeweiligen Unterstiftung und ihrer Verknüpfung mit der Dachstiftung abhängt.

---

12   Vgl. dazu den Beitrag *Burgard*s zur „Foundation Governance" bei Kulturstiftungen in diesem Band.

I. Rechtliche Konstruktion(en) einer Dachstiftung

Der Stifter der Unterstiftung errichtet diese zu einem zwar eigenständigen Zweck, der aber mit dem Zweck der Dachstiftung in einem besonderen Verhältnis stehen kann. Keine Schwierigkeiten bereiten im Allgemeinen die Fälle, in denen die Unterstiftungen denselben Zweck wie die Dachstiftung haben oder einen Zweck, der eine Teilmenge aus dem Dachstiftungszweck darstellt. Rechtlich schwieriger, aber auch möglich sind die Konstruktionen, in denen der Zweck der Unterstiftung nur teilidentisch ist oder sogar von dem Zweck der Dachstiftung ganz verschieden sein soll. Es hängt davon ab, welche rechtliche Natur die „Unterstiftung" haben soll.[13]

Von vornherein keinen Unterstiftungscharakter haben *Spenden*, die gerade nicht in das Grundstockvermögen der Dachstiftung fließen, sondern zur zeitnahen Verwendung für deren Zweck dienen sollen. Davon unterscheiden sich *Zustiftungen*, die nicht der zeitnahen Verwendung dienen, sondern das Grundstockvermögen der Dachstiftung mehren sollen. Allerdings können die zugestifteten Vermögensgegenstände nur zu solchen Zwecken zugewendet werden, die mit den Stiftungszwecken der Dachstiftung identisch sind oder jedenfalls eine Teilmenge aus den Zwecken der Dachstiftung darstellen (teilidentische Zwecke). Zustiftungen bilden zudem kein rechtlich eigenständiges Sondervermögen, das dem Zustiftenden rechtlichen Schutz vor Zugriffen zum Beispiel im Fall der Insolvenz böte. Qualifiziert man die Zustiftung wie üblich als eine Schenkung unter Auflage und wendet man daher die §§ 525-527 BGB an, hat der Zustiftende unter Umständen sogar die Möglichkeit, über seinen Anspruch auf Vollziehung der Auflage in die Dachstiftung hineinzuregieren, insbesondere dann, wenn die Zustiftung nur einem von mehreren Dachstiftungszwecken dienen soll und den zugestifteten Vermögensgegenständen im Verhältnis zum übrigen Dachstiftungsvermögen eine hohe Gewichtung zukommt. Ferner könnte der Zustiftende seine zugestifteten Vermögensgegenstände sogar gemäß § 528 BGB wegen Verarmung zurückzufordern. Ein solcher zukünftiger Rückforderungsanspruch könnte wegen § 399, 1. Alt. BGB auch nicht von vornherein an eine dritte Gewährsperson abgetreten werden. All diese Nachteile sprechen jedenfalls im Grundsatz gegen die Tauglichkeit der Zustiftung als Unterstiftung.[14] Nicht ausgeschlossen ist

---

13 Zu den Rechtsproblemen von Dachstiftungen siehe bislang ausführlich die schweizerische Dissertation von *Studen*, Die Dachstiftung – Das Tragen und Verwalten von Unterstiftungen unter dem Dach einer selbständigen Stiftung, Basel 2011, sowie *Geibel*, Non Profit Law Yearbook 2011/2012, 2964.

14 Vgl. näher *Geibel*, Non Profit Law Yearbook 2011/2012, 29, 36 ff.

eine gewisse Tauglichkeit jedoch dann, wenn die Zustiftung in besonderer Weise rechtlich ausgestaltet und einer unselbstständigen Treuhandstiftung angenähert wird.[15]

Bislang nur wenig praktisch sind die Fälle geworden, in denen sich *selbstständige Stiftungen als „Unterstiftungen"* einer anderen Stiftung unterstellen. Das mag für manche Dienstleistungen angehen, zum Beispiel wenn die Unterstiftung sich schuldrechtlich bindet, ihre Vermögensverwaltung von der Dachstiftung durchführen zu lassen. Dies potenziert aber gerade nicht die Ressourcen zur Förderung des Dachstiftungszwecks, was ein Dachstiftungsmodell so attraktiv machen kann. Auf die Fragen, auf welche Weise eine – mitgliederlose – rechtsfähige Stiftung ihrerseits einer Dachstiftung „unterstellt" werden kann und wie die - insbesondere konzernrechtlichen – Folgeprobleme gelöst werden können, braucht daher hier nicht eingegangen werden.[16]

In der Praxis wie auch in der Wissenschaft überwiegt daher mittlerweile die Konstruktion der Unterstiftungen als *unselbstständige Treuhandstiftungen*. Diese haben den Vorzug, dass diese Stiftungen selbstständig geschützte Sondervermögen sind, ein genaues Abzirkeln des Zwecks der Treuhandstiftung mit dem der Dachstiftung nicht notwendig ist und gegen ein Hineinregieren des Treuhandstifters in die Dachstiftung kautelarjuristische Vorkehrungen getroffen werden können.[17] Zwar kann in einem Treuhandvertrag das Kündigungsrecht nicht auf unbestimmte Zeit ausgeschlossen werden, der Unterstifter kann also nach einiger Zeit die Unterstiftung kündigen.[18] Doch ist das gerade ein probates Mittel, um bei einer etwaigen fehlerhaften Verwaltung des Unterstiftungsvermögens durch den Treuhänder die Konsequenzen zu ziehen. Auch wenn der Treugeber-Stifter die Treuhandstiftung kündigen sollte, fällt das Vermögen nicht etwa an ihn zurück, sondern muss an eine im Vertrag vorher festgelegte Person ausgekehrt werden, die das Vermögen weiter dem Unterstiftungszweck gemäß verwaltet.[19]

---

15 Siehe zur unselbstständigen Stiftung in Gestalt einer Treuhandstiftung sogleich im Text.
16 Dazu näher *Geibel*, Non Profit Law Yearbook 2011/2012, 29, 31 ff.
17 Vgl. zu den besonderen Anforderungen an die Vertragsgestaltung einer Treuhandstiftung insbesondere *Geibel*, Die Treuhandstiftung im Zivilrecht, in Deutsches Stiftungszentrum (Hrsg.), Die Treuhandstiftung – Ein Traditionsmodell mit Zukunft, 2012, S. 33, 43 ff.
18 Nach Auffassung des BGH, BGHZ 180, 144 = NJW 2009, 1738, soll eine Kündigungsausschlussklausel in einem Formularvertrag über die Errichtung einer „Treuhandstiftung", wonach der Treugeber über eine Höchstlaufzeit von zwei Jahren hinaus gebunden werden soll, gemäß § 309 Nr. 9a BGB unwirksam sein. Die Anwendung dieser Vorschrift auf „echte" Treuhandstiftungen ist jedoch äußerst fragwürdig.
19 Nur dies wird im Übrigen bei einer gemeinnützigen Treuhandstiftung dem Grundsatz der Vermögensbindung gemäß § 55 Abs. 1 Nr. 4 AO gerecht.

Weitere Hindernisse, die gegen Treuhandstiftungen vorgebracht werden, wie etwa insolvenz- oder bankaufsichtsrechtliche Bedenken, bestehen nicht, was an anderer Stelle näher erörtert worden ist[20] und was sich auch in der Rechtspraxis durchzusetzen scheint.[21] Es kommt freilich auf die richtige Rechtsgestaltung, in diesem Fall des Treuhandvertrages an.

Eine existierende Kulturstiftung kann als Rechtsperson ohne spezielle Satzungsermächtigung die Treuhandverträge abschließen und so zur Dachstiftung werden. Nur wenn die Zwecke der Unterstiftung den Zwecken der Dachstiftung diametral widersprechen sollten oder wenn die Verwaltung der Unterstiftungen die Kapazitäten der Dachstiftung zu übersteigen droht, wäre der Vorstand je nach Auslegung der Dachstiftungssatzung gehindert, den entsprechenden Treuhandvertrag zu schließen.[22]

II.   Vorteile eines Dachstiftungsmodells für Kulturstiftungen

Um die besonderen Vorteile zu ermessen, die das Dachstiftungsmodell für Kulturstiftungen birgt, lohnt ein Blick auf das - im Verhältnis zum Kultursponsoring vor allem der Wirtschaftsunternehmen - um ein Vielfaches geringere finanzielle Volumen, das von Stiftungen in die Kulturförderung fließt.[23] Vor diesem Hintergrund und gerade in aktuellen Zeiten geringer Zinssätze erliegt daher möglicherweise so mancher Vorstand einer Kulturstiftung etwas leichter der Versuchung, der Stiftung durch wirtschaftliche Geschäftsbetriebe zusätzliche Erträge zuzuführen. Beispielsweise könnte an eine aufwändige Filmproduktion über einen Künstler gedacht werden, dessen Werke die Stiftung fördert, oder an den Verkauf seiner Biographie oder an einen Restaurantbetrieb mit nach einem Künstler benannten Gerichten. Gemeinnützigkeitsrechtlich und zumeist auch stiftungsrechtlich sind solche wirtschaftlichen Geschäftsbetriebe zulässig, solange die Erträge partiell besteuert und in vollem Umfang der Förderung des gemeinnützigen Stiftungszwecks zugeführt werden. Stellten diese wirtschaftlichen

---

20   Vgl. *Geibel*, Non Profit Law Yearbook 2011/2012, 29, 49 ff., 58 f.
21   Vgl. insbesondere das Schreiben der BaFin vom 9.6.2011, zitiert nach *Schiffer/Pruns*, npoR 2011, 78, 81 f.
22   Vgl. z. B. *Studen*, Dachstiftungen – Dogmatik, Möglichkeiten, Grenzen, in Jakob (Hrsg.), Perspektiven des Stiftungsrechts in der Schweiz und in Europa, Basel 2010, S. 37, 43 f.; *Geibel*, Non Profit Law Yearbook 2011/2012, 29, 45.
23   Siehe insbesondere den früheren empirischen Befund bei *Mercker/Peters*, in Graf Strachwitz/ Mercker (Hrsg.) (Fn. 5), S. 176, 178 f., ein Befund, der sich heute kaum geändert haben dürfte.

Geschäftsbetriebe Zweckbetriebe im Sinne der §§ 65 – 68 AO dar, was sie allerdings in aller Regel nicht sind, unterfielen sie sogar den einschlägigen Steuerbegünstigungen.

So sehr wirtschaftliche Geschäftsbetriebe für eine Kulturstiftung im Einzelfall zu lohnenden Einnahmequellen werden können, bergen sie doch immer die Gefahr, dass sie Kräfte und Sachverstand auf der Ebene der Stiftungsorgane und der anderen für die Stiftung Handelnden binden und von der eigentlichen Aufgabe der Kulturstiftung, ihren Zweck zu verwirklichen, zumindest teilweise ablenken können. Ferner können Abhängigkeiten entstehen, die dem Stiftungszweck zuwiderlaufen.

Vor diesen Gefahren bewahrt ein Dachstiftungsmodell. Es scheint gerade für Kulturstiftungen eine besonders geeignete Möglichkeit zu sein, ihr finanzielles Fundament zu verbreitern, ohne ihre Identität zu verlieren. Den Unterstiftern wird ein breiteres Potential gegeben, ihren eigenen Namen als Stifter mit der Förderung eines Kulturguts in Verbindung zu bringen, ohne dass dies sogleich Sponsoring wäre. Sie könnten zum Beispiel für die Förderung einzelner vorhandener Kunstwerke der Kulturdachstiftung stiften, sie könnten aber auch die Anschaffung neuer Kunstwerke durch die Kulturstiftung fördern. Insgesamt können Dachstiftungsmodelle daher geeignet sein, eine Stifterkultur gerade für Kulturstiftungen zu befördern.

C.   Möglichkeiten nach dem neuen Gesetz zur Stärkung des Ehrenamts

I.   Allgemeines

Für gemeinnützige Stiftungen und andere gemeinnützige Körperschaften traten wie bereits erwähnt wellenartig Gesetzesreformen in längeren Zeitabständen von früher meist ca. 10 Jahren, in jüngerer Zeit von teilweise ca. 5 Jahren und darunter in Kraft. Insbesondere sind für den Zeitraum von 1980 bis 1990 zu erwähnen das Vereinsbesteuerungsgesetz von 1980,[24] das Vereinsförderungsgesetz von 1989 und das Kultur- und Stiftungs-förderungsgesetz von 1990,[25] danach speziell für Stiftungen das Gesetz zur weiteren steuerlichen Förderung von Stiftungen von 2000[26] und das Gesetz zur Modernisierung des Stiftungsrechts von 2002,[27]

24   BGBl. I 1980, 731.
25   BGBl. I 1989, 2221 und BGBl. I 1991, 2775.
26   BGBl. I 2000, 1034.
27   BGBl. I 2002, 2634.

hiernach wiederum allgemein für alle gemeinnützigen Körperschaften das Gesetz zur Stärkung des bürgerschaftlichen Engagements von 2007[28] sowie nach weiteren Änderungen durch die Jahressteuergesetze nun das Gesetz zur Stärkung des Ehrenamts von 2013 (ehemals genannt „Gemeinnützigkeitsentbürokratisierungsgesetz")[29] mit einer Mischung aus Reformen des Gemeinnützigkeitsrechts, des Vereins- und des Stiftungsrechts.

Nachdem der Bundestag das Gesetz zur Stärkung des Ehrenamts am 1.2.2013 verabschiedete und der Bundesrat einen Monat später zustimmte, ist es mittlerweile im Bundesgesetzblatt erschienen, tritt aber in Teilen erst später in Kraft. Es basiert auf einem Gesetzentwurf der Regierungsfraktionen im Bundestag und der Bundesregierung vom November letzten Jahres, wurde aber Mitte Januar durch Beschlüsse des Finanzausschusses des Bundestages noch teilweise geändert.[30] Entgegen der früheren, schwerfällig anmutenden und deshalb geänderten Bezeichnung als „Gemeinnützigkeitsentbürokratisierungsgesetz" (GemEntBG) enthält es nicht nur Neuregelungen des Steuerrechts, sondern auch solche des Stiftungszivilrechts sowie Änderungen des Vereinsrechts.

II.   Zivilrechtliche Neuerungen durch das Gesetz zur Stärkung des Ehrenamts

In stiftungszivilrechtlicher Hinsicht bedeutsam ist insbesondere der neue § 80 Abs. 2 S. 2 BGB, nach dem bei einer Verbrauchsstiftung die dauernde Erfüllung ihres Zwecks gesichert erscheint, wenn die Stiftung gemäß dem Stiftungsgeschäft mindestens zehn Jahre Bestand hat. Weil der Bundesgesetzgeber damit implizit die Möglichkeit zugelassen hat, das Grundstockvermögen zur Verfolgung des Stiftungszwecks anzutasten und sogar zu verbrauchen, sind diejenigen landesstiftungsgesetzlichen Regelungen, nach denen vom Vermögenserhaltungsgebot keine Ausnahme in der Satzung verankert werden kann oder nur die Stiftungsbehörde eine Ausnahme unter bestimmten Voraussetzungen zulassen darf,[31]

---

28   BGBl. I 2007, 2332.
29   BGBl. I 2013, 556.
30   Siehe zu dem mit dem Regierungsentwurf identischen Entwurf der Regierungsfraktionen BT-Drucks. 17/11316 sowie zu den Beschlussempfehlungen und dem Bericht des Finanzausschusses BT-Drucks. 17/12123.
31   Siehe z. B. Art. 6 Abs. 2 Bayrisches Stiftungsgesetz (keine Ausnahme), § 6 Hessisches Stiftungsgesetz (Ausnahme nur bei Zulassung durch die Behörde, wenn der Stifterwillen anders nicht zu verwirklichen und der Bestand der Stiftung für angemessene Zeit gewährleistet ist); zu den anderen landesstiftungsgesetzlichen Regelungen, die den Satzungsvorbehalt zugunsten einer Verbrauchsstiftung zulassen, vgl. z. B. *Hof*, in Seifart/v. Campen-

entweder anzupassen oder grundgesetzkonform so auszulegen, dass sie nur für solche Stiftungen gelten, die nicht aufgrund von § 80 Abs. 2 S. 2 BGB als Verbrauchsstiftungen konstituiert sind.

Anlass für eine Satzungsänderung werden diejenigen Kulturstiftungen haben, deren Vorstandsmitglieder bislang eine Vergütung erhalten oder deren Tätigkeit künftig vergütet werden soll. Nach der ab dem Jahr 2015 geltenden Neuregelung in § 27 Abs. 3 BGB n. F. ist die Tätigkeit der Vorstandsmitglieder eines eingetragenen Vereins grundsätzlich nicht zu vergüten, was aber gemäß § 40 S. 1 BGB in der Satzung abbedungen werden kann. Diese Neuregelung wird über § 86 S. 1 BGB auch für Stiftungen Anwendung finden.

Die Grenze der geringfügigen Vergütung, bis zu der ein Vorstandsmitglied einer Stiftung gemäß § 31a BGB in Verbindung mit § 86 S. 1 BGB nur für Vorsatz oder grobe Fahrlässigkeit der Stiftung gegenüber haftet, wurde ferner von 500 Euro auf künftig 720 Euro heraufgesetzt. Im Betrag wird damit ein Gleichlauf zur ebenfalls auf 720 Euro angehobenen allgemeinen Ehrenamtspauschale in § 3 Nr. 26a EStG hergestellt. Im Übrigen wurde in § 31a Abs. 1 S. 3 BGB n. F. in Verbindung mit § 86 S. 1 BGB die Beweislast für das Vorliegen von Vorsatz oder grobe Fahrlässigkeit der Stiftung aufgebürdet. Die Neuregelung in § 31b BGB, der den engeren Haftungsmaßstab auch auf Vereinsmitglieder erweitert, spielt dagegen für Stiftungen keine Rolle.

Da manche Kulturstiftungen als Stiftungs-GmbH organisiert sind, ist in zivilrechtlicher Hinsicht noch erwähnenswert, dass der Gesetzgeber im Gesetz zur Stärkung des Ehrenamts die Abkürzung „gGmbH" als Rechtsformbezeichnung ausdrücklich zugelassen hat (§ 4 S. 2 GmbHG n.F.). Damit hat der Gesetzgeber auf eine Rechtsprechung des OLG München reagiert, das die Eintragungsfähigkeit dieser Abkürzung in das Handelsregister abgelehnt hatte.[32]

III.   Steuerrechtliche Neuerungen durch das Gesetz zur Stärkung des Ehren amts

In gemeinnützigkeitsrechtlicher Hinsicht hat das Gesetz zur Stärkung des Ehrenamts für ein Dauerthema Neuerungen gebracht, das viele Stiftungen, auch die Kulturstiftungen beschäftigt: das Gebot der zeitnahen Mittelverwendung und die

---

hausen (Hrsg.), Stiftungsrechts-Handbuch, 3. Aufl., München 2009, § 9 Rn. 60; *Richter*, in Hüttemann/Richter/Weitemeyer (Hrsg.), Landesstiftungsrecht, Köln 2011, Rn. 15.7, 15.10.

32 Vgl. OLG München, NJW 2007, 1601.

engen Ausnahmen von diesem Gebot durch eine nur eingeschränkt mögliche Rücklagenbildung. Der deutsche Gesetzgeber knüpft – übrigens anders als viele andere Rechtsordnungen - den Steuerbegünstigungsstatus daran, dass die Mittel der Stiftung zeitnah, nach der bisherigen Regelung in § 55 Abs. 1 Ziffer 5 S. 1, 3 AO spätestens zum Ende des auf den Zufluss der Mittel folgenden Kalenderjahres, dem gemeinnützigen Stiftungszweck dienend ausgegeben werden. Dieses Gebot der zeitnahen Mittelverwendung kennen nur wenige andere Rechtsordnungen in Europa; es ist im Übrigen auch im bisherigen Vorschlag für eine Verordnung über das Statut der Europäischen Stiftung, der unter IV. thematisiert wird, nicht enthalten.[33]

Mit dem Gesetz zur Stärkung des Ehrenamts wird diese – je nach Zuflusszeitpunkt – bislang bis zu zwei Jahre dauernde Mittelverwendungsfrist auf bis zu drei Jahre je nach Zuflusszeitpunkt verlängert.[34] Wohl auch angesichts der Schwäche der inneren Verfassungs- und Kontrollstrukturen in vielen Stiftungen und Vereinen hält der Gesetzgeber jedoch am Gebot der zeitnahen Mittelverwendung im Grundsatz selbst fest.[35] Wenn der Staat eine Steuervergünstigung für die Erfüllung ihn entlastender Gemeinwohlzwecke gewährt, möchte er nicht, dass diese Erfüllung „auf die lange Bank geschoben" wird.

Der gebotenen zeitnahen Verwendung der Mittel läuft diametral das Interesse der Stiftung an einer Vorsorge für ihre Zukunft und die zukünftige Basis der Erfüllung ihrer steuerbegünstigten satzungsmäßigen Zwecke entgegen. Daher hat der Gesetzgeber schon bisher die Bildung von Rücklagen in § 58 Nr. 6, 7 AO a. F. zugelassen, allerdings in engen, in der Stiftungspraxis großenteils als zu restriktiv empfundenen Grenzen. Mit dem Gesetz zur Stärkung des Ehrenamts

---

33 Zum rechtsvergleichenden Befund vgl. z. B. Universität Heidelberg/CSI/Max-Planck-Insitut für Rechtsvergleichung und Internationales Privatrecht, Feasibility Study on a European Foundation Statute, Final Report, 2008/2009, S. 94 f. (veröffentlicht unter http://ec.europa.eu/internal_market/
company/docs/eufoundation/feasibilitystudy_en.pdf).

34 § 55 Abs. 1 Nr. 5 S. 1, 3 AO lautet nunmehr wie folgt: „5. Die Körperschaft muss ihre Mittel vorbehaltlich des § 62 grundsätzlich zeitnah für ihre steuerbegünstigten satzungsmäßigen Zwecke verwenden. (…) Eine zeitnahe Mittelverwendung ist gegeben, wenn die Mittel spätestens in den auf den Zufluss folgenden zwei Kalender- oder Wirtschaftsjahren für die steuerbegünstigten satzungsmäßigen Zwecke verwendet werden." (Änderungen hervorgehoben).

35 Auf diesen Zusammenhang weist z. B. *Hüttemann*, Gemeinnützigkeits- und Spendenrecht, 2. Aufl., 2012, § 5 Rn. 77, hin. Diese Überlegung gilt aber nicht für diejenigen gemeinnützigen Körperschaften, insbesondere Kapitalgesellschaften, aber auch u.U. Stiftungen und Vereine, die eine ausreichende *Corporate Governance* bzw. *Foundation Governance* aufweisen.

wird die Rücklagenbildung neben der Mittelzuführung zum Stiftungsvermögen einheitlich in § 62 AO n. F. verankert und etwas flexibilisiert. Die bisherigen Regelungen zur Projektrücklage, zur freien Rücklage sowie zu der (auf die freie Rücklage anzurechnenden) Rücklage zur Erhaltung einer bestimmten prozentualen Kapitalgesellschaftsbeteiligung werden beibehalten (§ 62 Abs. 1 Nr. 1, 3, 4 AO). Neu ist, dass das Potential für die Bildung einer freien Rücklage insoweit, als es in einem bestimmten Jahr nicht vollständig ausgeschöpft wird, noch in den folgenden zwei Jahren nachgeholt werden darf (§ 62 Abs. 1 Nr. 3 Satz 2 AO).

Zudem ist durch das Gesetz zur Stärkung des Ehrenamts in § 62 Abs. 1 Nr. 2 AO zusätzlich eine Wiederbeschaffungsrücklage eingeführt worden, die von der Finanzverwaltung schon bisher unter der Voraussetzung anerkannt war, dass eine dem Ersatz von Wirtschaftsgütern, die zur Zweckverwirklichung erforderlich sind, dienende neue Anschaffung „tatsächlich … geplant und in einem angemessenen Zeitraum möglich ist".[36] Nach der gesetzlichen Neuregelung soll die Rücklagenbildung schon dann möglich sein, wenn eine solche Wiederbeschaffung „beabsichtigt" ist; diese Formulierung dürfte aber nicht von der Darlegung entheben, dass die Ersatzbeschaffung konkret geplant ist und nicht nur eine theoretische Möglichkeit in ferner Zukunft darstellt.[37] Die Wiederbeschaffungsrücklage knüpft der Höhe nach an die anerkannten Sätze für Absetzungen für Abnutzungen an. Mit dieser Rücklagenvariante haben gemeinnützige Stiftungen ein Instrument, mit dem Abschreibungsbeträge für abnutzbare zweckgebundene Vermögensgüter nicht sogleich der zeitnahen Mittelverwendung unterfallen; indirekt wird zudem die Möglichkeit erleichtert, dass stille Reserven gebildet und für die Erfüllung steuerbegünstigter, satzungsmäßiger Zwecke nutzbar gemacht werden.

Speziell für Stiftungen – auch für Kulturstiftungen - bedeutsam ist die Möglichkeit, bestimmte Mittel dem Grundstockvermögen der Stiftung auch über die sonstigen Varianten einer Mittelzuführung zum Vermögen hinaus[38] zuzuführen und so dem Gebot der zeitnahen Mittelverwendung zu entziehen. Eine solche Thesaurierung oder Admassierung war nach § 58 Nr. 12 AO a. F. schon bisher für einen bestimmten Zeitraum nach der Stiftungserrichtung erlaubt, und zwar

---

36 AEAO Nr. 10 Satz 8 zu § 58 Nr. 6 AO.
37 Das zeigt indirekt auch die Neuregelung in § 62 Abs. 2 S. 2 AO, wonach neben der Projektrücklage und der Rücklage zum Erwerb von Gesellschaftsanteilen auch die Wiederbeschaffungsrücklage unverzüglich aufzulösen ist, sobald der Grund für die Rücklagenbildung entfallen ist. Wenn es sich bei diesem Grund nur um eine bloße subjektive Einstellung handeln würde, wäre diese Regelung nicht praktikabel, zudem wären Manipulationen Tür und Tor geöffnet.
38 Siehe zu diesen Varianten nunmehr § 62 Abs. 3 AO.

betreffend die Überschüsse aus der Vermögensverwaltung und die (partiell besteuerten) Gewinne aus wirtschaftlichen Geschäftsbetrieben. Das Gesetz zur Stärkung des Ehrenamts hat in § 62 Abs. 4 AO die Phase, in der derartige Admassierungen den jungen Stiftungen möglich sind, von zwei auf drei Kalenderjahre – das Jahr der Errichtung herausgerechnet – erhöht. Insoweit hat der Bundesgesetzgeber zum Ausdruck gebracht, dass jedenfalls in diesen Grenzen eine Admassierung zu Ansparzwecken in einer ersten Phase auch stiftungszivilrechtlich möglich sein muss und die Gefahren einer Selbstzweckstiftung oder einer „Stiftung für den Stifter" insoweit nicht drohen oder jedenfalls hintanstehen.[39] Daher sind die landesstiftungsgesetzlichen Regelungen, die Beschränkungen oder Verbote der Admassierung vorsehen,[40] grundgesetzkonform dahingehend auszulegen, dass eine Admassierung nach § 62 Abs. 4 AO zumindest dann nicht abgelehnt werden darf, wenn sie nicht in der Satzung ausdrücklich ausgeschlossen ist oder aufgrund konkret feststellbarer Anhaltspunkte dem objektiven Stifterwille widerspricht. Zuzulassen ist eine Admassierung in den Grenzen von § 62 Abs. 4 AO insbesondere entgegen einer landesrechtlichen Regelung, die eine Admassierung nur für den Fall der Werterhaltung des Grundstockvermögens oder zur Erhaltung der Leistungsfähigkeit der Stiftung erlaubt (so z. B. Artt. 6 Abs. 3, 17 Bayrisches Stiftungsgesetz).

In einem gewissen Spannungsverhältnis zum Gebot zeitnaher Mittelverwendung scheint auch die bereits erwähnte[41] Neuregelung zur Verbrauchsstiftung in § 80 Abs. 2 S. 2 BGB zu stehen. Zivilrechtlich soll der Verbrauch zum satzungsmäßigen Zweck nicht an Fristen geknüpft sein, sondern je nach Satzungsgestaltung im Ermessen des Vorstands liegen, während steuerrechtlich die Mittelzuführung für satzungsmäßige Zwecke zeitnah im Sinne von § 55 Abs. 1 Nr. 5 AO zu erfolgen hat. Einen Konflikt könnte man darin in der Tat sehen, wenn man einen weiten Mittelbegriff zugrunde legen und die zu verbrauchenden Vermögenswerte hierunter subsumieren würde.[42] Wie insbesondere § 62 Abs. 3 AO

---

39   Bislang wird in der Literatur nur der beschränkende Charakter der gemeinnützigkeitsrechtlichen Regelungen über eine Admassierung hervorgehoben, vgl. z. B. *Hüttemann*, in Hüttemann/
Richter/Weitemeyer (Hrsg.), Landesstiftungsrecht, Köln 2011, Rn. 16.13.

40   Zu diesen landesrechtlichen Beschränkungen oder Verboten der Admassierung vgl. z. B. näher *Hof*, in Seifart/v. Campenhausen (Hrsg.), Stiftungsrechts-Handbuch, 3. Aufl., München 2009, § 9 Rn. 137 ff.; *Suerbaum*, in Stumpf/Suerbaum/Schulte/Pauli (Hrsg.), Stiftungsrecht, Kommentar, München 2011, C Rn. 114 ff.

41   Siehe oben unter III.2.

42   Einen weiten Mittelbegriff im Sinne „sämtlicher Vermögenswerte der Körperschaft" im Kontext von § 55 Abs. 1 Nr. 5 AO befürwortet insbesondere der BFH, Urt. v.

n. F. (§ 58 Nr. 11 AO a. F.) zeigt, unterscheidet der Gesetzgeber von den Mitteln das „Vermögen", welches gerade nicht dem Gebot zeitnaher Mittelverwendung unterliegen soll. Das gemäß § 80 Abs. 2 S. 2 BGB und der entsprechenden Satzungsregelung verbrauchbare Vermögen zählt daher nicht schon von vornherein zu den „Mitteln" im Sinne von § 55 Abs. 1 Nr. 5 AO, sondern allenfalls dann, wenn es zum Verbrauch gewidmet und aus dem Grundstockvermögen „ausgeschieden" wird. Dies dürfte jedoch zumeist erst unmittelbar vor dem Verbrauchsakt geschehen, so dass sich die Frage einer zeitnahen Verwendung nicht stellt.

Steuerrechtlich könnte die Gestaltung einer Kulturstiftung als Verbrauchsstiftung allerdings aus einem anderen Grund als nachteilig empfunden werden. In § 10b Abs. 1a S. 2 EStG n. F. ist durch das Gesetz zur Stärkung des Ehrenamts ausdrücklich klargestellt worden, dass der für Stiftungen geltende besondere Sonderausgabenabzug für Spenden nicht zur Anwendung kommt, wenn die Zuwendung in das verbrauchbare Stiftungsvermögen erfolgt. Der neue Gesetzeswortlaut legt nahe, dass künftig das „zu erhaltende Vermögen" einer Stiftung von ihrem „verbrauchbaren Vermögen" zu unterscheiden ist und in der Satzung die Verbrauchbarkeit nicht auf das gesamte Stiftungsvermögen bezogen werden muss. Sofern nur ein Teil des Stiftungsvermögens satzungsgemäß verbraucht werden darf und dieser Teil hinreichend bestimmt ist, sind auch nur die Zuwendungen in diesen Vermögens-teil vom besonderen Sonderausgabenabzug nach § 10b Abs. 1a S. 1 EStG ausgenommen. Um von dem höheren Abzug zu profitieren, müssen Spender fortan möglichst ausdrücklich erklären, dass sie in den zu erhaltenden Teil des Vermögens einer Stiftung spenden wollen, sofern diese auch einen verbrauchbaren Vermögensteil hat. Im Zweifel wird eine Spende so auszulegen sein.

Interessant ist für Kulturstiftungen eine weitere Änderung des Gesetzes zur Stärkung des Ehrenamts, wonach sog. „Endowments" in engen Grenzen zugelassen werden. Bislang war es deutschen Stiftungen praktisch verwehrt, aus ihrem Vermögen oder ihren sonstigen Mitteln eine andere Stiftung oder eine Körperschaft auszustatten: der Übertragung aus dem Grundstockvermögen stand in der Regel der (zivilrechtliche) Vermögenserhaltungsgrundsatz entgegen, der Übertragung sonstiger Mittel das (steuerrechtliche) Gebot zeitnaher Mittelverwendung.[43] Gemäß dem neu eingefügten § 58 Nr. 3 AO soll es nun nicht mehr dem

---

23.10.1991, BStBl. II 1992, 62, 64; vgl. ferner BFH, Urt. v. 15.7.1998, BStBl. II 2002, 162 164.

43 Vgl. z. B. *Schlüter*, Stiftungsrecht zwischen Privatautonomie und Gemeinwohlbindung, München 2004, S. 315 f.

Gebot zeitnaher Mittelverwendung widersprechen, wenn eine Stiftung ihre Erträge aus der Vermögensverwaltung oder wirtschaftlichen Geschäftsbetrieben sowie höchstens 15% ihrer sonstigen Mittel einer anderen steuerbegünstigten Körperschaft zuwendet. Eine Stiftung kann fortan aus den genannten Mitteln – nicht dagegen aus ihrem Grundstockvermögen – selbst eine andere Stiftung errichten, wenn der Zweck dieser anderen Stiftung mit ihrem Stiftungszweck identisch ist. Hierfür wird genügen, wenn alle Zwecke der anderen Stiftung auch diejenigen der errichtenden Stiftung sind, auch wenn die errichtende Stiftung darüber hinaus andere Zwecke verfolgt. Eine weitere Mittelweitergabe, gewissermaßen ein „Weiterklonen" ist ausgeschlossen (§ 58 Nr. 3 S. 3 AO n. F.). Nach dem Bericht des Finanzausschusses soll durch die Neuregelung insbesondere die Einrichtung unbefristeter Stiftungsprofessuren erleichtert werden, die bislang nur für begrenzte Zeiträume möglich waren.[44] Ferner werden „Ausgründungen" aus gemeinnützigen Stiftungen ebenso ermöglicht wie im Rahmen von § 51 Abs. 2 AO die Gründung von Körperschaften oder Stiftungen nach ausländischem Recht.

D.   Zukünftige Möglichkeit einer „Kultur-Fundatio Europaea" (Kultur-FE)?

Nicht nur eine Variante der nationalen Stiftungsrechtsform, sondern eine gänzlich neue eigenständige Rechtsform würde die FE, die *Fundatio Europaea* darstellen, zu der die Europäische Kommission nach einer Machbarkeitsstudie[45] und einem Konsultationsverfahren[46] im Februar letzten Jahres einen Verordnungsentwurf präsentiert hat, der möglicherweise mittelfristig in Kraft treten könnte.[47] Intensive Beratungen haben insbesondere im Wirtschafts- und Sozialausschuss und im Rechtsausschuss des Europäischen Parlaments stattgefunden, dessen Be-

---

44   Vgl. BT-Drucks. 17/12123, 22 zu Artikel 1 Nr. 4a.
45   Universität Heidelberg/CSI/Max-Planck-Insitut für Rechtsvergleichung und Internationales Privatrecht, Feasibility Study on a European Foundation Statute, Final Report, 2008/2009, (veröffentlicht unter http://ec.europa.eu/internal_market/company/docs/ eufoundation/feasibilitystudy_en.pdf).
46   European Commission, Synthesis of the comments on the consultation document of the Internal Market and Services Directorate-General on a possible Statute for a European Foundation, November 2009 (veröffentlicht unter http://ec.europa.eu/internal_market/ consultations/docs/2009/foundation/ summary_report_en.pdf).
47   Vorschlag der Europäischen Kommission für eine Verordnung des Rates über das Statut der Europäischen Stiftung (FE) vom 8.2.2012, COM (2012) 35 final.

richt für Juni 2013 erwartet wird. Darüber hinaus haben sich die Arbeitsgruppen der Mitgliedstaaten mehrmals getroffen. Unter irischer Ratspräsidentschaft soll offenbar eine neue Variante des Vorschlags erarbeitet werden, um gewisse Vorbehalte gegen die steuerrechtlichen Inhalte des Verordnungsvorschlags auszuräumen. Auch dieser abgewandelte Vorschlag steht noch aus.

Weil sich im Verordnungsgebungsprozess noch vieles im Fluss befindet, kann im Folgenden nur ein skizzenhafter Überblick gegeben werden. Fest steht, dass die FE als eine supranationale Rechtsform in der Art der SE (*Societas Europaea*, Europäische Aktiengesellschaft) geplant ist und ausschließlich der Verfolgung bestimmter, enumerativ genannter gemeinnütziger Zwecke mit einer Tätigkeit in mindestens zwei EU-Mitgliedstaaten dienen soll. Die Gemeinnützigkeit würde demnach in einer bestimmten Ausprägung unmittelbar in der Rechtsform der FE verankert sein. In Artikel 5 Abs. 2 S. 2 lit. a des Verordnungsvorschlages sind Kunst, Kultur und Denkmalschutz ausdrücklich als Zweck genannt, zu dem eine FE gegründet werden kann. Eine „Kultur-FE" wäre also möglich.[48] Voraussetzung für die Errichtung einer FE wäre insbesondere ein Mindestvermögen von 25.000 Euro. Die Rechtspersönlichkeit würde eine FE – anders als eine Stiftung nach deutschem Recht - erst mit Eintragung in ein Register erlangen. Eine FE könnte sich als solche in jedem EU-Mitgliedstaat niederlassen oder tätig sein, ohne dass eine Neugründung notwendig ist.

Die Elemente einer *Foundation Governance* im vorgeschlagenen FE-Statut sind differenziert ausgearbeitet und gut aufeinander abgestimmt – beispielsweise die Regelungen zur Vermeidung von Interessenkonflikten im Vorstand und Aufsichtsrat in Artikel 32 des Verordnungsvorschlags. Hingegen bedürfen die aufsichts- und steuerrechtlichen Regelungen des Verordnungsvorschlags einer Überarbeitung. Nach Artikel 49 Abs. 2 des Vorschlags sollen die Mitgliedstaaten eine FE, die ihren Satzungssitz in einem anderen Mitgliedstaat hat, den inländischen gemeinnützigen Einrichtungen „gleichstellen". Darunter wird nicht bloß eine nichtdiskriminierende Behandlung verstanden, wie sie nach der Rechtsprechung des EuGH bereits aus den Grundfreiheiten abgeleitet wird,[49] und wonach von der Finanzverwaltung eines Mitgliedstaates geprüft werden darf, ob die in einem anderen Mitgliedstaat ansässige gemeinnützige Körperschaft den Anforderungen an die Gemeinnützigkeit im betreffenden Tätigkeitsstaat gerecht wird. Vielmehr soll aus Artikel 49 Abs. 2 des Verordnungsvorschlags nach Auffassung

---

48 Nicht aufgeführt in Art. 5 Abs. 2 S. 2 des Verordnungsvorschlages sind dagegen z. B. religiöse Zwecke.

49 Vgl. z. B. EuGH, Urt. v. 14.9.2006, C-386/04 – *Stauffer*, Slg. 2006, I-8203; EuGH, Urt. v. 27.1.2009, C-318/07 – *Persche*, Slg. 2009, I-359.

der Europäischen Kommission eine Pflicht der Mitgliedstaaten folgen, einer ausländischen FE „automatisch" dieselben steuerlichen Vergünstigungen zu gewähren wie den inländischen gemeinnützigen Einrichtungen, ohne dass die Vereinbarkeit mit dem inländischen Gemeinnützigkeitsrecht überprüft werden dürfte.[50]

Allein entscheidend für die Anerkennung des Gemeinnützigkeitsstatus wäre dann die Feststellung, dass der Vorstand der FE im Einklang mit der Satzung der FE, mit der FE-Verordnung und mit den diese Verordnung ausführenden nationalen Gesetzen handelt (Artikel 46 Abs. 1 des Verordnungsvorschlags). Dies soll nach Artikel 45 des derzeitigen Verordnungsvorschlags allein die Aufsichtsbehörde in dem Mitgliedstaat überprüfen dürfen, in dem die FE eingetragen ist. Wenn man Artikel 21 des Verordnungsvorschlags so interpretiert, dass für die Eintragung der Satzungssitz maßgebend ist, wäre eine Art *forum shopping* die Folge, wonach die FE's zu dem laxesten Aufsichtsregime in der Union streben und sich dort registrieren würden. Dass dies nicht dem Willen vieler Mitgliedstaaten entpricht, liegt auf der Hand. Verschiedene Alternativlösungen für dieses steuer- und aufsichtsrechtliche Grundproblem der FE werden derzeit diskutiert. Die Diskussionen hier wiederzugeben, würde den Rahmen dieses Beitrags überschreiten.

Festzuhalten bleibt, dass eine künftige Rechtsform der FE für Kulturstiftungen durchaus geeignet wäre, insbesondere für die grenzüberschreitenden Tätigkeiten innerhalb der Europäischen Union. Jedoch müssten die erwähnten steuer- und aufsichtsrechtlichen Fragen gelöst werden, aber auch etliche weitere Probleme, wie zum Beispiel die Frage, wie und unter welchen Voraussetzungen eine bestehende Kulturstiftung nach deutschem Recht in eine FE umgewandelt werden könnte. Das Erfordernis, das bislang Artikel 17 Abs. 1 des Verordnungsvorschlages aufstellt, nämlich dass die Umwandlung nach der Satzung der sich umwandelnden Einrichtung zulässig sein müsse, kann derzeit kaum erfüllt werden, es sei denn man legt die Satzungen „FE-umwandlungsfreundlich" aus. Solche Auslegungsgrundsätze müssten im jeweiligen nationalen FE-Ausführungsgesetz niedergelegt werden.

E.   Zusammenfassung

Da es keine eigenständige Rechtsform der Kulturstiftung gibt und für Kulturstiftungen auch keine der bekannten Rechtsformen allein in Betracht kommt, muss

---

50   Vgl. z. B. *Weitemeyer*, NZG 2012, 1001, 1007.

das Rechtskleid einer Kulturstiftung zurechtgeschnitten werden, um den spezifischen Problemen einer Kulturstiftung gerecht zu werden. Hierbei sind besonders die Fragen der *Foundation Governance* besonders zu berücksichtigen. Die Dachstiftung in ihren verschiedenen Modellen erweist sich als besonders geeignet für Kulturstiftungen, um sich aus finanziellen Engpässen und aus der Abhängigkeit von wirtschaftlichen Geschäftsbetrieben zu lösen. Besondere Bedeutung für Kulturstiftungen hat das Gemeinnützigkeitsrecht, das in vielfacher Hinsicht als „Korsett" dient und das mit der Rechtsform einer gemeinnützigen Stiftung so eng verwoben ist, dass es zur Rechtsform zu ziehen ist. Das Gesetz zur Stärkung des Ehrenamts hat einige „Korsettstangen" des Gemeinnützigkeitsrechts flexibler gestaltet, so dass man insgesamt von einer neuen Rechtsformausgestaltung sprechen kann. Mit der FE ist derzeit eine neue gesetzliche Gussform in der Entwicklung, wenngleich noch ein zu großer Nachbesserungsbedarf am vorgeschlagenen FE-Statut besteht. Eine realistische Einsatzchance für eine „Kultur-FE" ist jedenfalls derzeit noch nicht absehbar.

Möglichkeiten und Grenzen nachträglicher Zweck – und Satzungsänderungen

Thomas von Hippel[*]

Teil I: Zweckänderungen

A.   Regelungsgegenstand

I.   Gesetzliche Unterscheidung zwischen Zweckänderung und sonstiger Satzungsänderung

Das Gesetz unterscheidet hinsichtlich Satzungs- und Strukturänderungen im Stiftungsrecht zwischen der Änderung des Stiftungszwecks und sonstigen Änderungen der Satzung. Um den Willen des Stifters zu schützen, der in die ursprüngliche Satzung eingeflossen ist, sind entsprechende Änderungen regelmäßig nur unter besonderen Voraussetzungen möglich.

II.   Bundesstiftungsrechtliche Regelungen zur Zweckänderung

Eine ausdrückliche Regelung zur Änderung des Stiftungszwecks enthält das Bundesrecht nur in § 87 BGB. Demnach ist eine hoheitliche Zweckänderung durch die Stiftungsaufsicht möglich, wenn die Erfüllung des Stiftungszwecks unmöglich geworden oder wenn das Gemeinwohl gefährdet ist (§ 87 Abs. 1 BGB). Der Wille des Stifters ist hierbei zu berücksichtigen (§ 87 Abs. 2 Satz 1 BGB). Eine „Unmöglichkeit" im Sinne des Gesetzes wird nur in den Fällen des § 275 BGB angenommen (z. B. bei endgültiger Zweckerfüllung).[1] Die Gefähr-

---

[*]   PD Dr. Thomas von Hippel ist Richter am Amtsgericht Hamburg-St. Georg.
        Der vorliegende Text ist ein Zweitabdruck folgender Beiträge des Verfassers: „Kapitel 23: Zweckänderungen" sowie „Kapitel 24: Sonstige Satzungsänderungen", in Hüttemann/Richter/Weitemeyer (Hrsg.), Landesstiftungsrecht, Otto Schmidt Verlag, Köln 2011. Der Abdruck erfolgt mit freundlicher Genehmigung des Otto Schmidt-Verlags.
[1]   Staudinger/*Hüttemann/Rawert*, 2011, § 87 Rn. 5; *Hof*, in Seifart/von Campenhausen (Hrsg.), 4. Aufl., München 2013, § 7 Rn. 131; *Andrick/Suerbaum*, Stiftung und Aufsicht, München 2001, § 7 Rn. 92.

dung des Gemeinwohls ist nur selten bejaht geworden,[2] weil nach überwiegender Ansicht wegen des Grundrechtsschutzes der Stiftung hieran strenge Anforderungen zu stellen sind.[3]

Abgesehen hiervon fehlt es an bundesrechtlichen ausdrücklichen Regelungen, z. B. für eine nicht-hoheitliche Änderung des Stiftungszwecks. Die Frage, ob und gegebenenfalls inwieweit sich aus den §§ 80 ff. BGB oder anderen allgemeinen Grundgedanken des (Stiftungs-)zivilrechts „ungeschriebene" Regelungen für eine Zweckänderung ableiten lassen, ist bislang nur relativ selten behandelt worden und nicht abschließend geklärt.[4]

III.   Landesstiftungsrechtliche Regelungen zur Zweckänderung

In fast allen Landesstiftungsgesetzen finden sich eigenständige Regelungen zu Zweckänderungen. Insbesondere kennen viele Landesstiftungsgesetze ihrem Wortlaut nach ein weitgehend einheitliches Verfahren für nicht-hoheitliche Zweckänderungen. Sehr umstritten ist allerdings, ob und gegebenenfalls inwieweit die besagten landesrechtlichen Normen ganz oder teilweise gegen das vorrangige bundesstaatliche Recht verstoßen und daher unwirksam bzw. einschränkend auszulegen sind.

---

2   Siehe aber den vielzitierten Fall der Schönhuber-Stiftung (OVG Münster Urt. v. 8.12.1995 – 25 A 2431/94 = NVwZ 1996, S. 913 sowie nachfolgend BVerwG Urt. v. 12.2.1998 – 3 C 55.96 = NJW 1998, 2545 f.), in dem die Genehmigung der Stiftung wegen einer Störung des Gemeinwohls versagt wurde; kritisch hierzu die überwiegende Literatur, siehe etwa *Hof*, in Seifart/von Campenhausen (Hrsg.), Handbuch Stiftungsrecht, 3. Aufl., München 2009, § 10 Rn. 309.
3   Näher hierzu Staudinger/*Hüttemann/Rawert*, 2011, § 87 Rn. 7.
4   Siehe näher zu den verschiedenen Ansätzen Staudinger/*Hüttemann/Rawert*, 2011, § 85 Rn. 18 ff. m. w. Nw., die selbst insoweit einen restriktiven Standpunkt einnehmen.

B.   Landesstiftungsrechtliche Regelungen zur Zweckänderung

I.   Hoheitliche Zweckänderung

Derzeit enthalten sechs Landesstiftungsgesetze Vorschriften über die hoheitliche Zweckänderung. In allen Fällen handelt es sich allerdings um keine eigenständige Regelung, sondern um eine bloße Bezugnahme auf § 87 BGB.[5]

II.   Nicht-hoheitliche Zweckänderung

13 Landesstiftungsgesetze enthalten ausdrückliche eigenständige Regelungen für nicht-hoheitliche Änderungen des Stiftungszwecks.[6] Zwei weitere Landesstiftungsgesetze enthalten ihrem Wortlaut nach nur eigenständige Regelungen über „Satzungsänderungen",[7] wobei jedoch in allen Fällen die Gesetzesmaterialien dafür sprechen, dass die jeweiligen Regelungen auch Änderungen des Stiftungszwecks umfassen.[8] Anders ist die Rechtslage hingegen in Bayern, das für „Zweckumwandlungen" auf § 87 BGB verweist[9] und damit offenkundig auf eigenständige Regelungen zur Änderung des Stiftungszwecks verzichtet.[10] Im Ergebnis enthalten somit alle Landesstiftungsgesetze außer Bayern eigenständige Regeln für nicht-hoheitliche Zweckänderungen. Bayern kann daher bei der folgenden Betrachtung ausgeklammert bleiben.

---

5   Siehe Art. 8 Abs. 1 S. 1 BayStiftG; § 9 BremStiftG; § 9 Abs. 3 HessStiftG; § 8 Nds-StiftG; § 8 SaarlStiftG; § 6 SchHolStiftG; § 11 ThürStiftG; so nun auch § 8 SachsAnhStiftG.
6   §§ 6 S. 2, 14 Abs. 2 S. 1 BaWürttStiftG; § 5 Abs. 2 BerlStiftG; § 10 BrbgStiftG; § 8 Abs. 1 BremStiftG; § 9 Abs. 2 S. 1 HessStiftG; § 7 Abs. 1 S. 1 NdsStiftG; § 5 Abs. 2 S. 1 Nr. 1 NRWStiftG; § 8 RhPfStiftG; § 7 Abs. 1 SaarlStiftG; § 9 Abs. 1 SächsStiftG; § 9 Abs. 1 SachsAnhStiftG; § 5 Abs. 1 SchlHolStiftG; § 9 Abs. 1 ThürStiftG.
7   § 7 Abs. 1 HambStiftG; § 9 Abs. 1 MeckVorPStiftG.
8   Siehe für Hamburg, LT-Drucks. 18/1513, 14 (zu § 7 Abs. 2 HambStiftG); für Mecklenburg-Vorpommern, LT-Drucks. 4/2047, 14 f. (Bezugnahme auf die Vorgängervorschrift des § 11 MeckVorPStiftG, die auch Zweckänderungen erfasste).
9   Art. 8 Abs. 1 S. 1 BayStiftG.
10   Zwar spricht auch Art. 5 Abs. 4 BayStiftG von „Satzungsänderungen", angesichts der aufgezeigten Systematik des Bayerischen Stiftungsrechts ist aber davon auszugehen, dass diese „Satzungs-änderungen" nicht auch Änderungen des Stiftungszwecks umfassen; ebenso *Reuter*, in Hüttemann/Richter/Weitemeyer (Hrsg.), Landesstiftungsrecht, Köln 2011, Rn. 3.26.

1. Zweckänderungsverfahren

Die 15 Landesstiftungsgesetze, die eine eigenständige Regelung für nichthoheitliche Zweckänderungen vorsehen, verlangen zunächst einmal üblicherweise einen Beschluss des zuständigen Stiftungsorgans, ohne hierzu weitere Vorgaben zu machen.[11]

Notwendig ist außerdem regelmäßig eine Genehmigung der Zweckänderung durch die Stiftungsaufsicht.[12] Die Stiftungsaufsicht hat zu prüfen, ob die prozessualen und materiellrechtlichen Voraussetzungen für eine Zweckänderung erfüllt sind.[13] Manche Autoren meinen, die Stiftungsaufsicht habe einen Ermessensspielraum, der durch die Stiftungsgesetze und den Stifterwillen begrenzt sei.[14] die überwiegende Gegenansicht lehnt dies mit Recht ab, weil die Stiftungsaufsicht als Rechtsaufsicht konzipiert ist.[15]

Die Mehrzahl der Landesstiftungsgesetze enthält außerdem Beteiligungsrechte des Stifters, die unterschiedlich ausgestaltet sind (Zustimmungserfordernis, Anhörungsrecht).

---

11 § 14 Abs. 2 S. 1 BaWürttStiftG; § 5 Abs. 1 BerlStiftG; § 10 Abs. 1 S. 1 BrbgStiftG; § 7 Abs. 1 HambStiftG; § 7 Abs. 3 S. 1 u. S. 2 NdsStiftG; § 5 Abs. 1 S. 1 NRWStiftG; § 8 Abs. 1 u. Abs. 2 RhPfStiftG; § 7 Abs. 3 S. 1 SaarlStiftG; § 9 Abs. 1 S. 2 SächsStiftG; § 9 Abs. 3 SachsAnhStiftG; § 5 Abs. 1 S. 1 SchlHolStiftG; § 9 Abs. 1 ThürStiftG. Nicht ausdrücklich wird ein solcher Beschluss in dem Wortlaut des § 8 Abs. 1 BremStiftG und des § 9 Abs. 1 S. 1 MeckVorPStiftG erwähnt, die betreffenden Vorschriften setzen aber wohl einen solchen Beschluss voraus.
12 § 14 Abs. 2 S. 2 BaWürttStiftG; § 5 Abs. 1 S. 3 BerlStiftG; § 10 Abs. 1 S. 2 BrbgStiftG; § 8 Abs. 1 BremStiftG; § 7 Abs. 3 Satz 1 HambStiftG; § 9 Abs. 1 S. 1 MeckVorPStiftG; § 7 Abs. 3 S. 3 NdsStiftG; § 5 Abs. 2 S. 3 NRWStiftG; § 8 Abs. 3 RhPfStiftG; § 7 Abs. 3 S. 2 SaarlStiftG; § 9 Abs. 1 S. 2 SächsStiftG; § 9 Abs. 3 SachsAnhStiftG; § 5 Abs. 1 S. 2 SchlHolStiftG; § 9 Abs. 3 ThürStiftG.
13 *Schwintek*, Vorstandskontrolle in rechtsfähigen Stiftungen bürgerlichen Rechts, Baden-Baden 2001, S. 258.
14 *Hof*, in Seifart/von Campenhausen (Hrsg.), 4. Aufl., München 2013, § 7 Rn. 118.
15 *Schwintek*, Vorstandskontrolle (Fn. 13), S. 147; *Schlüter*, Stiftungsrecht zwischen Privatautonomie und Gemeinwohlbindung, München 2004, S. 337 f.; *Heuel*, NRWStiftG, 2009, § 5 Anm. 8.

2.   Voraussetzungen einer Zweckänderung

a)   Gesetzliche Unterscheidung: Zweckänderungen mit und ohne Satzungs-
        ermächtigung

Hinsichtlich der materiell-rechtlichen Voraussetzungen für eine Zweckänderung
unterscheiden die meisten Landesstiftungsgesetze zwei Fälle: Zweckänderungen
aufgrund einer Ermächtigung in der Satzung und Zweckänderungen ohne eine
solche Ermächtigung.

b)   Zweckänderung aufgrund einer Satzungsermächtigung

Hat der Stifter in der Satzung eine Zweckänderung vorgesehen, lässt der Wortlaut von 12 Landesstiftungsgesetzen ausdrücklich eine Zweckänderung zu, ohne
weitere materiell-rechtliche Voraussetzungen zu verlangen,[16] sieht man einmal
von gelegentlichen Bezugnahmen auf den (mutmaßlichen) Stifterwillen ab. In
Mecklenburg-Vorpommern findet sich zwar keine ausdrückliche Bestimmung
hierzu, aufgrund der Gesetzgebungsmaterialien ist aber davon auszugehen, dass
dort eine entsprechende Rechtslage gilt.[17] Strengere Regelungen bestehen hingegen in Schleswig-Holstein, Nordrhein-Westfalen und im Sonderfall der Stiftungsauflösung auch in Hamburg; in Bayern ist eine derartige Zweckänderung
überhaupt nicht vorgesehen.

c)   Zweckänderung ohne Satzungsermächtigung

Außerdem sehen alle Landesstiftungsgesetze außer Bayern vor, dass der Zweck
auch ohne eine entsprechende Satzungsermächtigung geändert werden darf,
wenn eine wesentliche Änderung der Verhältnisse vorliegt.[18] Weniger strenge

---

16   § 14 Abs. 2 S. 1 BaWürttStiftG; § 5 Abs. 2 BerlStiftG; § 10 Abs. 1 S. 1 BrbgStiftG; § 8
     Abs. 1 S. 1 BremStiftG; § 7 Abs. 1 Nr. 1 HambStiftG; § 9 Abs. 2 S. 2 HessStiftG; § 7
     Abs. 1 S. 1 NdsStiftG; § 8 Abs. 2 RhPfStiftG; § 7 Abs. 1 S. 1 SaarlStiftG; § 9 Abs. 1 S. 1
     Nr. 1 SächsStiftG, § 9 Abs. 1 SachsAnhStiftG; § 9 Abs. 1 S. 1 ThürStiftG.
17   Vgl. § 9 Abs. 1 S. 1 MeckVorPStiftG in Verbindung mit LT-Drucks. 4/2047, 14 f.
18   § 6 S. 2 BaWürttStiftG; § 5 Abs. 2 BerlStiftG; § 8 Abs. 1 S. 1 BremStiftG; § 9 Abs. 2
     S. 1 HessStiftG; § 9 Abs. 1 S. 2 MeckVorPStiftG; § 7 Abs. 1 NdsStiftG; § 5 Abs. 2 S. 1
     Nr. 1 NRWStiftG; § 8 Abs. 2 RhPfStiftG; § 7 Abs. 1 S. 1 SaarlStiftG; § 9 Abs. 1 S. 1

Anforderungen gelten insoweit in Brandenburg und Hamburg; Thüringen beschränkt die Änderungsmöglichkeiten; Erleichterungen für unwesentliche Zweckänderungen gelten in Nordrhein-Westfalen, Rheinland-Pfalz und Schleswig-Holstein.

C.   Länderspezifische Besonderheiten

I.   Einzelregelungen

1.   Besondere Regeln im Zweckänderungsverfahren

Bremen, Niedersachsen und Schleswig-Holstein verlangen bei jeder Zweckänderung die *Zustimmung* des noch lebenden Stifters (§ 8 Abs. 1 S. 3 BremStiftG; § 7 Abs. 2 S. 2 NdsStiftG; § 5 Abs. 1 Satz 2 Hs. 2 SchlHolStiftG). Im Saarland kann sich der Stifter ein entsprechendes Zustimmungsrecht in der Satzung vorbehalten (§ 7 Abs. 2 S. 1 SaarlStiftG). In Baden-Württemberg und Sachsen ist eine solche Zustimmung nur im Fall einer Zweckänderung *ohne* Satzungsermächtigung notwendig (§ 6 S. 2 2. Hs. BaWürttStiftG; § 9 Abs. 2 S. 2 SächsStiftG).

Mehrere Landesstiftungsgesetze räumen dem noch lebenden Stifter ein *Anhörungsrecht* ein: So ist in Brandenburg dem Stifter vor der Genehmigung einer Zweckänderung Gelegenheit zur Stellungnahme zu geben (§ 10 Abs. 2 BrbgStiftG). In Thüringen ist eine Anhörung des Stifters vorgesehen, sofern sich dessen Aufenthaltsort ohne unverhältnismäßigen Aufwand ermitteln lässt (siehe § 9 Abs. 2 ThürStiftG). In Nordrhein-Westfalen ist der Stifter „nach Möglichkeit" anzuhören (§ 5 Abs. 2 S. 2 NRWStiftG). Entsprechendes gilt seit 2011 in Sachsen-Anhalt (§ 9 Abs. 2 S. 1 SachsAnhStiftG). In Hamburg, Mecklenburg-Vorpommern und Sachsen „soll" der Stifter angehört werden (§ 9 Abs. 3 S. 2 HambStiftG; § 9 Abs. 2 MeckVorPStiftG; § 9 Abs. 2 S. 1 SächsStiftG). In Rheinland-Pfalz ist der Stifter (nur) anzuhören, wenn eine Zweckänderung ohne satzungsmäßige Ermächtigung durchgeführt wird (§ 8 Abs. 2 RhPfStiftG).

Drei Bundesländern räumen der Stiftungsaufsichtsbehörde Befugnisse ein, die über das in den Landesstiftungsgesetzen sonst üblicherweise vorgesehene Ausmaß einer zwangsweisen hoheitlichen Änderung nach § 87 BGB und einer Genehmigung der nicht-hoheitlichen Zweckänderung hinausgehen: In Hessen ent-

Nr. 2 SächsStiftG, § 9 Abs. 1 SachsAnhStiftG; § 5 Abs. 1 Nr. 2 SchlHolStiftG; § 9 Abs. 1 S. 2 ThürStiftG.

scheidet die Stiftungsaufsichtsbehörde in *allen* Fällen der Zweckänderung; die Stiftungsorgane haben insoweit lediglich ein Antragsrecht (§ 9 Abs. 1 Hess-StiftG). In Mecklenburg-Vorpommern erfolgt seit 2006 eine Zweckänderung *ohne* satzungsmäßige Ermächtigung (im Gegensatz zu den meisten Bundesländern) allein durch die Entscheidung der Stiftungsaufsichtsbehörde; ein vorheriger Beschluss eines Stiftungsorgans ist nicht mehr vorgesehen (§ 9 Abs. 1 S. 2 MeckVorPStiftG).[19] In Baden-Württemberg kann die Stiftungsaufsichtsbehörde „die Satzung einschließlich der Bestimmungen über den Zweck der Stiftung ändern, soweit dies wegen wesentlicher Änderung der Verhältnisse geboten ist und wenn die zur Satzungsänderung befugten Stiftungsorgane die erforderliche Änderung nicht vornehmen oder die Stiftungsorgane nach der Stiftungssatzung zu Satzungsänderungen nicht befugt sind; die Änderung bedarf zu Lebzeiten des Stifters seiner Zustimmung" (§ 6 S. 2 BaWürttStiftG).

In Nordrhein-Westfalen genügt im Falle einer Zweckänderung aufgrund einer Satzungsermächtigung oder im Falle einer Zweckänderung ohne Satzungsermächtigung, durch die der Zweck nicht wesentlich verändert wird, eine bloße Anzeige an die Stiftungsaufsichtsbehörde; eine Genehmigung ist insoweit nicht erforderlich (§ 5 Abs. 1 S. 2 NRWStiftG).[20]

2.   Besondere Regeln bei Zweckänderungen aufgrund einer Satzungsermächtigung

In Nordrhein-Westfalen ist es dem Stifter seit 2010 verwehrt, eine Ermächtigung für Änderung des Stiftungszwecks in der Stiftungssatzung vorzusehen, sofern keine wesentliche Änderung der Verhältnisse eingetreten ist (siehe § 5 Abs. 2 S. 1 Nr. 1 NRWStiftG). Eine ähnliche Regelung gilt in Schleswig-Holstein, wo nur eine „unwesentliche Änderung des Zwecks" gestattet ist, solange sich die Verhältnisse nicht wesentlich geändert haben (siehe § 5 Abs. 1 Nr. 1 SchlHol-StiftG). In Hamburg muss der Stifter im Sonderfall der Stiftungsauflösung sach-

---

19   Die Gesetzesmaterialien rechtfertigen die Abschaffung der Vorschrift damit, sie werde „der besonderen Ausgangslage, bei der eine Zuständigkeit der Organe gerade vom Stifterwillen nicht umfasst ist, nicht hinreichend gerecht"; siehe Gesetzentwurf der Landesregierung vom 11.1.2006 LT-Drucks. 4/2047, 8.

20   Nach *Heuel*, NRWStiftG, 2009, § 5 Anm. 2.5. soll es diese Anzeigepflicht der Stiftungsaufsicht ermöglichen, gegen rechtswidrige Satzungsänderungen einzuschreiten.

liche Voraussetzungen im Stiftungsgeschäft oder in der Satzung festlegen (§ 7 Abs. 2 Nr. 1 HambStiftG).[21]

3. Besondere Regeln bei Zweckänderung ohne Satzungsermächtigung

In Hamburg ist die in den anderen Bundesländern für eine Zweckänderung ohne Satzungsermächtigung verlangte wesentlichen Änderung der Verhältnisse nur ein Regelbeispiel für einen „sachlichen Grund", der eine entsprechende Änderung rechtfertigt (§ 7 Abs. 1 Nr. 2) HambStiftG. In Brandenburg ist eine Änderung ohne Satzungsermächtigung nach dem Wortlaut bereits möglich, wenn die Satzung der Änderung nicht entgegen steht (§ 10 Abs. 1 S. 1 BrbgStiftG). In Thüringen ist eine Änderung ohne Satzungsermächtigung nur zulässig, wenn „der Stiftungszweck durch die Änderung nicht oder nur unwesentlich ... verändert wird" (§ 9 Abs. 1 S. 2 ThürStiftG), eine entsprechende Regelung findet sich seit 2011 auch in Sachsen-Anhalt mit dem zusätzlichen Hinweis, der Stifterwille dürfe nicht entgegenstehen (§ 9 Abs. 1 SachsAnhStiftG).

Zweckänderung ohne Satzungsermächtigung sind in Nordrhein-Westfalen (§ 5 Abs. 1 NRWStiftG) und Rheinland-Pfalz (§ 8 Abs. 1 RhPfStiftG) auch ohne weitere Voraussetzungen möglich, sofern der Stiftungszweck „nicht wesentlich verändert" wird. Dies gilt auch in Schleswig-Holstein mit der Maßgabe, dass der Stiftungszweck insoweit „nur unwesentlich verändert" werden darf (§ 5 Abs. 1 S. 1 Nr. 1 SchlHolStiftG).

4. Sonstige besondere Regeln

Sechs Landesstiftungsgesetze verlangen derzeit ausdrücklich eine *Berücksichtigung des Stifterwillens*, wobei die Formulierungen geringfügig variieren: Im Saarland ist „der Stifterwille zu berücksichtigen (§ 7 Abs. 2 S. 1 SaarlStiftG); in Berlin ist der „vom Stifter im Stiftungsgeschäft oder in der Satzung zum Ausdruck gebrachte Wille" zu berücksichtigen (§ 5 Abs. 1 S. 2 BerlStiftG);

---

21 Nach Ansicht von *Reuter*, in Hüttemann/Richter/Weitemeyer (Hrsg.), Landesstiftungsrecht (Fn 10), Rn. 3.26, sind die Voraussetzungen für die Stiftungsauflösung analog auf jede Zweckänderung zu übertragen; dem ist aber nicht zu folgen, weil die Gesetzgebungsmaterialien zu § 7 Abs. 2 HambStiftG (LT-Drucks. 18/1513, 14) ausdrücklich klarstellen, dass die erhöhten Voraussetzungen des § 7 Abs. 2 HambStiftG nur für die Auflösung (nicht aber für die Zweckänderung) gelten sollen.

in Hessen ist der „Wille des Stifters (…) tunlichst zu berücksichtigen" (§ 9 Abs. 1 S. 2 HessStiftG); in Niedersachsen „ist der erkennbare oder mutmaßliche Wille der Stifterin oder des Stifters zu berücksichtigen" (§ 7 Abs. 2 S. 1 NdsStiftG) in Hamburg darf „der tatsächliche oder mutmaßliche Wille des Stifters" nicht entgegenstehen (§ 7 Abs. 1 Nr. 3 HambStiftG); in Sachsen-Anhalt darf „der Wille des Stifters" nicht entgegenstehen (§ 9 Abs. 1 SachsAnhStiftG). In diesem Zusammenhang ist auch Nordrhein-Westfalen zu nennen, wo die Satzung eine Zweckänderung ausschließen kann (siehe § 5 Abs. 1 S. 1 und Abs. 2 S. 1 NRWStiftG).

Schließlich verbieten es vier Landesstiftungsgesetze, nämlich Niedersachsen, das Saarland, Sachsen-Anhalt und Thüringen, durch die Zweckänderung in die „Rechte derer [einzugreifen], die durch die Stiftung bedacht sind" (§ 7 Abs. 2 S. 3 NdsStiftG; § 7 Abs. 2 S. 3 SaarlStiftG; § 9 Abs. 2 S. 2 SachsAnhStiftG; § 9 Abs. 1 S. 3 ThürStiftG).

II.   Sonderproblem: Unwirksamkeit bzw. Gebotenheit einer einschränkenden Auslegung der landesrechtlichen Vorschriften zur Zweckänderung?

1.   Einführung

Trotz des verhältnismäßig eindeutigen und weitgehend einheitlichen Wortlauts der einschlägigen landesstiftungsrechtlichen Regelungen gehört die Frage, ob und gegebenenfalls inwieweit der Stiftungszweck geändert werden darf, zu den wohl problematischsten und unübersichtlichsten aktuellen Streitfragen des Stiftungsrechts. Sehr umstritten ist insbesondere, ob und gegebenenfalls inwieweit die einschlägigen landesstiftungsrechtlichen Regelungen unwirksam sind, weil sie gegen vorrangiges Bundesrecht verstoßen. Ein Teil der Literatur hält die landesrechtlichen Vorschriften zur Zweckänderung für insgesamt unwirksam, weil das Bundesrecht insoweit abschließende Regelungen enthalte. Die überwiegende Ansicht hält die landesrechtlichen Vorschriften zwar nicht generell für unwirksam, befürwortet aber, aufgrund der zu berücksichtigenden vorrangigen bundesrechtlichen Regelungen eine einschränkende Auslegung des Wortlauts der landesstiftungsrechtlichen Regelungen, wobei insoweit wiederum sehr umstritten ist, aus welchen Gründen und in welchem Maß eine solche einschränkende Auslegung geboten ist.

An dieser Stelle ist zunächst die logisch vorrangige Frage zu klären, ob die entsprechenden landesstiftungsrechtlichen Vorschriften zur Zweckänderung insgesamt unwirksam sind, ehe die Frage einer einschränkenden Auslegung dieser Vorschriften behandelt wird, die sich nur dann stellt, wenn man eine generelle

Unwirksamkeit verneint. Nach einem Blick auf die Stiftungspraxis, werden die wesentlichen Ergebnisse abschließend zusammengefasst.

2. Generelle Unwirksamkeit der landesstiftungsrechtlichen Regelungen zur Zweckänderung?

a) Meinungsstand

Nach der bislang ganz überwiegenden Ansicht haben die Landesstiftungsgesetzgeber die Gesetzgebungskompetenz für nicht-hoheitliche Zweckänderungen durch die Stiftungsorgane inne: § 87 BGB regle nur *hoheitliche* Zweckänderungen abschließend, nicht aber *nicht-hoheitliche* Zweckänderungen, die „sich nicht als Eingriffe des Staates, sondern als Selbstregulierung der Stiftung darstellen".[22] Allerdings hat die Gegenansicht, die lange Zeit nicht mehr vertreten wurde,[23] neuerdings wieder Zulauf erhalten. Die Vertreter dieser Ansicht begründen die ihrer Ansicht nach fehlende Landesgesetzgebungskompetenz für Änderung des Stiftungszwecks mit zwei unterschiedlichen Gesichtspunkten.

Teilweise wird angenommen, die Ermächtigungsgrundlage des § 85 BGB, wonach die „Verfassung einer Stiftung [...], soweit sie nicht auf Bundes- oder Landesgesetz beruht, durch das Stiftungsgeschäft bestimmt" wird, sei so zu verstehen, dass zur „Verfassung" nur sonstige Satzungsänderungen, nicht aber Zweckänderungen gehörten.[24] Daraus folge, dass die Länder keine Gesetzgebungskompetenz für Regelungen zu Zweckänderungen haben. Für diese Ansicht lässt sich anführen, dass § 87 Abs. 2 und Abs. 3 BGB zwischen der hoheitlichen Änderung des „Zwecks" und der hoheitlichen Änderung „der Verfassung" unterscheiden,[25]

22 *Ebersbach*, Handbuch Stiftungsrecht, Göttingen 1972, S. 90; zustimmend *Hof*, in Seifart/von Campenhausen (Hrsg.) 4. Aufl., München 2013, § 7 Rn. 121; *Jeß*, Das Verhältnis des lebenden Stifters zur Stiftung – unter besonderer Berücksichtigung der Gestaltungsmöglichkeiten der Stiftungsverfassung und des Rechtsschutzes der Stiftung vor Übergriffen des Stifters, Ammersbeck 1991, S. 80 f.; *Schwintek*, Vorstandskontrolle (Fn. 13), S. 146; *S. Hahn*, Die organschaftliche Änderung der Stiftungssatzung nach der Reform der Landesstiftungsgesetze, Baden-Baden 2010, S. 48 ff.

23 Siehe zuletzt *Strickrodt*, Stiftungsrecht – geltende Vorschriften u. rechtspolit. Vorschläge, 2. Aufl., Baden-Baden 1977, S. 102 ff.

24 *Muscheler*, ZSt 2004, 3, 7.

25 So *Muscheler*, Stiftungsrecht – Gesammelte Beiträge, Baden-Baden 2005, S. 375.

Nach anderer Ansicht enthält § 87 BGB nicht nur eine abschließende Regelung für zwangsweise hoheitliche Zweckänderungen (so die bislang ganz überwiegende Ansicht),[26] sondern auch eine abschließende Regelung für nichthoheitliche Änderungen. Diese Ansicht beruft sich auf eine entsprechende Konzeption des historischen Gesetzgebers.[27]

b)   Stellungnahme

Mit der allgemeinen Ansicht ist davon auszugehen, dass § 87 BGB eine abschließende Regelung für zwangsweise hoheitliche Änderungen des Stiftungszwecks enthält. Eigenständige landesstiftungsrechtliche Regelungen zu einer entsprechenden hoheitlichen Änderung des Stiftungszwecks wären daher mangels Gesetzgebungskompetenz unwirksam, wenn es sie geben würde.[28]

Anderes gilt hingegen für die landesrechtlichen Regelungen für nichthoheitliche Zweckänderungen. Insoweit sprechen die besseren Gründe für eine Gesetzgebungs-kompetenz des Landesgesetzgebers, denn die Argumente der Gegenansicht überzeugen nicht.

Gegen die Ansicht, der Wortlaut des § 85 BGB („Verfassung"), ermächtige nur zu einfachen Satzungsänderungen, nicht aber zu Zweckänderungen, spricht zunächst einmal, dass der Begriff „Verfassung" üblicherweise – unter anderem auch im Gesellschaftsrecht[29] – weiter verstanden wird, nämlich als „die organisatorischen und materiellen Grundentscheidungen, die Gestalt und Zielrichtung (= die Identität) der Stiftung bestimmen",[30] bzw. als die „Grundlage der Stiftung".[31] Ein solcher „Verfassungsbegriff" umfasst auch den Zweck. Es leuchtet nicht ein, warum im Stiftungsrecht ein hiervon abweichender Begriff gelten soll. Aus der innerhalb von § 87 BGB vorgenommenen Unterscheidung lässt sich dies nicht überzeugend begründen, denn der Wortlaut lässt offen, ob es sich bei dem

26   Siehe die Nachweise oben in Fn. 24.
27   Siehe zuletzt Staudinger/*Hüttemann/Rawert*, 2011, § 85 Rn. 9; *Happ*, Stifterwille und Zweckänderung – Möglichkeiten und Grenzen einer Änderung des Stiftungszwecks durch Organbeschluss, Köln 2007, S. 142 ff.
28   Dies ist allerdings nicht der Fall siehe oben unter B I. Zur Einordnung einzelner Sonderregelungen, die eine erweiterte Befugnis der Stiftungsaufsichtsbehörde vorsehen, siehe näher unten unter C II 4. f).
29   Siehe *Burgard*, Gestaltungsfreiheit im Stiftungsrecht – zur Einführung korporativer Strukturen bei der Stiftung, Köln 2006, S. 341 Fn. 35.
30   MüKo-BGB/*Reuter,* 6. Aufl. 2012, § 85 Rn. 1.
31   Bamberger/Roth/*Schwarz*, 3. Aufl. 2012, § 85 Rn. 1.

„Zweck" (im Sinne des § 87 BGB) um ein aliud oder um einen besonders gere-
gelten Unterfall der „Verfassung" (im Sinne des § 87 BGB) handelt.

Auch die Ansicht, § 87 BGB enthalte eine abschließende Regelung für sämtliche Zweckänderungen (also auch für nicht-hoheitliche Zweckänderungen), überzeugt nicht. Bereits der Wortlaut des § 87 BGB legt nahe, dass diese Vorschrift
nur die dort thematisierte hoheitliche Änderung des Stiftungszwecks abschließend regelt. Soweit zugunsten einer Sperrwirkung des § 87 BGB die Motive des
historischen Gesetzgebers ins Felde geführt werden, hat dieses Argument kein
großes Gewicht: Einmal lassen sich die Motive des historischen Gesetzgebers
bereits unterschiedlich deuten,[32] zum anderen kann man bezweifeln, inwieweit
der Wille des historischen Gesetzgebers angesichts des geänderten verfassungs-
rechtlichen Verständnisses des Stiftungsrechts überhaupt noch berücksichtigt
werden kann. Schließlich erscheinen die Motive des historischen Gesetzgebers
ohnehin überholt, weil die Gesetzgebungsmaterialien zur Modernisierung des
Stiftungsrechts nunmehr davon ausgehen, dass der Stifter Bestimmungen über
Zweck- und Satzungsänderungen in die Satzung aufnehmen kann:

> „Der Satzungsbestimmung über den Zweck kommt besondere Bedeutung zu, da der Stif-
> tungszweck als wichtigster Bestandteil von Stiftungsgeschäft und Satzung im Hinblick auf
> die auf Dauer angelegte Stiftung besonders sorgfältig formuliert sein muss. Das gilt um so
> mehr als eine Nachbesserung nicht wie bei Vereinen – durch die Mitgliederversammlung
> – ohne weiteres möglich ist. Dem Stifter bleibt es zwar unbenommen, im Stiftungsge-
> schäft bzw. in der Stiftungssatzung Vorkehrungen vorzusehen, indem er für später not-
> wendig werdende Änderungen des Stiftungszwecks Festlegungen trifft und beispielsweise
> dafür Zuständigkeiten und sachliche Gründe bestimmt. Unbeschadet satzungsmäßiger Re-
> gelungen wird jede Zweckänderung aber erst wirksam, wenn sie durch die zuständige
> Aufsichts-behörde genehmigt wird."[33]

Auch wenn die zitierte Passage nicht ausdrücklich das Verhältnis von Bundes-
und Landesstiftungsrecht thematisiert, erscheint es naheliegend, dass der Regierungsentwurf in dieser Passage auf die Bestimmungen des Landesstiftungsrechts
zur Zweckänderung Bezug nimmt und damit stillschweigend davon ausgeht,
dass diese Bestimmungen jedenfalls nicht generell unwirksam sind.[34] Für ein
solches Verständnis spricht auch insbesondere der Hinweis auf das Genehmi-

---

32 Siehe etwa *S. Hahn*, Organschaftliche Änderung (Fn. 22), S. 49 f., wonach die historische
    Auslegung nicht das Ergebnis rechtfertigt, § 87 BGB verdränge die landesgesetzlichen
    Vorschriften zur Änderungen von Stiftungszweck und Satzung.
33 Siehe die Begründung des Regierungsentwurfs zu § 81 BGB, BT-Drucks. 14/8765, 10.
34 In diesem Sinne bereits *von Hippel*, Grundprobleme von Nonprofit-Organisationen : eine
    zivilrechtsdogmatische, steuerrechtliche und rechtsvergleichende Untersuchung über
    Strukturen, Pflichten und Kontrollen und wirtschaftliche Tätigkeit von Vereinen und Stif-
    tungen, Tübingen 2007, S. 453; *Happ*, Stifterwille (Fn. 27), S. 108.

gungserfordernis bei Zweckänderungen im letzten Satz der zitierten Ausführungen, denn bekanntlich sehen alle Landesstiftungsrechte im Falle von Zweckänderungen ein solches Genehmigungserfordernis der Stiftungsaufsichtsbehörde vor. Demgegenüber wird man angesichts des eindeutigen Wortlauts der zitierten Passage schwerlich behaupten können, diese Passage beziehe sich „gerade nicht auf Organbeschlüsse ... [zu] Zweckänderungen", sondern verweise lediglich auf die Mitwirkung bzw. Mitwirkungspflichten der Organe im Rahmen von „einfachen" Satzungsänderungen und „Satzungsanpassungen":[35] Die zitierte Passage spricht ausdrücklich von „*Zweck*änderungen" (und nicht von „einfachen *Satzungs*änderungen" oder „*Satzungsanpassungen*").[36]

c)   Zwischenergebnis

Als Zwischenergebnis ist festzuhalten, dass der Landesgesetzgeber zwar keine Gesetzgebungskompetenz für Regelungen zur *zwangsweisen hoheitlichen* Änderung des Stiftungszwecks, wohl aber die Gesetzgebungskompetenz für Regelungen zur *nicht-hoheitlichen* Änderung des Stiftungszwecks innehat.

Es stellt sich allerdings die Folgefrage, ob die Regelungen zur *nichthoheitlichen* Änderung des Stiftungszwecks gleichwohl einschränkend auszule-

---

35   So aber Staudinger/*Hüttemann/Rawert*, 2011, § 85 Rn. 28 a. E.: „Diese Passagen betreffen zum einen nur Regelungen des Stifters, besagen aber nichts über das Verhältnis von Bundes- und Landesrecht. Zum anderen beziehen sich diese Ausführungen gerade nicht auf Organbeschlüsse zur Aufhebung der Stiftung oder Zweckänderungen. Ein Vorrang des Bundesrechts besteht nämlich auch in Hinsicht auf „einfache" Satzungsänderungen, zu denen der Stiftungsvorstand bereits kraft seiner (bundesrechtlich normierten) Organstellung nicht nur berechtigt, sondern auch verpflichtet ist, sofern eine Satzungsanpassung aufgrund einer nachträglichen wesentlichen Änderung der Verhältnisse im Interesse einer Erfüllung des Stiftungszwecks geboten oder durch den Stifter in der Satzung hinreichend bestimmt vorgegeben ist.".

36   Ebenso wenig überzeugend wäre es im übrigen, die Passage dahingehend zu verstehen, dass hiermit „Organbeschlüsse" gemeint sind, die lediglich eine „bloße Anregung" an die Stiftungsaufsichtsbehörde enthalten, eine Zweckänderung nach Maßgabe des § 87 BGB vorzunehmen (so das Verständnis in Staudinger/*Hüttemann/Rawert*, 2011, § 85 Rn. 28). Gegen ein solches Verständnis spricht die Formulierung, der Stifter dürfe „Zuständigkeiten [für später notwendig werdende Änderungen des Stiftungszwecks] bestimmen". Wenn der Stifter demzufolge im Rahmen von später notwendigen Zweckänderungen „*Zuständigkeiten*" von Organen „*bestimmen*" darf, so müssen diese „Zuständigkeiten" sinnvollerweise über die bloße unverbindliche „Anregung" an die Stiftungsbehörde hinausgehen, denn für eine solche unverbindliche „Anregung" bedarf es keiner in der Satzung verankerten „Zuständigkeit".

gen sind. Insoweit ist, in Anlehnung an die entsprechenden landesstiftungsrechtlichen Tatbestände, zu unterscheiden zwischen der Zweckänderung aufgrund einer Satzungsermächtigung und der Zweckänderung ohne Satzungsermächtigung.

3. Einschränkende Auslegung der landesstiftungsrechtlichen Regelungen über Zweckänderungen aufgrund einer Satzungsermächtigung?

a) Einführung in den Meinungsstand

Sehr unübersichtlich ist der Meinungsstand zur Auslegung der landesstiftungsrechtlichen Regelungen über Zweckänderungen aufgrund einer Satzungsermächtigung. Zwar halten die meisten Autoren die landesstiftungsrechtlichen Regelungen zur Änderung des Stiftungszwecks nicht generell für unwirksam. Indessen befürworten nahezu alle Autoren gleichwohl im Ergebnis eine einschränkende Auslegung des Wortlauts der landesstiftungsrechtlichen Regelungen, wobei sich erhebliche Unterschiede dabei zeigen, inwieweit solche Einschränkungen aus welchen Gründen befürwortet werden.

Ausgangspunkt sind insoweit die einschlägigen landesstiftungsrechtlichen Regelungen zur Zweckänderung aufgrund einer Satzungsermächtigung. Wie bereits dargelegt, sind nach dem Wortlaut aller Landesstiftungsgesetze (außer in Bayern) derartige Änderungen ausdrücklich oder zumindest konkludent vorgesehen. Ausdrückliche Grenzen für den Umfang einer Ermächtigung zur Änderung des Stiftungszwecks setzen insoweit allein Nordrhein-Westfalen und Schleswig-Holstein,[37] in den anderen Ländern scheint es nach dem Wortlaut sogar zulässig zu sein, dass der Stifter eine Änderung des Stiftungszwecks in das freie Belieben des Stiftungsorgans stellt.

Beim Meinungsstand zur einschränkenden Auslegung der landesstiftungsrechtlichen Vorschriften lassen sich im Wesentlichen drei Standpunkte unterscheiden: Allgemein anerkannt ist zunächst, dass im Falle einer Änderung des Stiftungszwecks aufgrund einer Satzungsermächtigung der (mutmaßliche) Stifterwille auch dann zu befolgen ist, wenn es an einer entsprechenden ausdrücklichen landesgesetzlichen Bestimmung fehlt.

---

37 § 5 Abs. 2 S. 1 Nr. 1 NRWStiftG erlaubt ohne eine wesentliche Veränderung der Verhältnisse keine Zweckänderung; § 5 Abs. 1 Nr. 1 SchlHolStiftG erlaubt ohne eine wesentliche Veränderung der Verhältnisse nur „unwesentliche" Zweckänderungen.

Ein zweiter Standpunkt meint, der Stifter dürfe satzungsmäßige Zweckänderungen nicht in das freie Belieben des Stiftungsorgans stellen, sondern müsse die Vorgaben hierzu näher präzisieren, wobei hinsichtlich der Begründung oder der sich hieraus ergebenen Anforderungen an die Präzisierung erhebliche Meinungsunterschiede bestehen: Hinsichtlich der Begründung lassen sich vier Argumente unterscheiden, nämlich (1) § 85 BGB, aus dem sich ein Grundsatz des „Vorbehalts des Stiftungsgeschäfts" entnehmen lasse, (2) ein Umgehungsverbot des § 80 Abs. 2 BGB, (3) das sog. „Verbot korporativer Elemente im Stiftungsrecht" und (4) allgemeine Erwägungen des Verkehrsschutzes. Abhängig von der jeweiligen Begründung reichen die jeweiligen Anforderungen an die Einschränkung von der engen Ansicht, der Stifter müsse die Umstände so bestimmt festlegen, dass den Stiftungsorganen nur noch eine Umsetzungskompetenz verbleibe[38] bis hin zur weitgehenden Ansicht, der Stifter dürfe den Stiftungsorganen einen weitgehenden, wenngleich nicht uferlosen Ermessenspielraum einräumen; festzulegen sei nur, ob der Stiftungszweck (dauerhaft) gemeinnützig oder privatnützig sein soll; außerdem seien Treuepflichten und andere zwingende gesetzliche Vorgaben zu beachten.[39]

Ein dritter Standpunkt geht schließlich davon aus, der Stifter dürfe sich das Recht zur „autonomen" Zweckänderung selbst vorbehalten und dieses Recht auch den Destinatären einräumen; unzulässig sei hingegen die „autonome Willensbildung" durch sonstige Dritte, insbesondere durch die Stiftungsorgane.

b)   Einschränkende Auslegung im Sinne einer Berücksichtigung
        des Stifterwillens?

Die Änderung des Stiftungszwecks aufgrund einer satzungsmäßigen Ermächtigungsgrundlage muss dem Stifterwillen entsprechen. Ausdrücklich niedergelegt ist dieser Grundsatz in den Landesstiftungsgesetzen von Berlin (§ 5 Abs. 1 S. 2 BerlStiftG), Hamburg (§ 7 Abs. 1 Nr. 3 HambStiftG), Hessen (§ 9 Abs. 1 S. 2 HessStiftG), Niedersachsen (§ 7 Abs. 2 S. 1 NdsStiftG), sowie im Gesetzesentwurf von Sachsen-Anhalt (§ 9 Abs. 1 SachsAnhStiftG). Aber auch in den übrigen Landesstiftungsgesetzen lässt sich ein solcher Grundsatz bereits aus den landesrechtlichen gesetzlichen Bestimmungen selbst entnehmen: Denn die Ände-

---

38   MüKo-BGB/*Reuter*, 6. Aufl. 2012, § 85 Rn. 1 ff., § 87 Rn. 3.
39   *von Hippel*, Grundprobleme (Fn. 34), S. 451 ff.

rung des Stiftungszwecks erfolgt hier stets aufgrund einer auf dem Stifterwillen beruhenden Satzungsermächtigung.

c)   Einschränkende Auslegung wegen § 85 BGB?

Manche Autoren entnehmen aus dem Wortlaut des § 85 BGB („Die Verfassung einer Stiftung wird, soweit sie nicht auf Bundes- oder Landesrecht beruht, durch das Stiftungsgeschäft bestimmt"), einen Grundsatz in dem Sinne, dass identitäts-bestimmende Grundentscheidungen (wie die Bestimmung des Zwecks) durch das Stiftungsgeschäft getroffen werden müssten; die Umstände für spätere Zweckänderungen seien so bestimmt festzulegen, dass den Stiftungsorganen nur noch eine Umsetzungskompetenz verbleibe; es reiche nicht aus, dass das Stiftungsgeschäft eine Regelungskompetenz schaffe (sog. Vorbehalt des Stiftungsgeschäfts).[40] Demnach wären die landesstiftungsrechtlichen Normen aufgrund vorrangigen Bundesrechts verfassungskonform dahingehend auszulegen, dass sie insoweit gegen Bundesrecht verstoßen als sie es dem Stifter erlauben, in der Satzung eine Ermächtigung für eine Zweckänderung aufzunehmen.[41] Teilweise wird insoweit auch ergänzend auf den Wortlaut des § 81 Abs. 1 S. 2 BGB („Es [Das Stiftungsgeschäft] muss die verbindliche Erklärung des Stifters enthalten, ein Vermögen zur Erfüllung eines von ihm vorgegebenen Zweckes zu widmen") und den Wortlaut § 81 Abs. 1 S. 3 Nr. 3 BGB („Durch das Stiftungsgeschäft muss die Stiftung eine Satzung erhalten mit Regelungen über ... den Zweck der Stiftung") hingewiesen.[42]

Diese Auslegung des § 85 BGB überzeugt nicht. Zwar ist es durchaus diskutabel, aus § 85 BGB die Vorgabe zu entnehmen, die Verfassung müsse „durch das Stiftungsgeschäft (inhaltlich) bestimmt" sein. Warum aber eine Stiftungsverfassung, die eine Änderung des Stiftungszwecks ermöglicht und dabei den Stiftungsorganen ein gewisses Ermessen einräumt, nicht hinreichend inhaltlich „bestimmt" sein soll,[43] leuchtet nicht ein. Es erscheint überspitzt, der eher beiläufig erscheinenden Formulierung des § 85 BGB eine dermaßen weitreichende Bedeu-

---

40   MüKo-BGB/*Reuter*, 6. Aufl. 2012, § 85 Rn. 1 ff., § 87 Rn. 3; *Reuter*, NZG 2004, 939, 942 f.; zustimmend Staudinger/*Hüttemann/Rawert*, 2011, § 85 Rn. 12.

41   MüKo-BGB/*Reuter*, 6. Aufl. 2012, § 85 Rn. 1 ff., § 87 Rn. 4; siehe auch *Reuter*, in Hüttemann/Richter/Weitemeyer (Hrsg.), Landesstiftungsrecht (Fn. 10), Rn. 3.33.

42   Siehe etwa *Rawert*, Die Stiftung als GmbH? – oder: Der willenlose Stifter, in Hommelhoff (Hrsg.), Festschrift für Hans-Joachim Priester zum 70. Geburtstag, Köln 2007, S. 647, 653.

43   So MüKo-BGB/*Reuter*, 6. Aufl. 2012, § 85 Rn. 3.

tung zu entnehmen.[44] Aus den Gesetzgebungsmaterialien lässt sich kein derartiger Schluss entnehmen[45] und soweit ein solches Verständnis des § 85 BGB mit anderen Argumenten gerechtfertigt wird (wie etwa den Argumenten, die auch zur Rechtfertigungen der Lehre vom „Verbot korporativer Elemente im Stiftungsrecht" herangezogen werden),[46] so ist hierauf an der entsprechenden Stelle näher einzugehen.[47] Festzuhalten bleibt, dass sich allein aus dem Wortlaut des § 85 BGB nicht überzeugend ein derartig hohes Erfordernis an die Bestimmtheit ableiten lässt. Nichts anderes gilt auch für den Wortlaut des § 81 Abs. 1 S. 2 BGB und den Wortlaut des § 81 Abs. 1 S. 3 Nr. 3 BGB.

d)   Einschränkende Auslegung wegen § 80 Abs. 2 BGB?

Teilweise wird angenommen, aus § 80 Abs. 2 BGB („Die Stiftung ist als rechtsfähig anzuerkennen, wenn das Stiftungsgeschäft den Anforderungen des § 81 Abs. 1 genügt, die dauernde und nachhaltige Erfüllung des Stiftungszwecks gesichert erscheint und der Stiftungszweck das Gemeinwohl nicht gefährdet") ergebe sich eine Begrenzung für Ermächtigungen zur nachträglichen Änderung des Stiftungszwecks. Diese seien unzulässig, weil sonst der sog. Lebensfähigkeitsvorbehalt des § 80 Abs. 2 BGB[48] umgangen werden könne.[49] Mit diesem Argument begründen auch die Gesetzgebungsmaterialien zur Änderung des Stiftungsgesetzes von Nordrhein-Westfalen den neuen Wortlaut des § 5 Abs. 2 S. 1 Nr. 1 NRWStiftG, der es dem Stifter verwehrt, eine Ermächtigung für Änderung

---

44   Vgl. *Burgard*, Gestaltungsfreiheit (Fn. 29), S. 357 f.; *Nissel,* in Koss/Meyn/Richter (Hrsg.), 3. Aufl., Freiburg i. Br. 2013, Die Stiftung, S. 121, 145.

45   A. A. *Reuter*, in Hüttemann/Richter/Weitemeyer (Hrsg.), Landesstiftungsrecht (Fn. 10), Rn. 3.33, mit Verweis darauf, dass der Abschlussbericht der Bund-Länder-Arbeitsgruppe Stiftungsrecht, 41 f., den Vorschlag abgelehnt habe, der Stifter könne sich selbst in der Satzung das freie Recht zur Änderung von Zweck und Satzung vorbehalten. Der Verweis ist indessen unzureichend, denn er enthält erstens keinen Hinweis für ein entsprechendes Verständnis des § 85 BGB und sagt zweitens nichts darüber, ob der Stifter in der Satzung ein Stiftungsorgan einen gewissen Ermessensspielraum für spätere Zweckänderungen einräumen darf, was der Regierungsentwurfs zu § 81 BGB, BT-Drucks. 14/8765, S. 10.

46   Siehe beispielhaft *Rawert*, FS Priester (Fn. 42), S. 647, 654.

47   Siehe sogleich unten bei e).

48   Siehe näher zu den konkreten Anforderungen, auf die hier nicht näher einzugehen ist, statt vieler MüKo-BGB/*Reuter,* 6. Aufl. 2012, § 80 Rn. 49 ff.; Staudinger/*Hüttemann/Rawert*, 2011, § 80 Rn. 16 ff.

49   In diesem Sinne *Reuter*, AcP 207 (2007), 1, 12 ff., *Rawert*, FS Priester (Fn.42), S. 647, 653 f.

der Stiftungssatzung vorzusehen, sofern keine wesentliche Änderung der Verhältnisse eingetreten ist;[50]

> „Unter der bundesgesetzlichen Vorgabe, dass die Anerkennung einer Stiftung nur dann erfolgen darf, wenn die dauernde und nachhaltige Erfüllung des Stiftungszwecks gesichert erscheint, stehen die Änderung des Stiftungszwecks sowie die Regelungen zu dessen nachhaltiger und dauernder Erfüllung nicht beliebig zur Disposition. Diese klaren Grundsätze, die in der Beschlussempfehlung zur seinerzeitigen Beschlussfassung des Bundestages zur Änderung des § 80 Absatz 2 BGB ausführlich niedergelegt worden sind, sind der umfassenden Regelungskompetenz durch Landesrecht wegen der Ausschöpfung der Gesetzgebungskompetenz des Bundes entzogen".[51] „Ausgeschlossen sind … Regelungen, die jegliche beliebige Änderungen des Stiftungszwecks nachträglich ermöglichen, da sie von vornherein die dauernde Erfüllung des Stiftungszwecks konterkarieren. Diese Intention des Bundesgesetzgebers ist für das Anerkennungsverfahren von großer Bedeutung, da die Stiftungsbehörden auch bei einer zu engen Fassung des Stiftungszwecks verpflichtet sind, die Stiftung anzuerkennen, andererseits bei der Möglichkeit der beliebigen Zweckänderung durch die Stiftungsorgane eine Anerkennung der Stiftung verweigern müssen, weil die dauernde und nachhaltige Erfüllung des Stiftungszwecks von vornherein nicht sichergestellt wäre."[52]

> „Nur für den Fall wesentlicher Änderungen der Verhältnisse, die den Fortbestand der Stiftung berühren, kommt eine Änderung des Stiftungszwecks, der Zusammenschluss von Stiftungen oder die Auflösung in Betracht. Hierunter sind z. B. die Fälle zu fassen, in denen aufgrund einer absehbar schwierigen Finanzsituation der Stiftungszweck entsprechend angepasst werden müsste oder eine Auflösung und Aufnahme durch eine andere Stiftung angezeigt wäre."[53]

Nach diesem Verständnis ist die nunmehr in den Wortlaut des § 5 Abs. 2 Nr. 2 NRWStiftG eingeführte Beschränkung der Möglichkeit für satzungsmäßige Ermächtigungen rein deklaratorisch, da sie lediglich eine schon zuvor bestehende Beschränkung durch das Bundesrecht des § 80 Abs. 2 BGB verdeutlicht.

Diese Ansicht überzeugt nicht, denn sie schießt über das gebotene Ziel hinaus. Zutreffend ist zwar, dass zwingende Voraussetzungen für die Errichtung der Stiftung nicht im Wege einer nachträglichen Änderung des Stiftungszwecks oder der Stiftungssatzung umgangen werden dürfen. Dies rechtfertigt indessen nicht eine so strenge Einschränkung, wie sie nunmehr der Wortlaut des § 5 Abs. 2 Satz 1 Nr. 1 StiftGNRW vorsieht, der *überhaupt keine* Satzungsermächtigung zur nachträglichen Änderung des Stiftungszwecks zulässt; es sei denn die Verhältnisse haben sich wesentlich geändert.

---

50   LT-Drucks. 14/10442, 12 f. und 16 f. vom 17.12.2009.
51   LT-Drucks. 14/10442, 16.
52   So LT-Drucks. 14/10442, 13.
53   LT-Drucks. 14/10442, 16 f.

Konsequenz des Umgehungsverbots ist vielmehr richtigerweise nur, dass § 80 Abs. 2 BGB auch bei einer nachträglichen Änderung des Stiftungszwecks zu berücksichtigen ist.[54] Denn eine entsprechende Änderung muss rechtmäßig sein und folglich auch den zwingenden gesetzlichen Anforderungen des § 80 Abs. 2 BGB genügen. Überprüft wird dies durch die in allen landesstiftungsrechtlichen Vorschriften vorgesehene Genehmigung der Änderungen von Stiftungszweck und Stiftungssatzung durch die Stiftungsaufsichtsbehörde. In diesem Rahmen sind dann auch die Anforderungen des § 80 Abs. 2 BGB zu prüfen.

e)   Einschränkende Auslegung wegen des Verbots korporativer Elemente im Stiftungsrecht?

aa)   Die Lehre von dem „Verbot korporativer Elemente im Stiftungsrecht"

Nach mittlerweile weitverbreiteter Ansicht besteht im Stiftungsrecht ein „Verbot korporativer Elemente", das es dem Stifter verbietet, sich selbst oder Dritten „korporative" Einflussrechte einzuräumen und damit die Stiftung einer Körperschaft anzunähern.[55] Die Vertreter dieser Ansicht leiten hieraus mehrere Einschränkungen der Gestaltungsfreiheit des Stifters ab, insbesondere auch ein Verbot für Ermächtigungen zur voraussetzungslosen Änderung des Stiftungszwecks.[56] In jüngerer Zeit sind die Grundlagen der Lehre vom Verbot korporativer Elemente im Stiftungsrecht allerdings verschiedentlich kritisch hinterfragt worden. Die Frage, ob und gegebenenfalls in welchem Ausmaß es ein „Verbot korporativer Elemente im Stiftungsrecht" gibt, ist eine Grundsatzfrage des Organisationsrechts, deren umfassende Darstellung den hiesigen Rahmen sprengen würde,[57] so dass im folgenden nur eine stichpunktartige Darstellung erfolgt, die sich auf die Zulässigkeit von Zweckänderungen aufgrund einer Satzungsermächtigung beschränkt.

---

54 *Burgard*, Gestaltungsfreiheit (Fn. 29), S. 359 f.; *Nissel*, in Koss/Meyn/Richter (Hrsg.), Die Stiftung (Fn. 44), S. 121, 145 f.; a. A. *Reuter*, AcP 207 (2007), 1, 12 f.
55 Siehe näher zum Folgenden die Darstellung bei *von Hippel*, Grundprobleme (Fn. 34), S. 391 ff.
56 So etwa *Jeß*, Das Verhältnis des lebenden Stifters zur Stiftung (Fn. 22), S. 100 ff.; *Schwintek*, Vorstandskontrolle (Fn. 13), S. 138 f., 142 f.; *Peiker*, in ders./Stengel (Hrsg.) HessStiftG, 4. Auf., Essen 2005, § 9 Anm. 1.
57 Näher hierzu *von Hippel*, Grundprobleme (Fn. 34), S. 421 ff.

bb)   Dogmatisch-systematische Ebene

Das „Verbot korporativer Elemente im Stiftungsrecht", das im Gesetz nicht niedergelegt worden ist, wird von seinen Befürwortern vor allem mit dogmatisch-systematischen Erwägungen gerechtfertigt, die jedoch im Ergebnis aus sich heraus nicht ausreichen, um die von den Vertretern dieser Ansicht vertretenen Beschränkungen zu rechtfertigen. Dies gilt etwa für das Argument, der numerus clausus der Rechtsformen verbiete Stiftungen mit „korporativen Elementen". Hinter diesem Argument steht die Vorstellung eines strengen Typenzwangs, die sich in dieser Form im Gesellschaftsrecht nicht durchgesetzt hat und daher auch im Stiftungsrecht nicht gelten kann (Einheit der Rechtsordnung).[58] Im Übrigen ist es der herrschenden Ansicht bislang nicht gelungen, überzeugend zu erklären, in welchen Fällen ein (unzulässiges) „korporatives Element" vorliegt. Es bleibt damit eine Wertungsfrage, ob die atypische Ausgestaltung der Stiftung in der beschriebenen Weise noch tolerabel ist, die nur anhand der inhaltlichen Argumente entschieden werden kann.[59]

cc)   Inhaltliche Argumente

Auch die inhaltlichen Argumente, mit denen das Verbot korporativer Elemente im Stiftungsrecht teilweise gerechtfertigt wird, überzeugen nur bedingt:[60] So besteht im Stiftungsrecht kein Haftungsdefizit gegenüber der Körperschaft, weil die „hinter der Stiftung" stehenden Beteiligten sehr wohl mit den bestehenden haftungsrechtlichen Instrumenten (Durchgriff, Organhaftung) erfasst werden können. Auch ergibt sich aus der Systematik des Stiftungsaufsichtsrechts kein zwingendes Gebot, allen Einfluss beim Stiftungsvorstand zu konzentrieren, denn die Stiftungsaufsicht kann auch gegen andere Personen vorgehen, die Einfluss ausüben. Ferner kann das Verbot korporativer Elemente im Stiftungsrecht im Ergebnis nicht die rechtsformspezifischen Steuerprivilegien für Stiftungen im deutschen Gemeinnützigkeitsrecht rechtfertigen.[61] Im Umkehrschluss folgt hieraus,

---

58   Näher hierzu *von Hippel*, Grundprobleme (Fn. 34), S. 423 ff.
59   In diesem Sinne auch zuletzt *Happ*, Stifterwille (Fn. 27), S. 31 ff.
60   Siehe näher zum Folgenden *von Hippel*, Grundprobleme (Fn. 34), S. 433 ff.
61   A. A. *Reuter,* in Hüttemann/Richter/Weitemeyer (Hrsg.), Landesstiftungsrecht (Fn. 10), Rn. 3.31, wonach die Steuerprivilegien zwar rechtsfähige Stiftungen *und unselbststündige Stiftungen* erfassen (anders insoweit noch *Reuter*, NZG 2004, 939, 944, wonach die Steuerprivilegien *nur* rechtsfähige Stiftungen erfassten, hiergegen *von Hippel*, Grundprobleme (Fn. 34), S. 440 ff.), aber der Stifter – auch im Falle der unselbstständigen Stif-

dass die rechtsformspezifischen Steuervergünstigungen für die Stiftung nicht das Verbot korporativer Elemente im Stiftungsrecht zu rechtfertigen vermögen. Ferner ist nicht ersichtlich, warum der Schutz des Rechtsverkehrs korporative Elemente im Stiftungsrecht verbieten soll, wenn man von Extremfällen einmal absieht. Ein Haftungsdefizit lässt sich nämlich, wie bereits erwähnt, nicht ausmachen, und der Rechtsverkehr ist über die interne Organisation und Kontrollstruktur einer Stiftung ohnehin nicht informiert, obwohl diese Strukturen für den Schutz der Gläubiger viel relevanter sind als das Vorhandensein korporativer Elemente.

f)   Ausmaß der vorzunehmenden Einschränkung

Im Ergebnis spricht viel dafür, dass die Befürworter eines Verbots korporativer Elemente im Stiftungsrecht hieraus allzu restriktive Vorgaben ableiten, so dass Ermächtigungen zu Zweckänderungen in weitergehender Form möglich sind als von den Befürwortern dieser Ansicht angenommen wird. Nach hier vertretener Ansicht spricht nichts dagegen, es dem Stifter in einem gewissen Rahmen zu erlauben, in der Satzung eine voraussetzungslose Änderung des Stiftungszwecks durch die Stiftungsorgane vorzusehen.[62] Ein uferloses voraussetzungsloses Zweckänderungsrecht ist zwar mit der herrschenden Ansicht aus Gründen des Verkehrsschutzes abzulehnen. Ausreichend sollte es jedoch schon sein, wenn der Stifter festlegt, dass der Stiftungszweck (dauerhaft) gemeinnützig oder privatnützig sein soll. Eine weitere Grenze für Zweckänderungen ergibt sich daraus, dass derjenige, der den Stiftungszweck ändert, gleich einem Organ an Treuepflichten gebunden ist, die eine unzulässige Selbstbereicherung verbieten. Diese Grenzen

---

tung – ein „weitergehendes Opfer" erbringe, als wenn gemeinnützige Zwecke in GmbH- oder Vereinsform verfolgt werde. Auch diese Begründung überzeugt nicht: Selbst wenn man davon absieht, dass diese Ansicht in den Gesetzgebungsmaterialien keinerlei Grundlage findet, bleibt unklar, worin – gerade im Falle einer unselbstständigen Stiftung – das „weitergehende Opfer" des Stifters gegenüber demjenigen, der z. B. einem Verein etwas spendet, eigentlich liegen soll, zumal die unselbstständige Stiftung nach *allgemeiner Ansicht* gerade bei Zweck- und Satzungsänderungen deutlich flexiblere Gestaltungsformen erlaubt (beispielhaft hierzu Staudinger/*Hüttemann/Rawert*, 2011, Vor § 80 ff., Rn. 260 f.) als es für die rechtsfähige Stiftung von den Vertretern der Lehrer vom Verbot korporativer Elemente im Stiftungsrecht befürwortet wird. Eine „Gewinnausschüttung" an Gesellschafter bzw. Mitglieder einer gemeinnützigen Körperschaft ist jedenfalls ausdrücklich verboten (vgl. §§ 51 Abs. 1 Nr. 4, 61 Abs. 3 AO) und führt zum Verlust der Gemeinnützigkeit.

62   Nähe zum Folgenden *von Hippel*, Grundprobleme (Fn. 34), S. 451 ff.

verbieten Zweckänderungen, die auf eine „Selbstbereicherung" hinzielen, und schützen damit den Stifterwillen und den Rechtsverkehr ausreichend. Diese zwingenden Grenzen stellen gleichzeitig auch den „Kernbereich" für die Stiftungsaufsicht dar, die folglich selbst bei besonders weitgehenden Ermächtigungen für Zweckänderungen nicht „gegenstandslos" wird,[63] sondern nur in der Kontrolldichte zurückgenommen wird. Dass der Stifter die Kontrolldichte der Stiftungsaufsicht in einem gewissen Ausmaß mitbestimmt, kommt im Übrigen auch in anderen Fällen vor (z. B. hinsichtlich satzungsmäßiger Anordnungen zur Vermögensverwaltung) und ist dort weitgehend anerkannt.

g)   Einschränkende Auslegung wegen des Erfordernisses eines „Eigeninteresses"

Eine weitere Ansicht nimmt – abweichend von der Ansicht aller bisher dargestellten Autoren – an, der Stifter sei zu „autonomen" Zweckänderungen" befugt.[64] Allerdings setze eine solche Befugnis zu autonomem Handeln regelmäßig voraus, dass der Handelnde in eigenen Interessen unmittelbar „selbst" betroffen sei, um eine interessengerechte Entscheidung (im Sinne einer „Richtigkeitsgewähr") sicherzustellen. Daher könne der Stifter nur sich selbst oder den Destinatären ein Recht zu autonomen Grundlagenänderungen vorbehalten, nicht jedoch den Stiftungsorganen, da diese kein vergleichbares Eigeninteresse wie der Stifter aufwiesen. Demnach wären die landesstiftungsrechtlichen Vorschriften dahingehend einschränkend auszulegen, dass sie nur zugunsten des Stifters selbst oder der Destinatäre, nicht aber zugunsten der Stiftungsorgane „autonome" Ermächtigungen zu Zweckänderungen gestatten.

Gegen diese Ansicht spricht allerdings, dass sie mit der Konzeption des Stiftungsrechts unvereinbar ist. Zwar gibt es gute Gründe, daran zu zweifeln, ob sich die relativ restriktiven Ergebnisse der Vertreter der Lehre von dem „Verbot der korporativen Elemente im Stiftungsrecht" überzeugend begründen lassen. Gleichwohl stellt eine Stiftung mit „autonomen" Befugnissen des Stifters (d. h. mit Befugnissen in dem Sinne, wie sie dem Gesellschafter einer Ein-Mann-GmbH zustehen), ein dermaßen atypische Ausgestaltung dar, dass sie sich nicht mehr mit zentralen Grundsätzen des Stiftungsrechts (wie dem Grundsatz der

---

63   Vgl. die entsprechende Befürchtung von MüKo-BGB/*Reuter,* 6. Aufl. 2012, § 85 Rn. 1, die nur im Fall einer „uferlosen" Ermächtigung zu „autonomen" Zweckänderungen berechtigt wäre.

64   Siehe zum folgenden *Burgard,* Gestaltungsfreiheit (Fn. 29), S. 370 ff.

Fremdnützigkeit) vereinbaren lässt. Eine entsprechend ausgestaltete Stiftung verstößt daher gegen den numerus clausus der Rechtsformen.[65]

4. Einschränkende Auslegung der landesstiftungsrechtlichen Regelungen über Zweckänderungen ohne Satzungsermächtigung?

a) Einführung in den Meinungsstand

Vergleichsweise übersichtlich ist der Meinungsstand zur Auslegung der landesstiftungsrechtlichen Regelungen über Zweckänderungen ohne Satzungsermächtigung. Zwar halten die meisten Autoren die einschlägigen landesstiftungsrechtlichen Regelungen zur Änderung des Stiftungszwecks nicht generell für unwirksam. Auch hier befürworten aber nahezu alle Autoren gleichwohl im Ergebnis eine einschränkende Auslegung des Wortlauts der landesstiftungsrechtlichen Regelungen, wobei sich auch hier erhebliche Unterschiede dabei zeigen, inwieweit solche Einschränkungen aus welchen Gründen befürwortet werden.

Ausgangspunkt sind insoweit wiederum die einschlägigen landesstiftungsrechtlichen Regelungen zur Zweckänderung ohne Satzungsermächtigung. Wie bereits dargelegt, sind nach dem Wortlaut aller Landesstiftungsgesetze (außer Bayern) derartige Änderungen ausdrücklich vorgesehen, wenn eine wesentliche Änderung der Verhältnisse vorliegt. Hamburg lässt es außerdem genügen, dass ein anderer „sachlicher Grund" eine entsprechende Änderung rechtfertigt (§ 7 Abs. 1 Nr. 2 HambStiftG). In Brandenburg ist eine Änderung ohne Satzungsermächtigung nach dem Wortlaut bereits möglich, wenn die Satzung der Änderung nicht entgegen steht (§ 10 Abs. 1 S. 1 BrbgStiftG) und Nordrhein-Westfalen, Rheinland-Pfalz und Schleswig-Holstein verzichten ebenfalls auf eine wesentliche Änderung der Verhältnisse, sofern der Zweck lediglich nicht wesentlich bzw. nur unwesentlich verändert wird (siehe § 5 Abs. 1 NRWStiftG; § 8 Abs. 1 RhPfStiftG; § 5 Abs. 1 S. 1 Nr. 1 SchlHolStiftG).

In einzelnen Landesstiftungsgesetzen finden sich zudem weitere ausdrückliche Anforderungen an eine Zweckänderung ohne Satzungsermächtigung, die über das Tatbestandsmerkmal der wesentlichen Veränderung der Verhältnisse hinausgehen: In Thüringen darf „der Stiftungszweck durch die Änderung nicht oder nur unwesentlich … verändert" werden (§ 9 Abs. 1 S. 2 ThürStiftG); eine entsprechende Regelung findet sich nunmehr auch in Sachsen-Anhalt (§ 9 Abs. 1

---

65 So im Ergebnis auch Staudinger/*Hüttemann/Rawert*, 2011, § 85 Rn. 11.

SachsAnhStiftG). Außerdem verlangen die folgenden Landesstiftungsgesetze ausdrücklich, die Änderung müsse dem Stifterwillen entsprechen: Berlin (§ 5 Abs. 1 S. 2 BerlStiftG), Hamburg (§ 7 Abs. 1 Nr. 3 HambStiftG), Hessen (§ 9 Abs. 1 S. 2 HessStiftG), Niedersachsen (§ 7 Abs. 2 S. 1 NdsStiftG), sowie Sachsen-Anhalt (§ 9 Abs. 1 SachsAnhStiftG). Dem Schutz des Stifterwillen dienen schließlich auch das in den folgenden Landesstiftungsgesetzen vorgesehene Zustimmungserfordernis des noch lebenden Stifters für Änderungen des Stiftungszwecks: Baden-Württemberg (§ 6 S. 2 2. Hs. BaWürttStiftG), Bremen (§ 8 Abs. 1 S. 3 BremStiftG), Niedersachsen (§ 7 Abs. 2 S. 2 NdsStiftG), Sachsen (§ 9 Abs. 2 S. 2 SächsStiftG), und Schleswig-Holstein (§ 5 Abs. 1 Satz 2 Hs. 2 SchlHolStiftG); im Saarland kann sich der Stifter ein entsprechendes Zustimmungsrecht in der Satzung vorbehalten (§ 7 Abs. 2 S. 1 SaarlStiftG).

Beim Meinungsstand zur einschränkenden Auslegung der landesstiftungsrechtlichen Vorschriften zur Zweckänderung ohne satzungsmäßige Ermächtigung lassen sich drei verschiedene Ansichten unterscheiden: Nach einer Ansicht verstoßen alle landesstiftungsrechtlichen Vorschriften zur Zweckänderung ohne Satzungsermächtigung gegen das Bundesrecht, sofern sie geringere Voraussetzungen als § 87 Abs. 1 BGB verlangen. Nach einer anderen Ansicht müssen die landesstiftungsrechtlichen Vorschriften zumindest eine wesentliche Änderung der Verhältnisse vorsehen, was namentlich in Brandenburg nicht ausdrücklich verlangt wird. Nach der dritten Ansicht muss die Zweckänderung dem (mutmaßlichen) Stifterwillen entsprechen, was nur in manchen Landesstiftungsgesetzen ausdrücklich verlangt wird.

b)   Einschränkende Auslegung im Sinne der Tatbestandsvoraussetzungen des § 87 BGB?

Eine Ansicht meint, die landesstiftungsrechtlichen Regelungen zur Zweckänderung ohne Satzungsermächtigung seien wegen eines Verstoßes gegen vorrangiges Bundesrecht unwirksam, soweit sie geringere materielle Voraussetzungen als § 87 BGB verlangten, weil die landesstiftungsrechtlichen Regelungen als „verkappte" hoheitliche Zweckänderung im Sinne des § 87 BGB anzusehen seien.[66] Der Stifterwille verdiene in beiden Fällen denselben Schutz. Auch eine wesentliche Änderung der Verhältnisse könne hier eine Zweckänderung nicht

---

66   MüKo-BGB/*Reuter,* 6. Aufl. 2012, § 87 Rn. 4; zustimmend *Happ,* Stifterwille (Fn. 27), S. 144 ff.; ähnlich *Nissel,* in Koss/Meyn/Richter (Hrsg.), Die Stiftung (Fn. 44), S. 121, 147 f.

rechtfertigen, wenn die dadurch verursachte Beeinträchtigung der Zweckerfüllung durch das mildere Mittel der Anpassung der Stiftungsverfassung zu beheben sei.[67]

Diese Ansicht überzeugt nicht, denn sie geht über das gebotene Maß hinaus. Zwar ist es richtig, dass der Stifterwille im Falle einer Zweckänderung ohne Satzungsermächtigung aufgrund landesstiftungsrechtlicher Bestimmungen ebenso schutzwürdig ist wie im Falle der hoheitlichen Zweckänderung nach § 87 BGB. Dem Schutzbedürfnis wird aber bereits dadurch hinreichend Rechnung getragen, dass eine Zweckänderung ohne Satzungsermächtigung stets dem mutmaßlichen Stifterwillen entsprechen muss, was teilweise ohnehin ausdrücklich in den entsprechenden Vorschriften verlangt wird und im übrigen durch eine einschränkende Auslegung der entsprechenden Vorschriften zu entnehmen ist.

c) Einschränkende Auslegung im Sinne einer Berücksichtigung des (mutmaßlichen) Stifterwillens?

Mit der ganz überwiegenden Ansicht zu bejahen ist eine Auslegung der landesstiftungsrechtlichen Bestimmungen in dem Sinne, dass eine Zweckänderung stets dem (mutmaßlichen) Stifterwillen entsprechen muss.[68] In manchen Landesstiftungsgesetzen wird dies ohnehin ausdrücklich verlangt, für die anderen Landesstiftungsgesetze ergibt sich dieses Erfordernis nach der hier vertretenen Ansicht schon daraus, dass die entsprechenden Regelungen als gesetzlich vertypte Fälle einer Zweckänderung im Einklang mit dem vermuteten Stifterwillen anzusehen sind.

Diese einschränkende Auslegung ergibt sich aus § 87 BGB. Eine abschließende Regelung enthält § 87 BGB nämlich für zwangsweise hoheitliche Zweckänderungen, also für Zweckänderungen, die auch entgegen dem (mutmaßlichen) Stifterwillen[69] vorgenommen werden dürfen.[70] Nicht hiervon erfasst sind hingegen (nach hier vertretener Ansicht) Zweckänderungen im Einklang mit dem Willen des Stifters. Im Falle der bereits behandelten Zweckänderung *aufgrund einer*

---

67 MüKo-BGB/*Reuter*, 6. Aufl. 2012, § 87 Rn. 4.
68 Siehe statt vieler *Ebersbach*, Handbuch Stiftungsrecht, Göttingen 1972, S. 87, 91 f.
69 § 87 Abs. 2 BGB berücksichtigt den Willen des Stifters nur im Rahmen der vorzunehmenden Änderung des Stiftungszwecks, nicht aber bei der Frage, ob die Änderung überhaupt vorgenommen werden soll.
70 Ähnlich bereits *Ebersbach*, Handbuch Stiftungsrecht (Fn. 68), S. 90 f., der zwischen „zwangsweisen staatlichen Eingriffen in den Bestand der Stiftung nach § 87 BGB" und der „Selbstregulierung der Stiftung" unterscheidet.

Satzungsermächtigung hat sich der Stifterwille ausdrücklich in der Satzung niedergeschlagen. Eine Zweckänderung *ohne* eine solche Satzungsermächtigung kann daher vor dem Hintergrund des § 87 BGB nur zulässig sein, soweit es sich hierbei um einen gesetzlich vertypter Fall einer Zweckänderung im Einklang mit dem vermuteten Stifterwillen handelt. Die Vermutung eines entsprechenden Stifterwillens kann widerlegt werden, z. B. wenn der Stifter in der Satzung klargestellt hat, dass er auch dann keiner Zweckänderung zustimmt, wenn die im Landesstiftungsgesetz genannten Voraussetzungen für eine Zweckänderung ohne Satzungsermächtigung vorliegen.

d)   Einschränkende Auslegung wegen des Verbots korporativer Elemente im
        Stiftungsrecht?

Teilweise werden die landesrechtlichen Vorschriften auch mit der Begründung einschränkend ausgelegt, das Verbot korporativer Elemente verbiete einen so weit gefassten Entscheidungsspielraum für die Entscheidungsorgane, wie es der Wortlaut mancher Landesstiftungsgesetze vorsehe.[71] Die Begründung überzeugt indessen nicht.[72]

e)   Ausmaß der vorzunehmenden Einschränkung

Sieht man die einschlägigen Vorschriften für Zweckänderungen ohne Satzungsermächtigung als gesetzlich vertypten Fall einer Zweckänderung im Einklang mit dem vermuteten Stifterwillen an, so versteht sich zunächst von selbst, dass für eine Zweckänderung ohne Satzungsermächtigung alle Beschränkungen entsprechend gelten müssen, die für eine Zweckänderung aufgrund einer Satzungsermächtigung bestehen, denn der mutmaßliche Stifterwille unterliegt denselben Grenzen wie der ausdrücklich erklärte Stifterwillen.

Darüber hinaus ist zu fordern, dass die einschlägigen Vorschriften tatbestandliche Voraussetzungen enthalten, welche (unter Berücksichtigung des gesetzgeberischen Ermessensspielraums) die Vermutung rechtfertigen, eine Zweckänderung entspreche dem Stifterwillen. Bejaht werden kann eine solche Vermutung für diejenigen Bestimmungen, die eine wesentliche Änderung der Verhältnisse

---

71   So z. B. *Schwintek*, Vorstandskontrolle (Fn. 13), S. 143.
72   Siehe oben bei 3 e).

verlangen. Auch der in Hamburg verlangte „sachliche Grund" (§ 7 Abs. 1 Nr. 2 HambStiftG) erscheint legitim, wenn man ihn einschränkend dahingehend auslegt, dass der sachlicher Grund im konkreten Fall wertungsmäßig einer wesentlichen Änderung der Verhältnisse gleichstehen muss, die als einziges Regelbeispiel für einen solchen „sachlichen Grund" aufgeführt ist.[73] Problematisch erscheint hingegen die in Brandenburg gewählte Formulierung, eine Änderung ohne Satzungsermächtigung sei bereits möglich, wenn die Satzung der Änderung nicht entgegen steht (§ 10 Abs. 1 S. 1 BrbgStiftG). Dies würde allenfalls dann genügen, wenn der Stifter im vollen Bewusstsein dieser änderungsfreundlichen Regelung darauf verzichtet hätte, in der Satzung entsprechende Beschränkungen aufzunehmen, was positiv nachzuweisen wäre. Anderenfalls wäre die Regelung einschränkend dahingehend auszulegen, dass eine wesentliche Änderung der Verhältnisse oder ein anderer sachlicher Grund von gleichem Gewicht vorliegt, der für einen entsprechenden mutmaßlichen Zweckänderungswillen des Stifters spricht.[74] Entsprechendes gilt für die erleichterte Zweckänderung ohne Satzungsermächtigung in Nordrhein-Westfalen, Rheinland-Pfalz und Schleswig-Holstein, die nach dem gesetzlichen Wortlaut ohne weitere Voraussetzungen von der Organen beschlossen werden kann, wenn der Zweck nicht wesentlich bzw. nur unwesentlich verändert wird (siehe § 5 Abs. 1 NRWStiftG; § 8 Abs. 1 RhPfStiftG; § 5 Abs. 1 S. 1 Nr. 1 SchlHolStiftG).

Auch der neue (geänderte) Zweck muss dem mutmaßlichen Stifterwillen entsprechen. Unproblematisch angenommen werden kann eine solcher mutmaßlicher Stifterwille, wenn das Gesetz, wie in Thüringen und Sachsen-Anhalt nur minimale Änderungen erlaubt und verlangt, „der Stiftungszweck durch die Änderung nicht oder nur unwesentlich … verändert" wird (§ 9 Abs. 1 S. 3 Thür-StiftG; § 9 Abs. 1 SachsAnhStiftG) bzw. im soeben erwähnten Sonderfall der erleichterten Zweckänderung ohne Satzungsermächtigung.[75] In den anderen

---

73 Ähnlich *S. Hahn*, Organschaftliche Änderung (Fn. 22), S. 165 ff.

74 Für eine einschränkende „verfassungskonforme" Auslegung denn auch *Fritsche*, Stift-GBbg, § 10, Anm. 1.3, wonach eine Zweckänderung ohne satzungsmäßige Ermächtigung nur zulässig sei, wenn die Grundsätze des § 313 BGB eingriffen; vgl. auch *Nissel*, in Koss/Meyn/Richter (Hrsg.), Die Stiftung (Fn. 44), S. 121, 148, sowie *S. Hahn*, Organschaftliche Änderung (Fn. 22), S. 164, deren Kritik sinngemäß auf das Argument hinausläuft, dass die Vorschrift unwirksam sei, weil dem Stifter kein entsprechender mutmaßlicher Wille zu einer entsprechenden Ermächtigung unterstellt werden könne.

75 In diesem Zusammenhang einordnen lassen sich auch die Sonderregelungen in Niedersachsen, dem Saarland, Sachsen-Anhalt und Thüringen, wonach durch die Zweckänderung nicht in die „Rechte derer, die durch die Stiftung bedacht sind" eingegriffen werden darf (§ 7 Abs. 2 S. 3 NdsStiftG; § 7 Abs. 2 S. 3 SaarlStiftG; § 9 Abs. 2 S. 2 SachsAn-

Landesstiftungsgesetzen ist dahingegen im konkreten Einzelfall zu prüfen, ob auch eine weitergehende Veränderung des Stiftungszwecks bzw. welche konkrete Veränderung des Stiftungszwecks vom (mutmaßlichen) Stifterwillen gedeckt wird, wobei eine möglichst nahe Orientierung am bisherigen Stiftungszweck naheliegt, wenn keine anderen Anhaltspunkte bestehen.[76] Unter Umständen mag auch die in manchen Landesstiftungsgesetzen vorgeschriebene Anhörung des Stifters einen Aufschluss über den ursprünglichen Stifterwillen erbringen. Einen gewissen Schutz des noch lebenden Stifters gegen ungewollte Änderungen des Stiftungszweck ergibt sich schließlich aus dem in manchen Stiftungsgesetzen vorgesehenen Zustimmungserfordernis, auch wenn dieses eigentlich systemwidrig ist, weil es auf den ursprünglichen (mutmaßlichen) Willen des Stifters ankommt, der sich in der Satzung niedergeschlagen hat, und nicht auf den aktuellen Willen des Stifters.

f)   Einordnung von Einzelregelungen zur erweiterten Befugnis der Stiftungs-
       aufsichtsbehörde

Einzuordnen sind schließlich die bereits dargestellten Sonderregelungen in Baden-Württemberg (§ 6 S. 2 BaWürttStiftG), Mecklenburg-Vorpommern (§ 9 Abs. 1 S. 2 MeckVorPStiftG) und Hessen (§ 9 Abs. 1 HessStiftG), die alle eine erweiterte Befugnis der Stiftungsaufsichtsbehörde vorsehen. Man könnte zunächst versucht sein, die entsprechenden Vorschriften für unwirksam zu halten, weil „hoheitliche Zweckänderungen" bereits durch § 87 BGB abschließend geregelt seien. Indessen ist es in allen Fällen gerechtfertigt, die entsprechenden Bestimmungen nicht als (unzulässige) zwangsweise hoheitliche Zweck-änderungen anzusehen, sondern ebenfalls als gesetzlich vertypte Fälle einer Zweckänderung im Einklang mit dem vermuteten Stifterwillen, bei denen allerdings (anders als üblich) kein vorheriger Änderungsbeschluss des Stiftungs-organs verlangt wird, was vom gesetzgeberischen Ermessensspielraum gedeckt ist. Die Regelungen sind daher als zulässig anzusehen, aber ebenso einschränkend auszulegen wie andere Zweckänderungen ohne Satzungsermächtigungen.

hStiftG, § 9 Abs. 1 S. 3 ThürStiftG), wobei eine in diesem Sinne konkretisierte Destina-
     tärsbestimmung in der Praxis freilich selten vorkommen dürfte.
76   Vgl. *Ebersbach*, Handbuch Stiftungsrecht (Fn. 68), S. 91 (das vom Stifter Gewollte dürfe
     zwar zeitgemäß modernisiert, aber keinesfalls in seiner Tendenz verändert werden); siehe
     auch *Schwintek*, Vorstandskontrolle (Fn. 13), S. 149 f.

5. Stiftungspraxis

Empirisch gesicherte Erkenntnisse über die Genehmigungspraxis der Stiftungs-
aufsichtsbehörden bei Zweckänderungen bestehen nicht. Es gibt Hinweise, dass
in der Praxis eine eher großzügige Sichtweise vorzuherrschen scheint. Insbesondere scheinen Zweckerweiterungen wohlwollend beurteilt zu werden, sofern
hiermit eine Zustiftung in das Stiftungsvermögen verbunden ist.

6. Zusammenfassung der wesentlichen Ergebnisse

Die hier vertretene Ansicht gelangt zu den folgenden wesentlichen Ergebnissen:
- Alle Landesstiftungsgesetze außer Bayern enthalten eigenständige Regeln
  für nicht-hoheitliche Zweckänderungen und unterscheiden dabei die Zweckänderung aufgrund einer Satzungsermächtigung, die nach dem Wortlaut der
  meisten Landesstiftungsgesetze keine Grenzen kennt, und die Zweckänderung ohne Satzungsermächtigung, die in den meisten Landesstiftungsgesetzen zulässig ist, wenn sich die Verhältnisse wesentlich geändert haben.
- Der Landesgesetzgeber hat für diese Regelungen eine entsprechende Gesetzgebungskompetenz, denn das Bundesrecht regelt in § 87 BGB nur hoheitliche Zweckänderungen abschließend.
- Der Wortlaut der einschlägigen landesrechtlichen Bestimmungen ist nach
  den folgenden Maßgaben einschränkend auszulegen (soweit diese Beschränkungen nicht ausdrücklich im entsprechenden Landesstiftungsgesetz niedergelegt sind).
- Zweckänderungen aufgrund einer Satzungsermächtigung müssen zumindest
  festlegen, ob der Stiftungszweck (dauerhaft) gemeinnützig oder privatnützig
  sein soll. Unzulässig sind ferner Zweckänderungen, die im Sinne einer Treue-
  pflichtverletzung auf eine „Selbstbereicherung" des entscheidenden Organs
  hinzielen oder dem (mutmaßlichen) Stifterwillen widersprechen. Schließlich
  ist § 80 Abs. 2 BGB bei der Zweckänderung zu beachten.
- Zweckänderungen ohne Satzungsermächtigung sind als gesetzlich vertypter
  Fall einer Zweckänderung im Einklang mit dem vermuteten Stifterwillen anzusehen. Sie unterliegen daher denselben Grenzen wie eine Zweckänderung
  aufgrund einer Satzungsermächtigung. Außerdem müssen die gesetzlichen
  Bestimmungen tatbestandliche Voraussetzungen enthalten, welche die Vermutung rechtfertigen, eine Zweckänderung entspreche dem Stifterwillen
  (z. B. eine wesentliche Veränderung der Verhältnisse). Auch hinsichtlich des
  neuen (geänderten) Zwecks ist zu beachten, dass dieser Zweck dem mutmaßlichen Stifterwillen entsprechen muss, was jeweils im konkreten Einzelfall zu prüfen ist.

III. Weitere Sonderfragen

1. Bestimmtheit des Stiftungszwecks

Naturgemäß eng verwandt mit der Frage der Zweckänderung ist die der Bestimmtheit des Stiftungszwecks. Je unbestimmter der Zweck formuliert ist, desto seltener wird eine Änderung dieses Zwecks notwendig sein. Entsprechendes gilt für Zweckkataloge, die z. B. alle gemeinnützigen Zwecke der Abgabenordnung aufführen und die Rangfolge dieser Zwecke offen lassen. Konsequenterweise müssen jedenfalls diejenigen, die an die Änderung des Stiftungszwecks strenge Anforderungen legen, auch auf eine hinreichende Bestimmbarkeit des Stiftungszwecks dringen, um Umgehungen zu vermeiden.[77] Wenn man es hingegen für zulässig hält, den Vorstand zu Stiftungszweckänderungen zu ermächtigen, so darf auch der Stiftungszweck unpräziser gefasst werden, wobei aufgrund der Funktion des Zwecks zumindest ein gewisses Maß an Präzisierung erforderlich bleibt und die Vorgaben des § 80 Abs. 2 BGB an das Stiftungsvermögen zu beachten sind.[78]

2. Zustiftungen

Ein in der Praxis relevantes Thema sind Zustiftungen.[79] Je nach Art und Weise der Zustiftung kann hiermit auch eine ausdrückliche oder stillschweigende Modifizierung des Stiftungszwecks einhergehen. Es bietet sich an, insoweit die folgenden vier Konstellationen zu unterscheiden:

- Sofern die Zustiftung nur das Vermögen erhöht, aber den Zweck nicht modifiziert, stellt sich insoweit kein Problem. Es erscheint auch nicht notwendig, dass die Stiftungssatzung diesen Fall ausdrücklich regelt und die Annahme von Zustiftungen erlaubt, da hier regelmäßig von einem entsprechenden mutmaßlichen Stifterwille auszugehen ist.
- Sofern die Zustiftung einem spezielleren Zweck gewidmet ist als dem Stiftungszweck (z. B. Stiftungszweck ist Entwicklungshilfe und Widmung der Zustiftung für Entwicklungshilfe in Afrika), so handelt es sich um eine un-

---

77 Konsequent in diesem restriktiven Sinne etwa Staudinger/*Hüttemann/Rawert*, 2011, § 81 Rn. 40 ff.

78 In diesem Sinne etwa *von Hippel*, Grundprobleme (Fn. 34), S. 448 ff.

79 Siehe näher hierzu Staudinger/*Hüttemann/Rawert*, 2011, Vor § 80 ff. Rn. 264 ff., *A. Werner*, Die Zustiftung, passim; *Rawert*, DNotZ 2008, 5.

selbstständige Stiftung unterhalb der Stiftung, mit der Folge, dass der Stiftungszweck nicht geändert werden muss, aber das gewidmete Vermögen als Sondervermögen für den spezielleren Zustiftungszweck zu verwenden ist.

- Sofern die Zustiftung einem weitergefassten Zweck gewidmet ist als dem Stiftungszweck (z. B. Stiftungszweck ist Entwicklungshilfe in Afrika und Widmung der Zustiftung für Entwicklungshilfe), ist der Stiftungszweck zu erweitern (Entwicklungshilfe). Falls dies zulässig ist, muss das bisherige Stiftungsvermögen aufgrund der fortwirkenden Widmung des Stifters weiterhin ausschließlich für den ursprünglichen Stiftungszweck verwendet werden und entspricht somit einer unselbstständigen Stiftung unterhalb der Stiftung.

- Sofern die Zustiftung einem anderen Zweck gewidmet ist als dem Stiftungszweck (z. B. Stiftungszweck ist Entwicklungshilfe und Widmung der Zustiftung für Forschung), so ist der Stiftungszweck ebenfalls zu erweitern (Entwicklungshilfe und Forschung), wobei sich dann die Frage stellt, ob eine solche Erweiterung zulässig ist. Falls dies zulässig ist, muss das bisherige Stiftungsvermögen aufgrund der fortwirkenden Widmung des Stifters weiterhin ausschließlich für den ursprünglichen Stiftungszweck (Entwicklungshilfe) verwendet werden, das zugestiftete Vermögen hingegen dem hinzugekommenen Stiftungszweck (Forschung).

Zusammengefasst stellt sich also in den letzten beiden Fällen die Frage, unter welchen Voraussetzung eine entsprechende Erweiterung des Stiftungszwecks zulässig ist, was wiederum davon abhängt, ob und gegebenenfalls inwieweit man die Ermächtigung zu Satzungsänderungen oder Klauseln, wonach im Falle einer Zustiftung der Zweck geändert werden darf, für möglich hält.

D.   Rechtspolitische Bewertung

Aus rechtspolitischer Sicht geht es um die Frage, wie stabil oder flexibel der Stiftungszweck sein sollte. Für die Stabilität des Stiftungszwecks lassen sich dogmatische Gründe (Abgrenzung zur Körperschaft) und der Schutz des Stifterwillens anführen. Für eine Flexibilität des Stiftungszwecks spricht, dass sich die Umstände ändern können und dass es auch Stifter gibt, die deshalb den Stiftungszweck flexibel halten möchten.

Diskutabel ist eine Erhöhung der Flexibilität, sofern es keine eigenen landesstiftungsrechtlichen Vorschriften zur nicht-hoheitlichen Zweckänderung gibt, was nach der hier vertretenen Ansicht allerdings nur in Bayern der Fall ist. Hierzu ist freilich zunächst zu klären, ob und gegebenenfalls inwieweit aufgrund von bundesrechtlichen Vorschriften eine „Zweckänderung" außerhalb des in § 87

BGB vorgesehenen Zweckänderungsverfahrens möglich ist, die dem Bedürfnis nach Flexibilität bereits hinreichend Rechnung trägt. Diese Frage ist bislang nicht abschließend geklärt.[80]

Teil II: Sonstige Satzungsänderungen

A. Regelungsgegenstand

I. Sonstige Satzungsänderungen und Zweckänderungen

Das Gesetz unterscheidet hinsichtlich von Satzungs- und Strukturänderungen im Stiftungsrecht zwischen der Änderung des Stiftungszwecks und sonstigen Änderungen der Satzung. Um den Willen des Stifters zu schützen, der in die ursprüngliche Satzung eingeflossen ist, sind entsprechende Änderungen regelmäßig nur unter besonderen Voraussetzungen möglich.

II. Bundesstiftungsrechtliche Regelungen zu sonstigen Satzungsänderungen

Eine ausdrückliche Regelung zur sonstigen Satzungsänderung enthält das Bundesrecht nur in § 87 Abs. 2 Satz 2 BGB für hoheitliche Änderungen. Danach „kann" die Behörde „die Verfassung der Stiftung ändern, soweit die Umwandlung des Zweckes es erfordert".

Abgesehen hiervon fehlt es an bundesrechtlichen ausdrücklichen Regelungen, z. B. für eine nicht-hoheitliche Änderung der Stiftungssatzung. Die Frage, ob und gegebenenfalls inwieweit sich aus den §§ 80 ff. BGB oder anderen allgemeinen Grundgedanken des (Stiftungs-)zivilrechts darüber hinaus Regelungen für einfache Satzungsänderungen ableiten lassen, ist bislang kaum behandelt worden. Die Frage nach derartigen „ungeschriebenen" Regelungen wird nur relevant, wenn man hierin eine abschließende bundesrechtliche „ungeschriebene" Regelung sehen sollte,[81] denn dann wären die bestehenden landesstiftungsrechtlichen Regelungen (mangels Gesetzgebungskompetenz des Landesgesetzgebers) unwirksam.

---

80 Siehe näher zu den verschiedenen Ansätzen Staudinger/*Hüttemann/Rawert*, 2011, § 85 Rn. 18 ff. m. w. Nw., die selbst insoweit einen restriktiven Standpunkt einnehmen.
81 So nunmehr Staudinger/*Hüttemann/Rawert*, 2011, § 85 Rn. 28 (insb. a. E.).

B.   Landesstiftungsrechtliche Regelungen zu sonstigen Satzungsänderungen

I.   Hoheitliche sonstige Satzungsänderungen

Keines der Landesstiftungsgesetze enthält eine eigenständige Regelung zur zwangsweisen hoheitlichen sonstigen Satzungsänderung; teilweise wird auf § 87 BGB ausdrücklich Bezug genommen.[82]

II.   Nicht-hoheitliche sonstige Satzungsänderungen

Alle Landesstiftungsgesetze enthalten ausdrückliche eigenständige Regelungen für nicht-hoheitliche sonstige Satzungsänderungen.[83]

1.   Satzungsänderungsverfahren

Die Landesstiftungsgesetze verlangen üblicherweise einen Beschluss des zuständigen Stiftungsorgans, ohne hierzu weitere Vorgaben zu machen.[84] Ferner verlangen alle Landesstiftungsgesetze regelmäßig eine Genehmigung der Satzungsänderung durch die Stiftungsaufsicht[85] wobei aufgrund des Prinzips der Rechts-

---

82   Siehe § 9 BremStiftG; § 7 Abs. 4 HambStiftG; § 8 NdsStiftG; § 6 SchHolStiftG; siehe auch näher zur Einordnung einzelner einschlägiger landesrechtlicher Vorschriften unten unter Rn. 24.38.

83   § 6 BaWürttStiftG; Art. 5 Abs. 4 BayStiftG; § 5 Abs. 1 BerlStiftG; § 10 Abs. 1 S. 2 BrbgStiftG; § 8 Abs. 1 BremStiftG; § 7 Abs. 1 und Abs. 4 HambStiftG; § 9 Abs. 1 HessStiftG; § 9 Abs. 1 MeckVorPStiftG; § 7 Abs. 1 und 3 NdsStiftG; § 5 NRWStiftG; § 8 Abs. 1 RhPfStiftG; § 7 Abs. 1 SaarlStiftG; § 9 Abs. 1 SächsStiftG; § 9 Abs. 1 Nr. 1 SachsAnhStiftG; § 5 Abs. 1 SchlHolStiftG; § 9 Abs. 1 ThürStiftG.

84   § 6 S. 1 BaWürttStiftG; § 5 Abs. 1 BerlStiftG; § 10 Abs. 1 S. 1 BrbgStiftG; § 7 Abs. 1 HambStiftG; § 7 Abs. 3 S. 1 u. S. 2 NdsStiftG; § 5 Abs. 1 S. 1 NRWStiftG; § 8 Abs. 1 u. Abs. 2 RhPfStiftG; § 7 Abs. 3 S. 1 SaarlStiftG; § 9 Abs. 1 S. 2 SächsStiftG; § 9 Abs. 1 SachsAnhStiftG; § 5 Abs. 1 SchlHolStiftG; § 9 Abs. 1 S. 1 ThürStiftG. Nicht ausdrücklich wird ein solcher Beschluss im Wortlaut des Art. 5 Abs. 4 BayStiftG, § 8 Abs. 1 BremStiftG und des § 9 Abs. 1 S. 1 MeckVorPStiftG erwähnt, die betreffenden Vorschriften setzen aber wohl einen solchen Beschluss voraus.

85   Siehe § 6 S. 1 BaWürttStiftG; Art. 5 Abs. 4 BayStiftG; § 5 Abs. 1 S. 3 BerlStiftG; § 10 Abs. 1 S. 2 BrbgStiftG; § 8 Abs. 2 S. 1 BremStiftG; § 7 Abs. 3 HambStiftG; § 9 Abs. 1 S. 1 MeckVorPStiftG; § 7 Abs. 3 S. 3 NdsStiftG; § 5 Abs. 2 S. 3 NRWStiftG; § 8 Abs. 3 RhPfStiftG; § 7 Abs. 3 S. 2 SaarlStiftG; § 5 Abs. 2 S. 1 SchlHolStiftG; § 9 Abs. 1 S. 2 SächsStiftG; § 9 Abs. 3 SachsAnhStiftG; § 9 Abs. 3 ThürStiftG.

aufsicht durch die Stiftungsaufsicht (wie auch im Falle der Zweckänderung) insoweit ein Ermessen bei der Genehmigung abzulehnen ist.[86] Die Mehrzahl der Landesstiftungsgesetze enthält außerdem Beteiligungsrechte des Stifters, die unterschiedlich ausgestaltet sind (Zustimmungserfordernis bzw. Anhörungsrecht).

2.   Voraussetzungen für Satzungsänderungen

Die landesstiftungsrechtlichen Regelungen zu sonstigen Satzungsänderungen sind mitunter recht unübersichtlich geraten. Die Bestimmungen lassen sich in zwei Hauptgruppen unterscheiden:

Die erste Hauptgruppe (5 Landesstiftungsgesetze) behandelt jede Satzungsänderung wie eine Änderung des Stiftungszwecks.[87] Voraussetzungen für eine Satzungsänderung sind folglich entweder eine Satzungsermächtigung zur Änderung der Satzung oder aber eine wesentliche Änderung der Verhältnisse.

Die zweite Hauptgruppe (11 Landesstiftungsgesetze) unterscheidet zwei Arten von Satzungsänderungen, die man als „qualifizierte" und „einfache" Satzungsänderungen bezeichnen kann. Qualifizierte Satzungsänderungen werden wie eine Änderung des Stiftungszwecks behandelt; einfache Satzungsänderungen können hingegen nach dem Gesetzeswortlaut ohne besondere Voraussetzung (d. h. ohne Satzungsermächtigung oder einen sachlichen Grund) vorgenommen werden. Als qualifizierte   Satzungsänderungen   werden   in   allen   einschlägigen Landesstiftungsgesetzen durchweg Änderungen des Stiftungszwecks, Zusammenlegungen mit anderen Stiftungen und Stiftungsauflösungen genannt.[88] Sechs dieser Landesstiftungsgesetze nehmen eine qualifizierte Satzungsänderung dar-

---

86   A. A. *Hof*, in Seifart/von Campenhausen (Hrsg.), 4. Aufl., München 2013, § 10 Rn. 297.
87   § 7 Abs. 1 und Abs. 4 HambStiftG; § 9 Abs. 1 MeckVorPStiftG; § 9 Abs. 1 SächsStiftG; § 9 SachsAnhStiftG;§ 9 Abs. 1 ThürStiftG.
88   § 6 S. 1 i. V. m. Umkehrschluss aus § 14 Abs. 2 Satz 1 BaWürttStiftG; § 5 Abs. 1 i. V. m. Umkehrschluss aus § 5 Abs. 2 BerlStiftG; § 10 Abs. 1 S. 2 i. V. m. Umkehrschluss aus § 10 Abs. 1 S. 1 BrbgStiftG; § 8 Abs. 1 S. 2 i. V. m. Umkehrschluss aus § 8 Abs. 1 S. 1 BremStiftG; § 9 Abs. 1 i. V. m. Umkehrschluss aus § 9 Abs. 2 HessStiftG; § 7 Abs. 1 S. 2 i. V. m. Umkehrschluss aus § 7 Abs. 1 S. 1 NdsStiftG; § 5 Abs. 1 S. 1 und Abs. 2 Nr. 2 i. V. m. Umkehrschluss aus § 5 Abs. 2 Nr. 1 NRWStiftG; § 8 Abs. 1 i. V. m. Umkehrschluss aus § 10 Abs. 1 S. 1 RhPfStiftG; § 7 Abs. 1 S. 2 i. V. m. Umkehrschluss aus § 7 Abs. 1 S. 1 SaarlStiftG; § 5 Abs. 1 S. 1 Nr. 1 i. V. m. Umkehrschluss aus § 5 Abs. 1 S. 2 1. Halbs. SchlHolStiftG. Auch Art. 5 Abs. 4 BayStiftG ist seinem Wortlaut nach in dieser Weise zu verstehen.

über hinaus an, wenn hierdurch die Stiftungsorganisation wesentlich verändert wird; die Formulierungen variieren insoweit geringfügig.[89]

C.   Länderspezifische Besonderheiten

I.   Regelungen

1.   Besondere Regeln im Satzungsänderungsverfahren

Hinsichtlich der Beteiligungsrechte des Stifters gelten dieselben Regeln wie bei der Zweckänderung: Bremen, Niedersachsen, und Schleswig-Holstein verlangen bei jeder Satzungsänderung die *Zustimmung* des noch lebenden Stifters (§ 8 Abs. 1 S. 3 BremStiftG; § 7 Abs. 2 S. 2 NdsStiftG, § 5 Abs. 1 Satz 2 Hs. 2 Schl-HolStiftG). Im Saarland kann sich der Stifter ein entsprechendes Zustimmungsrecht in der Satzung vorbehalten (§ 7 Abs. 2 S. 1 SaarlStiftG). In Baden-Württemberg und Sachsen ist eine solche Zustimmung nur im Fall einer Satzungsänderung *ohne* Satzungsermächtigung notwendig (§ 6 S. 2 2. Hs. BaWürtt-StiftG, § 9 Abs. 2 S. 2 SächsStiftG).

Mehrere Landesstiftungsgesetze räumen dem noch lebenden Stifter ein *Anhörungsrecht* ein: So ist in Brandenburg dem Stifter vor der Genehmigung einer Zweckänderung Gelegenheit zur Stellungnahme zu geben (§ 10 Abs. 2 BrbgStiftG). In Thüringen ist eine Anhörung des Stifters vorgesehen, sofern sich dessen Aufenthaltsort ohne unverhältnismäßigen Aufwand ermitteln lässt (siehe § 9 Abs. 2 ThürStiftG). In Nordrhein-Westfalen ist der Stifter „nach Möglichkeit" anzuhören (§ 5 Abs. 2 S. 2 NRWStiftG). Entsprechendes gilt auch seit 2011 in Sachsen-Anhalt (§ 9 Abs. 2 S. 1 SachsAnhStiftG). In Hamburg, Mecklenburg-Vorpommern und Sachsen „soll" der Stifter angehört werden (§ 9 Abs. 3 S. 2 HambStiftG; § 9 Abs. 2 MeckVorPStiftG, § 9 Abs. 2 S. 1 SächsStiftG). In Rheinland-Pfalz ist der Stifter (nur) anzuhören, wenn eine Zweckänderung ohne satzungsmäßige Ermächtigung durchgeführt wird (§ 8 Abs. 2 RhPfStiftG).

---

89   § 8 Abs. 1 S. 2 BremStiftG, § 7 Abs. 1 S. 2 NdsStiftG und § 7 Abs. 1 S. 2 SaarlStiftG (jeweils keine wesentliche Änderung der ursprünglichen Gestaltung der Stiftung); § 8 Abs. 1 RhPfStiftG (keine wesentliche Veränderung der Organisation der Stiftung); § 5 Abs. 1 S. 1 Nr. 1 SchlHolStiftG (nur unwesentliche Veränderung der Gestaltung der Stiftung); § 5 Abs. 1 S. 1 und Abs. 2 Nr. 2 NRWStiftG (keine wesentliche Veränderung der Organisation der Stiftung; auch eine wesentliche Veränderung der Organisation ist aber möglich, wenn hierdurch die Erfüllung des Stiftungszwecks nicht gefährdet wird und die Satzung nicht entgegensteht).

In vier Landesstiftungsgesetzen finden sich erweiterte Befugnisse der Stiftungsaufsichtsbehörde, die über das sonst in den Landesstiftungsgesetzen üblicherweise vorgesehene Maß der Befugnisse hinausgehen (§ 87 Abs. 2 S. 2 BGB sowie Genehmigung nach einem vorherigen Organbeschluss): In Hessen entscheidet die Stiftungsbehörde in *allen* Fällen der Satzungsänderung; allerdings haben die Stiftungsorgane ein Antragsrecht (§ 9 Abs. 1 HessStiftG). In Mecklenburg-Vorpommern erfolgt seit 2006 eine Satzungsänderung *ohne* satzungsmäßige Ermächtigung (im Gegensatz zu den meisten Bundesländern) allein durch die Entscheidung der Stiftungsbehörde; ein vorheriger Beschluss eines Stiftungsorgans ist nicht mehr vorgesehen (§ 9 Abs. 1 S. 2 MeckVorPStiftG).[90] In Baden-Württemberg kann die Stiftungsbehörde „die Satzung ... der Stiftung ändern, soweit dies wegen wesentlicher Änderung der Verhältnisse geboten ist und wenn die zur Satzungsänderung befugten Stiftungsorgane die erforderliche Änderung nicht vornehmen oder die Stiftungsorgane nach der Stiftungssatzung zu Satzungsänderungen nicht befugt sind; die Änderung bedarf zu Lebzeiten des Stifters seiner Zustimmung" (§ 6 S. 2 BaWürttStiftG). In Hamburg findet sich eine ähnliche Bestimmung, wonach die „zuständige Behörde ..., soweit nicht § 87 des Bürgerlichen Gesetzbuchs Anwendung findet, die Satzung wegen einer wesentlichen Veränderung der Verhältnisse ändern [kann], insbesondere wenn Satzungsbestimmungen unausführbar werden. Ist der Stifter im Leben, so soll er zuvor gehört werden" (§ 7 Abs. 4 HambStiftG).

Nordrhein-Westfalen verlangt nur für qualifizierte Satzungsänderungen eine Genehmigung (§ 5 Abs. 2 S. 3 NRWStiftG). Bei einfachen Satzungsänderungen genügt eine Anzeige (§ 5 Abs. 1 S. 2 NRWStiftG).[91]

2. Sonstige besondere Regeln

In Hamburg, das jede Satzungsänderung einer Zweckänderung gleichstellt, ist eine Satzungsänderung ohne Satzungsermächtigung zulässig, wenn „hierfür ein sachlicher Grund besteht, insbesondere die tatsächlichen oder rechtlichen Verhältnisse sich nachhaltig geändert haben" (§ 7 Abs. 1 Nr. 2 HambStiftG).

---

90 Die Gesetzesmaterialien rechtfertigen die Abschaffung der Vorschrift damit, sie werde „der besonderen Ausgangslage, bei der eine Zuständigkeit der Organe gerade vom Stifterwillen nicht umfasst ist, nicht hinreichend gerecht"; siehe Gesetzentwurf der Landesregierung vom 11.1.2006 LT-Drucks. 4/2047, 8.

91 Nach *Heuel*, NRWStiftG, Essen 2009, § 5 Anm. 2.5, soll die Anzeige es der Stiftungsaufsicht ermöglichen, gegen rechtswidrige Satzungsänderungen einzuschreiten.

In Thüringen ist eine Änderung ohne Satzungsermächtigung nur zulässig, wenn „die innere Organisation der Stiftung nicht wesentlich verändert wird" (§ 9 Abs. 1 S. 2 ThürStiftG).

Wenn man den Wortlaut und die gesetzliche Systematik konsequent auf das Stiftungsgesetz von Brandenburg anwendet, so sind dort einfache Satzungsänderungen sogar zulässig, wenn das Stiftungsgeschäft oder die Stiftungssatzung dieser Änderung entgegensteht (siehe § 10 Abs. 1 S. 2 BrbgStiftG, der die Möglichkeit einer einfachen Satzungsänderung voraussetzt i. V. m. einem Umkehrschluss aus § 10 Abs. 1 S. 1 BrbgStiftG, der nur für qualifizierte Satzungsänderungen das Erfordernis aufstellt, das Stiftungsgeschäft oder die Stiftungssatzung dürften dieser Änderung nicht entgegenstehen).

Sechs Landesstiftungsgesetze verlangen derzeit ausdrücklich eine *Berücksichtigung des Stifterwillens*, wobei die Formulierungen geringfügig variieren: Im Saarland ist „der Stifterwille" zu berücksichtigen (§ 7 Abs. 2 S. 1 SaarlStiftG); in Berlin ist der „vom Stifter im Stiftungsgeschäft oder in der Satzung zum Ausdruck gebrachte Wille" zu berücksichtigen (§ 5 Abs. 1 S. 2 BerlStiftG); in Hessen ist der „Wille des Stifters (…) tunlichst zu berücksichtigen" (§ 9 Abs. 1 S. 2 HessStiftG); in Niedersachsen „ist der erkennbare oder mutmaßliche Wille der Stifterin oder des Stifters zu berücksichtigen" (§ 7 Abs. 2 S. 1 NdsStiftG); in Hamburg darf „der tatsächliche oder mutmaßliche Wille des Stifters" nicht entgegenstehen (§ 7 Abs. 1 Nr. 3 HambStiftG); in Sachsen-Anhalt darf „der Wille des Stifters" nicht entgegenstehen (§ 9 Abs. 1 SachsAnhStiftG). In diesen Zusammenhang ist auch Nordrhein-Westfalen zu nennen, wo die Satzung eine sonstige Satzungsänderung ausschließen kann (siehe § 5 Abs. 1 S. 1 und Abs. 2 S. 1 NRWStiftG).

II.   Sonderproblem: Wirksamkeit der landesrechtlichen Vorschriften bzw. einschränkende Auslegung der landesrechtlichen Vorschriften?

1.   Einleitung

Wie schon im Fall der Zweckänderung stellt sich auch bei sonstigen Satzungsänderungen die Frage, ob die entsprechenden landesrechtlichen Vorschriften überhaupt wirksam sind und ob sie gegebenenfalls einschränkend auszulegen sind.

2. Wirksamkeit der landesrechtlichen Vorschriften?

Die bislang nahezu einhellige Ansicht nimmt jedenfalls für nicht-hoheitliche sonstige Satzungsänderungen eine Gesetzgebungskompetenz des Landesgesetzgebers an. § 87 Abs. 2 S. 2 BGB regele nur die hoheitliche sonstige Satzungsänderung abschließend.[92]

Nach anderer Ansicht fehlt dem Landesgesetzgeber auch für sonstige Satzungsänderungen die Gesetzgebungskompetenz. Dies folge zwar nicht aufgrund einer „Sperrwirkung" des § 87 Abs. 2 S. 2 BGB, aber aus einem anderen Grund: Ein Vorrang des Bundesrechts bestehe auch für „einfache Satzungsänderungen", zu denen der Stiftungsvorstand bereits kraft seiner (bundesrechtlich normierten) Organstellung nicht nur berechtigt, sondern auch verpflichtet sei, sofern eine Satzungsanpassung aufgrund einer nachträglichen wesentlichen Änderung der Verhältnisse im Interesse einer Erfüllung des Stiftungszwecks geboten oder durch den Stifter in der Satzung hinreichend bestimmt vorgegeben sei.[93] Wegen dieser aus dem Bundesstiftungsrecht abzuleitende Pflicht des Stiftungsvorstands müsse es auch ein auf bundesstiftungsrechtlicher Grundlage durchzuführendes Satzungsänderungsverfahren geben, das eine ungeschriebene abschließende bundestiftungsrechtliche Regelung darstelle, die kein Raum mehr für landesstiftungsrechtliche Bestimmungen zu sonstigen Satzungsänderungen lasse.

Diese Ansicht überzeugt nicht. Zwar ist es durchaus denkbar, dass der Stiftungsvorstand aufgrund seiner Pflicht, den Stiftungszweck zu befolgen, in bestimmten Fällen verpflichtet sein kann, auf eine Satzungsänderung hinzuwirken. Nicht recht einzuleuchten vermag allerdings, warum sich hieraus die Schlussfolgerung ergeben soll, die entsprechende Satzungsänderung sei hier nicht anhand der in allen Ländern bestehenden einschlägigen landesrechtlichen Vorschriften durchzuführen, sondern anhand eines aus dem BGB zu entnehmenden ungeschriebenen Satzungsänderungsverfahrens (für das dann entsprechende ungeschriebene Verfahrensregeln mit einer Beteiligung der Stiftungsaufsicht entwickelt werden müssen).[94] Und selbst wenn man ein solches bundesrechtliches, ungeschriebenes Satzungsänderungsverfahren annehmen würde, bliebe die

---

92 *Ebersbach*, Handbuch Stiftungsrecht (Fn. 68), S. 90; zustimmend *Hof*, in Seifart/von Campenhausen (Hrsg.), 4. Aufl., München 2013, § 7 Rn. 121; *Jeß*, Das Verhältnis des lebenden Stifters zur Stiftung (Fn. 22), S. 80 f.; *Schwintek*, Vorstandskontrolle (Fn. 13), S. 146; *S. Hahn*, Organschaftliche Änderung (Fn. 22), S. 48; ebenso *Muscheler*, ZSt 2004, 3, 7, der nur für Zweckänderungen eine Landesgesetz-gebungskompetenz verneint.

93 Staudinger/*Hüttemann/Rawert*, 2011, § 85 Rn. 21, 28 f.

94 So von ihrem Ausgangspunkt konsequent Staudinger/*Hüttemann/Rawert*, 2011, § 85 Rn. 21, 26.

Frage, warum ein solches Verfahren eine abschließende Regelung darstellen soll, welche die einschlägigen landesstiftungsrechtlichen Vorschriften verdrängt. Offenkundig gehen die Vertreter dieser Ansicht von dem Vorverständnis aus, dem Stiftungsvorstand dürfe insoweit keineswegs ein eigener Entscheidungsspielraum eingeräumt werden, eine Satzungsänderung dürfe also nur durchgeführt werden, wenn die Satzungsorgane hierzu verpflichtet seien.[95] Ein solcher Grundsatz lässt sich indessen jedenfalls nach der hier vertretenen Ansicht nicht aus den bundesrechtlichen Vorschriften des Stiftungsrechts ableiten.

3. Einschränkende Auslegung der landesstiftungsrechtlichen Regelungen über sonstige Satzungsänderung aufgrund einer Satzungsermächtigung?

a) Einführung in den Meinungsstand

Wie bereits oben dargelegt, erlaubt der Wortlaut aller landesstiftungsrechtlichen Vorschriften sonstige Satzungsänderungen aufgrund einer Satzungsermächtigung, ohne hierfür weitere Vorgaben zu verlangen; sieht man einmal von dem in manchen Landesstiftungsgesetzen ausdrücklich erwähnten Erfordernis ab, den Stifterwillen zu respektieren.

Der Meinungsstand in der Literatur ähnelt hinsichtlich der angeführten Argumente demjenigen, inwieweit eine Zweckänderung aufgrund einer Satzungsänderung zulässig ist. Es lassen sich insoweit zwei Ansichten unterscheiden: Die eine Ansicht hält eine generelle Ermächtigung des Stifters zu sonstigen Änderung der Stiftungssatzung für zulässig, betont aber insoweit die Bindung an den Stifterwillen.[96]

Die Gegenansicht spricht sich hingegen für eine einschränkende Auslegung des Wortlauts der Landesstiftungsgesetze aus. Unterschieden werden insoweit oft zwei Arten der sonstigen Satzungsänderung, die unterschiedlich bezeichnet werden, z. B. als „Satzungsregelungen mit Verfassungscharakter" und solche „ohne Verfassungscharakter":[97] Satzungsänderungen mit Verfassungscharakter

---

95 Siehe Staudinger/*Hüttemann/Rawert*, 2011, § 85 Rn. 28.
96 *Ebersbach*, Handbuch Stiftungsrecht (Fn. 68), S. 87, 91; Soergel/*Neuhoff*, 13. Aufl. 2000, § 85 BGB Rn. 16, § 87 BGB Rn. 4; Erman/*Werner*, 13. Aufl. 2011, § 85 Rn. 4; *Burgard*, Gestaltungsfreiheit (Fn. 29), S. 353 ff.
97 So MüKo-BGB/*Reuter*, 6. Aufl. 2012, § 85 Rn. 6, § 87 Rn. 14; andere terminologische Vorschläge sind „wesentliche" und „unwesentliche" Satzungsänderungen (*Jeß*, Das Verhältnis des lebenden Stifters zur Stiftung (Fn. 22), S. 84 ff.), „(normale) Satzungsänderungen" und „lediglich marginale Änderungen oder bloße Berichtigungen" (*Schwintek*,

sollten wie Zweckänderungen behandeln werden. Je nach Standpunkt des jeweiligen Autors führt dies zu unterschiedlichen Ergebnissen: Teilweise wird hier nur ein Anpassungsverfahren nach Maßgabe des § 87 Abs. 2 Satz 2 BGB („Die Behörde kann die Verfassung der Stiftung ändern, soweit die Umwandlung des Zweckes es erfordert") für möglich gehalten,[98] teilweise wird (nur) verlangt, eine wesentliche Änderung der Verhältnisse müsse eingetreten sein und die Satzungsänderung müsse dem (mutmaßlichen) Stifterwillen entsprechen.[99] Bei lediglich marginalen Satzungsänderungen hingegen, die „die Gestalt der Stiftungsorganisation nicht ändern",[100] sei eine Änderung hingegen unter erleichterten Voraussetzungen möglich: Manchen Autoren genügt hierfür eine „einfache generelle Änderungsklausel",[101] anderen Autoren, dass der Stifterwille nicht entgegensteht.[102] Begründet wird diese einschränkende Auslegung mit ähnlichen Gesichtspunkten wie im Fall der Zweckänderung, und zwar namentlich mit § 85 BGB (Vorbehalt des Stiftungsgeschäfts),[103] mit dem Verbot korporativer Elemente im Stiftungsrecht,[104] bisweilen aber auch mit einer Analogie zur erbrechtlichen Vorschrift des § 2065 Abs. 2 1. Alt. BGB.[105]

b)   Einschränkende Auslegung wegen Beachtung des Stifterwillens?

Wie auch im Falle einer Änderung des Stiftungszwecks, muss auch eine sonstige Satzungsänderung dem Stifterwillen entsprechen. Wie im Rahmen der Kommen-

Vorstandskontrolle (Fn. 13), S. 139 f.), „mittelbaren Zweckänderungen" und „die Änderung einfacher Satzungsbestandteile" (*Happ*, Stifterwille (Fn. 27), S. 82 ff.) sowie „Verfassungsänderungen" und „reinen Organisationsänderungen" (*Muscheler*, ZSt 2003, 99, 109).

98   So MüKo-BGB/*Reuter*, 6. Aufl. 2012, § 87 Rn. 14.

99   *Schwintek*, Vorstandskontrolle (Fn. 13), S. 139 f., 142 f.

100   So *Muscheler*, ZSt 2003, 99, 110 mit den Beispielen, dass „die Zahl der Vorstandsmitglieder von zehn auf elf erhöht wird, statt zweier Geschäftsführer deren drei oder statt mindestens dreier jährlicher Vorstandssitzungen deren vier vorgesehen" werden.

101   *Muscheler*, ZSt 2003, 99, 110.

102   MüKo-BGB/*Reuter*, 6. Aufl. 2012, § 85 Rn. 6, § 87 Rn. 14.

103   MüKo-BGB/*Reuter*, 6. Aufl. 2012, § 85 Rn. 6, § 87 Rn. 14.

104   *Schwintek*, Vorstandskontrolle (Fn. 13), S. 139 f., 142 f.

105   So *Muscheler*, ZSt 2003, S: 99, 109; *Muscheler*, Stiftungsrecht – Gesammelte Beiträge, Baden-Baden 2005, S. 375 f.; siehe auch *Kuchinke*, Probleme bei letztwilligen Zuwendungen für Stiftungszwecke, in Barfuß (Hrsg.), Festschrift für Karl H. Neumayer zum 65. Geburtstag, Baden-Baden 1985, S. 389, 398 f. (für die Anforderungen zur Bestimmtheit des Zwecks).

tierung zur Zweckänderung dargelegt[106] folgt dies im Falle der Zweckänderung teilweise bereits ausdrücklich aus den einschlägigen landesstiftungsrechtlichen Regelungen und im Übrigen aufgrund einer Auslegung der entsprechenden Bestimmungen, da bei einer Satzungsänderung aufgrund einer Satzungsermächtigung stets zu prüfen ist, ob die beabsichtigte Änderung von der auf dem Stifterwillen beruhenden Satzungsermächtigung gedeckt ist.

c)   Einschränkende Auslegung wegen § 85 BGB oder wegen des Verbots korporativer Elemente im Stiftungsrecht?

Die Frage, ob aufgrund des § 85 BGB (Vorbehalt des Stiftungsgeschäfts) bzw. aufgrund des Verbots korporativer Elemente im Stiftungsrecht eine einschränkende Auslegung der landesstiftungsrechtlichen Bestimmungen geboten ist, muss konsequenterweise nach denselben Wertungen entschieden werden wie im Fall der Zweckänderung. Es kann daher insoweit auf die entsprechenden Stellungnahmen zu diesen Fragen verwiesen werden. Wie im Rahmen der Kommentierung zur Zweckänderung dargelegt, teilt der Autor nicht die Ansichten, die aus dem Wortlaut des § 85 BGB bzw. aus dem sog. „Verbot korporativer Stiftungselemente" einen Grundsatz ableiten, es sei dem Stifter verwehrt, dem Stiftungsorgan durch die Stiftungssatzung einen gewissen Ermessensspielraum hinsichtlich Änderungen des Stiftungszwecks einzuräumen. Konsequenterweise muss dasselbe für Änderungen der Stiftungsverfassung gelten.

d)   Einschränkende Auslegung wegen einer Analogie zu § 2065
       Abs. 2 1. Alt. BGB?

Teilweise wird die einschränkende Auslegung auch mit einer Analogie zur erbrechtlichen Vorschrift des § 2065 Abs. 2 1. Alt. BGB („Der Erblasser kann die Bestimmung der Person, die eine Zuwendung erhalten soll, […] nicht einem anderen überlassen") begründet, da die Errichtung einer Stiftung als „eine Art von kleiner Erbfall" anzusehen sei.[107]

---

106   Siehe oben Teil 1 C 3 c) sowie Teil 1 C 3 e).
107   So *Muscheler*, ZSt 2003, 99, 109; *Muscheler*, Gesammelte Beiträge (Fn. 105), S. 375 f.;
      siehe auch *Kuchinke*, FS Neumayer (Fn. 105), S. 389, 398 f. (für die Anforderungen zur
      Bestimmtheit des Zwecks).

Diese Ansicht überzeugt nicht. Die Voraussetzungen für eine Analogie zu § 2065 Abs. 2 1. Alt. BGB liegen nicht vor, weil sie nur bestimmte Sonderfälle regeln, die sich nicht auf Ermächtigungen zu wesentlichen Änderungen der Stiftungssatzung übertragen lassen. Ausgangspunkt für die Analogieprüfung ist der Zweck des Verbots des § 2065 Abs. 2 1. Alt. BGB, der umstritten ist.[108] Sieht man den Zweck darin, die persönliche Verantwortlichkeit des Erblassers solle gesichert werden,[109] so ist eine Analogie auf den Fall von wesentlichen Satzungsänderungen zwar prima vista zumindest nicht fernliegend. Betrachtet man die erbrechtlichen Vorschriften jedoch näher, so zeigt sich, dass dort ein entsprechender Grundsatz der „höchstpersönlichen Entscheidung durch den Erblasser" nicht strikt durchgehalten wird. Vielmehr erlaubt es das Gesetz dem Erblasser in vielen anderen Fällen, die abschließende Konkretisierung der Verfügung der Entscheidung anderer Personen zu überantworten; so etwa im Falle der Benennung von Vermächtnisnehmern (§ 2151 BGB), der Bestimmung des Vermächtnisnehmers beim Wahlvermächtnis (§ 2252 BGB), der Zweckbestimmung beim Zweckvermächtnis (§ 2156 BGB), der Bestimmung des Begünstigten bei einer zweckgebundenen Auflage (§ 2193 BGB), bei der Auswahl des Testamentsvollstreckers (§§ 2198, 2200 BGB) sowie bei der Teilungsanordnung (§ 2048 S. 2 BGB). Angesichts dieser Relativierung des Grundsatzes der Höchstpersönlichkeit stellt sich die Frage, ob es sich im Falle der Ermächtigung zu wesentlichen Änderungen der Stiftungssatzung wirklich um eine „Art von kleinem Erbfall"[110] handelt, auf den § 2065 Abs. 2 Alt. 1 BGB analog anzuwenden ist. Stattdessen könnte man eine solche Änderung auch als einen dem Vermächtnis vergleichbaren Fall ansehen und deshalb eine Analogie zu § 2151 Abs. 1 BGB erwägen, die es dem Erblasser erlaubt, „mehrere mit einem Vermächtnis in der Weise zu bedenken, dass der Beschwerte oder ein Dritter zu bestimmen hat, wer von den mehreren das Vermächtnis erhalten soll".[111]

---

108 Ausführlich hierzu *Göbel*, DNotZ 2004, 101 ff.
109 So etwa MüKo-BGB/*Leipold*, 6. Aufl. 2013, § 2065 Rn. 1; *Muscheler*, ZSt 2003, 99, 105.
110 So *Muscheler*, ZSt 2003, 99, 105.
111 Vgl. *Muscheler*, WM 2003, 2213, 2219; *Muscheler*, Gesammelte Beiträge (Fn. 105), S. 237, der das Recht des Stifters, Destinatären einen Anspruch einzuräumen, mit einer Analogie zu § 2151 BGB begründet, und hierbei – in Anlehnung an die reichsgerichtliche Rechtsprechung – verlangt, der Stifter müsse die potenziellen Destinatäre „hinreichend" bestimmen und dürfe sie „nicht völlig in das Belieben des zur Auswahl Berufenen" stellen. Warum in dem einen Fall (Änderungsvorbehalt, siehe die vorherigen Fn.) § 2065 BGB und in dem anderen Fall (Destinatär) § 2151 BGB analog heranzuziehen sind, wird nicht weiter ausgeführt.

Zieht man nunmehr die in der erbrechtlichen Literatur gegebenen Erklärungen für die unterschiedlichen Wertungen im Falle der Erbeinsetzung einerseits und im Falle der Vermächtnisanordnung andererseits heran, so zeigt sich, dass diese Fälle mit dem Fall einer Stiftungserrichtung nicht hinreichend vergleichbar sind: Dies gilt insbesondere für eine Analogie zu § 2065 BGB,[112] aber auch für eine Analogie zu § 2151 BGB.[113]

e)   Ausmaß der vorzunehmenden Einschränkung

Da nach hier vertretener Ansicht keine Begründung ausreicht, um eine einschränkende Auslegung zu rechtfertigen, wie dies in der Literatur teilweise angenommen wird, ist dem Stifter ein relativ großzügiger Raum für voraussetzungslose Änderungen der Satzung zuzugestehen. Die Grenzen der Gestaltungsfreiheit liegen dort, wo die für eine Zweckänderung vorgestellten Grenzen umgangen würden. Hinsichtlich weiterer Einzelheiten kann auf die Ausführungen zur Zweckänderung verwiesen werden.[114]

4.   Einschränkende Auslegung der landesstiftungsrechtlichen Regelungen über Satzungsänderungen ohne Satzungsermächtigung?

a)   Meinungsstand

Wie bereits oben unter dargelegt, erlauben alle Landesstiftungsgesetze „qualifizierte" Satzungsänderungen ohne Satzungsermächtigung unter denselben Voraussetzungen wie eine Zweckänderung. Unterschiede ergeben sich bei

---

112 Siehe etwa Bamberger/Roth/*Litzenburger*, 3. Aufl. 2012, § 2065 Rn. 1, wonach § 2065 BGB für Rechtssicherheit sorgen soll und die in § 2105 BGB für die Übergangszeit vorgesehene konstruktive Vorerbschaft der gesetzlichen Erben vermeiden möchte, weil es sich hierbei um eine unbefriedigende Notlösung handle. Eine Stiftung ist hingegen regelmäßig nicht für eine „Übergangszeit", sondern auf Dauer geschaffen.

113 Siehe etwa MüKo-BGB/*Schlichting*, 6. Aufl. 2013, § 2151 Rn. 1, der den Unterschied zwischen § 2151 und § 2065 BGB mit dogmatischen Erwägungen und dem Umstand begründet, dass im Falle des § 2151 BGB kein entgegenstehendes Interesse der Nachlassgläubiger zu berücksichtigen sei, weil der Vermächtnisnehmer selbst nur Nachlassgläubiger sei. Der Destinatär hat in der Regel nicht mal einen eigenen Leistungsanspruch gegenüber der Stiftung, so dass weder der Schutzzweck des § 2065 BGB noch der Schutzzweck des § 2151 BGB passen.

114 Hierzu oben Teil 1 C 4 e).

„einfachen" Satzungsänderungen, die in fünf Landesstiftungsgesetzen ebenfalls nur unter denselben Voraussetzungen wie eine Zweckänderung erlaubt sind, während sie in den übrigen Bundesländern nach dem Gesetzeswortlaut ohne weitere Voraussetzungen möglich sind; kleinere Abweichungen von diesen Grundsätzen finden sich in einzelnen Landesstiftungsgesetzen.

Im Fall der sonstigen Satzungsänderung ohne Satzungsermächtigung ist sich die Literatur im Grundsatz darin einig, dass die einschlägigen landesstiftungsrechtlichen Regelungen einschränkend im Sinne gewisser Mindeststandards auszulegen sind. Als Begründung hierfür angeführt werden insbesondere § 87 Abs. 2 Satz 2 BGB, der Mindestanforderungen für Anpassungen der Verfassung enthalte,[115] das Verbot korporativer Elemente im Stiftungsrecht,[116] teilweise aber auch die Funktion der Stiftungsaufsicht, den Stifterwillen zu schützen, und dass die Stiftung – unabhängig vom Stifterwillen – ein eigenes Recht auf Fortbestand habe.[117] Teilweise wird auch auf den Stifterwillen verwiesen. Hinsichtlich der befürworteten Einschränkungen differenzieren die Autoren (wie bereits schon ein Teil der Literatur bei der sonstigen Satzungsänderung aufgrund einer Satzungsermächtigung): Bei Satzungsänderungen mit Verfassungscharakter wird teilweise nur ein Anpassungsverfahren nach Maßgabe des § 87 Abs. 2 Satz 2 BGB („Die Behörde kann die Verfassung der Stiftung ändern, soweit die Umwandlung des Zweckes es erfordert") zugelassen,[118] während nach anderer Ansicht insoweit (nur) verlangt wird, dass eine wesentliche Änderung der Verhältnisse eingetreten ist und dass die Satzungsänderung dem (mutmaßlichen) Stifterwillen entspricht.[119] Bei lediglich marginalen Satzungsänderungen hingegen genügt manchen Autoren ein sachlicher Grund, anderen Autoren, dass der Stifterwille nicht entgegensteht.[120]

b)   Begründung einer einschränkenden Auslegung

Mit Recht geht die Literatur davon aus, dass eine einschränkende Auslegung des Wortlauts der Landesstiftungsgesetze geboten ist. Die Begründung hierfür lässt

---

115 MüKo-BGB/*Reuter*, 6. Aufl. 2012, § 85 Rn. 6, § 87 Rn. 14.
116 *Schwintek*, Vorstandskontrolle (Fn. 13), S. 143; so wohl auch *Fritsche*, Praxis der Kommunalverwaltung – Stiftungsgesetz für das Land Brandenburg, Wiesbaden 2013, § 10, Anm. 1.3.
117 *Hof*, in Seifart/von Campenhausen (Hrsg.), 4. Aufl., München 2013,§ 10 Rn. 281 ff.
118 So MüKo-BGB/*Reuter*, 6. Aufl. 2012, § 87 Rn. 14.
119 *Schwintek*, Vorstandskontrolle (Fn. 13), S. 139 f., 142 f.
120 MüKo-BGB/*Reuter*, 6. Aufl. 2012, § 85 Rn. 6, § 87 Rn. 14.

sich allerdings nach der hier vertretenen Ansicht nicht aus § 87 BGB oder aus dem Verbot korporativer Elemente im Stiftungsrecht entnehmen. Abzulehnen ist auch die Begründung, eine derartige Einschränkung lasse sich mit einem – unabhängig vom Stifterwillen bestehenden – eigenen Recht der Stiftung auf Fortbestand erklären.

Grundlage für eine einschränkende Auslegung ist hingegen nach dem hier vertretenen Verständnis ein entsprechender (mutmaßlicher) Stifterwille. Hiernach regelt § 87 Abs. 2 S. 2 BGB nur zwangsweise hoheitliche sonstige Satzungsänderungen abschließend, die auch dem Stifterwillen widersprechen können (vgl. § 87 Abs. 1 BGB im Fall der Zweckänderung). Folglich sind die landesstiftungsrechtlichen Bestimmungen zur sonstigen Satzungsänderung ohne Satzungsermächtigung nur insoweit zulässig als es sich um gesetzlich vertypte Fälle einer Satzungsänderung im Einklang mit dem vermuteten Stifterwillen handelt (ein ausdrücklicher Stifterwille liegt ja – mangels einer entsprechenden Satzungsermächtigung – nicht vor).

c)   Ausmaß der vorzunehmenden Einschränkung

Hinsichtlich des Ausmaßes der gebotenen Einschränkung ist auch hier, wie im Falle der Zweckänderung, zu verlangen, dass die einschlägigen Vorschriften tatbestandliche Voraussetzungen enthalten, die im konkreten Einzelfall die Vermutung rechtfertigen, ein entsprechender Stifterwille liege vor. Aufschluss über den Stifterwillen kann sich insoweit auch insbesondere aus den Vorschriften über den Stiftungszweck ergeben. Insbesondere ist davon auszugehen, dass Anpassungen der Stiftungssatzung aufgrund einer vom (mutmaßlichen) Stifterwillen gedeckten Zweckänderung stets dem (mutmaßlichen) Stifterwillen entsprechen.

Hinsichtlich der Voraussetzungen für eine Zweckänderung sind die einschlägigen landesstiftungsrechtlichen Vorschriften folglich teilweise einschränkend auszulegen: Keiner Einschränkung bedürfen die Landesstiftungsgesetze insoweit, als sie sonstige Satzungsänderungen ohne Satzungsermächtigung nur unter denselben Voraussetzungen zulassen wie eine Zweckänderung ohne Satzungsermächtigung. Inosoweit erscheinen die tatbestandlichen Anforderungen (wesentliche Änderung der Verhältnisse) streng genug, um einen entsprechenden mutmaßlichen Willen des Stifters anzunehmen, dass eine Änderung erfolgen darf. Bei den übrigen Landesstiftungsgesetzen, die dem Wortlaut nach keine Voraussetzung verlangen, sind hingegen aufgrund einer einschränkenden Auslegung Umstände zu verlangen, die für einen entsprechenden mutmaßlichen Stifterwillen sprechen. Eine Rolle spielt insoweit auch, wie weitgehend die konkrete Satzungsänderung ausfallen soll. Sofern es sich um grundlegende Änderungen handelt, ist derselbe Maßstab wie an eine Zweckänderung anzulegen, während bei geringfügigen Änderungen bereits ein einfacher sachlicher Grund genügt.

Auch die geänderte Satzung muss dem mutmaßlichen Stifterwillen entsprechen. Unproblematisch erscheinen insoweit geringfügige, „marginale", sonstige Satzungsänderungen, die nach allgemeiner Ansicht im Ergebnis gebilligt werden. Bei weitergehenden sonstigen Satzungsänderungen handelt es sich um eine Wertungsfrage, bei der jeweils im konkreten Einzelfall zu prüfen ist, ob auch diese weitergehende Veränderung vom (mutmaßlichen) Stifterwillen gedeckt wird, wobei eine möglichst nahe Orientierung an der bisherigen Satzungsregelung naheliegt, wenn keine anderen Anhaltspunkte bestehen. Unter Umständen mag auch die in manchen Landesstiftungsgesetzen vorgeschriebene Anhörung des Stifters einen Aufschluss über den ursprünglichen Stifterwillen erbringen. Ein gewisser Schutz des noch lebenden Stifters gegen ungewollte Änderungen des Stiftungszwecks ergibt sich schließlich aus dem in manchen Stiftungsgesetzen vorgesehenen Zustimmungserfordernis, auch wenn dieses eigentlich systemwidrig ist, weil es auf den ursprünglichen (mutmaß-lichen) Willen des Stifters ankommt, der sich in der Satzung niedergeschlagen hat, und nicht auf den aktuellen Willen des Stifters.

Eindeutig zu weit geraten ist vor diesem Hintergrund insbesondere die Bestimmung in Brandenburg, bei der eine rein an Wortlaut und Systematik orientierte Auslegung zu dem Ergebnis kommt, eine „einfache Satzungsänderung" könne sogar gegen den (mutmaßlichen) Stifterwillen vorgenommen werden (vgl. § 10 Abs. 1 S. 2 BrbgStiftG).[121] Die bereits vorgestellten einschlägigen Vorschriften in Hessen (§ 9 Abs. 1 HessStiftG) und Mecklenburg-Vorpommern (§ 9 Abs. 1 S. 2 MeckVorPStiftG), Baden-Württemberg (§ 6 S. 2 BaWürttStiftG) und Hamburg (§ 7 Abs. 4 HambStiftG), die der Stiftungsaufsichtsbehörde jeweils im Vergleich zu den anderen Bundesländern erweiterte Kompetenzen gewähren, sind nach derselben Maßgabe auszulegen wie die entsprechenden Vorschriften im Fall der Zweckänderung: Es handelt sich jeweils nicht um zwangsweise „hoheitliche" sonstige Satzungsänderungen, sondern um gesetzlich vertypte sonstige Satzungsänderungen im Einklang mit dem vermuteten Stifterwillen, in deren Rahmen der Stiftungsaufsichtsbehörde eine erweiterte Kompetenz zugewiesen worden ist.

---

121 Für eine einschränkende „verfassungskonforme" Auslegung denn auch *Fritsche*, Stift-GBbg (Fn. 116), § 10, Anm. 1.3.

5.   Zusammenfassung der wesentlichen Ergebnisse

Die hier vertretene Ansicht gelangt zu den folgenden wesentlichen Ergebnissen:

- Alle Landesstiftungsgesetze enthalten eigenständige Regeln für nicht-hoheitliche sonstige Satzungsänderungen. Sonstige Satzungsänderungen *aufgrund* einer Satzungsermächtigung sind nach dem Wortlaut der einschlägigen Gesetze uneingeschränkt zulässig. Gewisse Einschränkungen finden sich für sonstige Satzungsänderungen *ohne* Satzungsermächtigung: Eine Minderheit der Landesstiftungsgesetze stellt hier stets dieselben Anforderungen wie an eine Zweckänderung ohne Satzungsermächtigung, während die Mehrheit der Landesstiftungsgesetze nur „qualifizierte" Satzungsänderungen entsprechend gleichstellt, während „einfache" Satzungsänderungen voraussetzungslos möglich sind.
- Der Landesgesetzgeber hat für diese Regelungen eine entsprechende Gesetzgebungskompetenz, da das Bundesrecht insoweit keine abschließende Regelung enthält.
- Der Wortlaut der einschlägigen landesrechtlichen Bestimmungen ist nach den folgenden Maßgaben einschränkend auszulegen (soweit diese Beschränkungen nicht ausdrücklich im entsprechenden Landesstiftungsgesetz niedergelegt sind).
- Sonstige Satzungsänderungen *aufgrund* einer Satzungsermächtigung sind möglich, solange sie nicht die Grenzen umgehen, die für Zweckänderungen aufgrund einer Satzungsermächtigung bestehen.[122]
- Satzungsänderungen *ohne* Satzungsermächtigung sind als gesetzlich vertypter Fall einer Satzungsänderung im Einklang mit dem vermuteten Stifterwillen anzusehen. Die gesetzlichen Bestimmungen müssen daher tatbestandliche Voraussetzungen enthalten, welche die Vermutung rechtfertigen, eine solche Satzungsänderung entspreche dem Stifterwillen und die jeweilige Änderung im konkreten Einzelfall muss ebenfalls dem mutmaßlichen Stifterwillen entsprechen.

D.   Rechtspolitische Bewertung

Aus rechtspolitischer Sicht geht es um die Frage, wie stabil oder flexibel die durch die Stiftungssatzung festgelegte Organisation sein soll. Wie schon beim

---

122   Hierzu oben Teil 1 C 4 e).

Stiftungszweck lassen sich zugunsten der Stabilität dogmatische Gründe (Abgrenzung zur Körperschaft) und der Schutz des Stifterwillens anführen. Für eine Flexibilität spricht, dass sich die Umstände ändern können und dass es auch Stifter gibt, die deshalb auch Änderungen der Satzung ermöglichen wollen.

Corporate Governance bei Kulturstiftungen

Ulrich Burgard[*]

A.   Einführung

Ein Pastor, ein Pfarrer und ein Pope unterhalten sich über die Verteilung der Kollekte. Der Pastor berichtet: „Also ich mache das ganz einfach: Ich ziehe auf dem Boden einen Kreis und werfe dann das Geld in die Luft. Das Geld, das in den Kreis fällt, ist für mich, das außerhalb des Kreises für Gott." „Na, das ist ja interessant", erwidert der Pfarrer. „Ich mache es nämlich genauso, nur umgekehrt: Das Geld außerhalb des Kreises ist für mich und das Geld innerhalb des Kreises für Gott." „Ach Du lieber Himmel", entgegnet daraufhin der Pope, „was seid Ihr kleingläubig! Ich werfe einfach das Geld in die Luft und rufe: Herr, nimm Dir was Du brauchst!"

Die Geschichte ist zum Schmunzeln? Sie ist jedoch weniger weit von der Stiftungspraxis entfernt als man meinen sollte: Rechtsökonomisch betrachtet stehen die drei Priester nämlich vor einem ähnlichen Principal-Agent-Konflikt wie Stiftungsorgane: Einerseits sollen sie als Agenten im Interesse des Prinzipals, hier also der Spender, die Kollekte für fromme Zwecke verwenden. Andererseits haben sie als „Gottes Bodenpersonal" allzu menschliche Eigeninteressen. Diese Eigeninteressen sind nicht nur pekuniärer Natur. Vielmehr geht es ihnen offenbar auch um die Vermeidung des Aufwandes, der mit einer weniger „freihändigen" Verteilung der Mittel verbunden wäre. Tatsächlich verfügen laut einer repräsentativen Erhebung des Bundesverbands Deutscher Stiftungen knapp ein Drittel der Stiftungen über kein definiertes Genehmigungsverfahren zur Vergabe ihrer Leistungen.[1] Und mangelndes Engagement ist ebenfalls erschreckend verbreitet: Die Mehrzahl der Ehrenamtlichen verwenden durchschnittlich nur eine bis vier Stunden pro Monat auf ihr Amt.[2] Das führt beispielsweise dazu, dass oft die immer

---

[*]   Prof. Dr. Ulrich Burgard, Lehrstuhl für Bürgerliches Recht, Handels – und Wirtschaftsrecht, Law and Economics an der Otto-von-Guericke Universität Magdeburg
1   *Falk/Kramer/Zeidler,* in Bundesverband Deutscher Stiftungen e. V. (Hrsg.), Stiftungs-Studie Führung, Steuerung und Kontrolle in der Stiftungspraxis, Bestandsaufnahme zur Anwendung der Grundsätze Guter Stiftungspraxis, Ergebnisse einer repräsentativen Befragung vom Frühjahr 2010, gefördert durch KPMG, S. 9, 36.
2   StiftungsStudie (Fn. 1), S. 6, 18-20.

gleichen Projekte und Institutionen gefördert werden, weil die einmal getroffene Förderentscheidung niemals überprüft wird.[3]

Bezeichnend ist ferner, dass die drei Geistlichen den Interessenkonflikt zwar erkennen, weswegen sie das Geld nicht einfach nach Gutdünken verteilen. Anstatt sich wegen Befangenheit jeden Einflusses auf die Entscheidung zu enthalten, verteilen sie das Geld jedoch nach einem wahrhaft „scheinheiligen" Verfahren, dessen Ausgang sie im Wortsinne „in der Hand" haben. Nicht viel besser sieht es bei vielen Stiftungen aus: Nur bei rund der Hälfte der Stiftungen sind befangene Organmitglieder von ihrem Stimmrecht ausgeschlossen.[4]

Typisch ist zudem, dass die drei Gottesdiener bei ihrer Art der Verteilung des „Geldsegens" nicht einmal ein schlechtes Gewissen haben. Vielmehr meinen sie mangels jeglicher Vorgaben, jeglicher Kontrolle und jeglicher Transparenz zu ihrem Handeln berechtigt zu sein und sehen sich darin durch ihren Erfahrungsaustausch, wie ihn ja auch Stiftungen pflegen, bestärkt. Tatsächlich sind laut der genannten Umfrage 95 % der Stiftungen überzeugt, sich vollkommen oder überwiegend regelkonform zu verhalten,[5] obgleich dieselbe Studie erhebliche Defizite u. a. in den Bereichen Risikomanagement, Compliance, Kontrolle und Transparenz zu Tage gefördert hat. So ist, um nur ein Beispiel zu nennen, selbst das Vier-Augen-Prinzip bei wesentlichen Transaktionen nicht immer verpflichtend vorgesehen und wird daher auch nicht immer eingehalten.[6]

Als homines oeconomici müssten unsere drei Kirchenmänner allerdings wenigstens den Reputationsschaden und die daraus folgenden Einnahmeverluste fürchten, der für sie und die gesamte Kirche entstünde, wenn ihre Art der Mittelverteilung publik würde. Doch handelt es sich eben nicht um „Wirtschaftsmenschen", die in der Theorie stets rational handeln, sondern um Idealisten, die nicht einmal den Anspruch allzeit rationalen Handelns erheben. Auch darin sind viele Ehrenamtliche ihnen gleich, die, wie die genannte Studie zeigt, ebenfalls mögliche Reputationsschäden infolge unzureichender Governance nicht bedenken.[7] Und Sanktionen müssen gleichfalls weder die Priester noch die Ehrenamtlichen für gewöhnlich fürchten: Spender und Destinatäre sind normalerweise

---

3   *Sandberg*, Stand und Perspektiven des Stiftungsmanagements in Deutschland – eine empirische Studie zur betriebswirtschaftlichen Orientierung von Stiftungen, Berlin 2005, S. 2, 10.

4   StiftungsStudie (Fn. 1), S. 7, 16.

5   StiftungsStudie (Fn. 1), S. 8, 33.

6   StiftungsStudie (Fn. 1), S. 8, 36.

7   StiftungsStudie (Fn. 1), S. 6, 7.

nicht einmal klagebefugt[8] und die Aufsicht ist auch bei Stiftungen eher schwach ausgeprägt.[9] Zudem ist die Haftung von ehrenamtlichen Vorstandsmitgliedern gegenüber der Stiftung seit dem Jahr 2009 auf grobe Fahrlässigkeit beschränkt, eine Regelung, die nunmehr auch auf alle anderen Organmitglieder ausgedehnt wurde.[10]

Nach allem verwundert es nicht, dass Mittelfehlverwendungen, Selbstbeauftragungen von Organmitgliedern, Anstellung von Angehörigen und überhöhte Vergütungen bei Stiftungen keine Seltenheit sind.[11] Über die Chuzpe der drei Geistlichen mögen wir lächeln. Die an Pflichtvergessenheit grenzende Nonchalance vieler honoriger Oganmitglieder von Stiftungen ist hingegen ein ernstzunehmendes Problem, das nicht zuletzt deshalb besonders schwer wiegt, weil die Betroffenen selbst alles in bester Ordnung wähnen. Beikommen kann man dem nur durch eine Verbesserung der Corporate Governance – oder wie man hier genauer formulieren könnte – der Foundation Governance. Damit stellt sich die Frage:

B.   Was ist Corporate Governance?

Corporate Governance ist ein Begriff aus dem anglo-amerikanischen Rechtskreis. Eine feststehende Definition gibt es nicht. Der Deutsche Corporate Governance Kodex, der als einziger nationaler Kodex kraft Gesetzes Rechtswirkungen entfaltet und im Blick hierauf einen gewissen Vorbildcharakter hat, enthält ausweislich seiner Präambel *„international und national anerkannte Standards guter und verantwortungsvoller Unternehmensführung"*, die *„die Verpflichtung von Vorstand und Aufsichtsrat, im Einklang mit den Prinzipien der sozialen Marktwirtschaft für den Bestand des Unternehmens und seine nachhaltige Wertschöpfung zu sorgen"*, verdeutlichen sollen.[12] Auf Stiftungen gewendet geht es also um eine gute und verantwortungsvolle Verwaltung der Stiftung durch ihre Organe mit dem Ziel der Erhaltung der Stiftung und der nachhaltigen Erfüllung des Stif-

---

8   Staudinger/*Hüttemann/Rawert*, 2011, § 85 Rn. 37; MüKo-BGB/*Reuter*, 6. Aufl. 2012, § 85 Rn. 22; *Stumpf*, in Stumpf/Suerbaum/Schulte/Pauli (Hrsg.), Stiftungsrecht-Kommentar, 2011, § 85 Rn. 28, 30; BGH NJW 1987, 2364, 2366 m. w. Nw.
9   Näher unten bei Fn. 30 – 34.
10 Neufassung von § 31a BGB durch Art. 6 Nr. 2 des Gesetzes zur Stärkung des Ehrenamtes (Ehrenamtsstärkungsgesetz) vom 21.3.2013, BGBl. I 2013, S. 556.
11 *Steuber*, DStR 2006, 1182.
12 Deutscher Corporate Governance Kodex in der Fassung vom 15.5.2012 (DCGK), Bundesanzeiger vom 15.6.2012, AT, S. 1.

tungszwecks. So gesehen könnte man meinen, Corporate bzw. Foundation Governance sei bloß „alter Wein in neuen Schläuchen"; denn dass die Stiftungsorgane für eine nachhaltige Verwirklichung des Stiftungszwecks zu sorgen haben, ist nun wirklich keine neue Erkenntnis.

Tatsächlich wurde Mitte der 90er Jahre, als die Corporate Governance-Diskussion hierzulande für börsennotierte Aktiengesellschaften begann, die Ansicht vertreten, Corporate Governance-Grundsätze seien unnötig, weil alles Wesentliche bereits im Gesetz stünde.[13] Indes dienen Corporate Governance-Grundsätze nicht nur der Erläuterung, sondern vor allem der Ergänzung der gesetzlichen Normen, indem sie zur Behebung erkannter Governance-Defizite Empfehlungen und Anregungen aussprechen. Dadurch wollen sie einerseits die Interessen der Anteilseigner, der sog. shareholder, schützen, und andererseits auch das Vertrauen anderer Interessengruppen, der sog. stakeholder, wie Kunden, Mitarbeiter und Öffentlichkeit stärken.[14] Das kann freilich nur gelingen, wenn ein gewisser Befolgungsdruck besteht und die Umsetzung der Empfehlungen transparent ist. Im Blick hierauf sieht § 161 AktG das „comply or explain"-Prinzip vor, wonach börsennotierte Aktiengesellschaften erklären müssen, wenn und warum sie sich nicht an Kodex-Empfehlungen halten.

Nach Erlass des Deutschen Corporate Governance Kodex im Jahr 2002 wurde die Entwicklung verschiedenster Kodizes geradewegs zu einer Modeerscheinung. Heute ist ihre Anzahl nicht mehr überschaubar. Im Jahr 2006 hat auch der Bundesverband Deutscher Stiftungen „Grundsätze Guter Stiftungspraxis" verabschiedet und seither fortentwickelt.[15] Daneben gibt es Empfehlungen etwa für die Verwaltung von kommunalen Stiftungen, für Stiftungen der öffentlichen Hand, für Unternehmensstiftungen[16] und viele andere mehr.[17] Man-

---

13 Pointiert: „Die korpulente Gouvernante", *Hakelmacher*, Wpg 1995, 147; *ders.,* WPg 2001, 177; s. ferner *Sünner*, AG 2000, 492; auch *Claussen/Bröcker*, AG 2000, 481, 482, 486.

14 DCGK (Fn. 12), S. 1.

15 Bundesverband Deutscher Stiftungen, Grundsätze Guter Stiftungspraxis, Sammlung aktueller Handlungsempfehlungen, Orientierungsrahmen für effektives Stiftungshandeln, Fassung 2010.

16 S. den Anhang der Grundsätze Guter Stiftungspraxis (Fn. 15), S. 12 ff.

17 Weitere Kodizes gibt es bspw. im Bereich der Diakonie (Diakonischer Corporate Governance Kodex) und der Paritätischen Wohlfahrtspflege (etwa Corporate Governance Kodex des Paritätischen Wohlfahrtsverbandes Sachsen-Anhalt). Außerdem haben Bund (Public Cooperation Governance Kodex des Bundes) und Länder (z. B. Berliner Corporate Governance Kodex, Corporate Governance Kodex des Landes Brandenburg) Kodizes für den Bereich Public Private Partnership erlassen. Erwähnenswert sind ferner die „20 Prinzipien guter Stiftungspraxis" der Volkswagenstiftung sowie etwa der Swiss NPO-

gels „comply or explain"-Regel ist freilich nicht transparent, ob und inwieweit Stiftungen sich an die Empfehlungen dieser Kodizes halten.

Dabei wäre die verbindliche Implementierung profunder Corporate Governance-Grundsätze für keine andere Rechtsform von so großer Bedeutung wie für die Stiftung. Das hat vier Gründe:

Erstens dienen Corporate Governance-Grundsätze, wie gesagt, der Schließung von Gesetzeslücken im Blick auf erkannte Governance-Defizite. Tatsächlich sind bei Stiftungen die Governance-Defizite nicht zuletzt deswegen besonders groß, weil es bei keiner anderen deutschen Rechtsform so wenige zwingende Regeln gibt.[18] Und selbst soweit zwingende Regeln bestehen, ist deren Auslegung teilweise derart streitig, dass ihre Verbindlichkeit und ihre Befolgung in der Praxis stark eingeschränkt sind.

So ist das Gebot der ungeschmälerten Erhaltung des Stiftungsvermögens[19] zwar grundsätzlich[20] zwingendes Recht. Darüber, was dieses Gebot bedeutet, besteht jedoch kein Konsens.[21] Die Meinungen reichen von bloß nomineller, also summenmäßiger,[22] bis hin[23] zu realer Kapitalerhaltung, d. h. Erhaltung des Stif-

---

18 Vgl. auch *Saenger/Veltmann*, ZSt 2005, 67, 74.

19 § 7 Abs. 2 BaWüStiftG, Art. 6 Abs. 2 BayStiftG, § 3 BlnStiftG, § 7 Abs. 1 BreStiftG, § 4 Abs. 2 HambStiftG, § 6 Abs. 1 HeStiftG, § 6 Abs. 1 NdsStiftG, § 4 Abs. 2 NRWStiftG, § 7 Abs. 2 RPStiftG, § 6 Abs. 1 SaarStiftG, § 4 Abs. 3 SächsStiftG, § 14 Abs. 2 StiftG S-A, § 4 Abs. 2 StiftG S-H, § 14 Abs. 2 ThüStiftG.

20 D. h. soweit der Stifter im Stiftungsgeschäft bzw. der Stiftungssatzung nichts anderes bestimmt hat, s. dazu *Burgard*, Gestaltungsfreiheit im Stiftungsrecht, Köln 2006, S. 490 f. Letzthin hat der Gesetzgeber durch Ergänzung von § 80 Abs. 2 S. 2 und § 81 Abs. 1 S. 2 BGB klargestellt, dass auch Verbrauchsstiftungen innerhalb gewisser Grenzen zulässig sind, Art. 6 Nrn. 4, 5 Ehrenamtsstärkungsgesetz (Fn. 10).

21 Für einen Meinungsüberblick *Hof*, in Seifart/v. Campenhausen (Hrsg.), Stiftungsrechts-Handbuch, 3. Aufl. München 2009, § 9 Rn. 60 ff.; *Hüttemann*, in Hüttemann/Richter/Weitemeyer (Hrsg.), Landesstiftungsrecht, Köln 2011, Kapitel 14 Rn. 14.20 ff.; MüKo-BGB/*Reuter*, 6. Aufl. 2012, § 85 BGB Rn. 15 ff.

22 Dafür etwa *Schlüter/Stolte*, Stiftungsrecht, München 2007, Kapitel 5, Rn. 10; *Goerdeler*, in Ballwieser/Böcking/Drukarczyk/Reinhard H. Schmidt (Hrsg.), Bilanzrecht und Kapitalmarkt – Festschrift zum 65. Geburtstag von Professor Dr. Dr. h.c. Dr. h.c. Adolf Moxter, Düsseldorf 1994, 725, 742 f.; unklar *Sandberg*, ZSt 2005, 51, 54.

23 Vermittelnde Ansicht etwa *Hüttemann/Schön*, Vermögensverwaltung und Vermögenserhaltung im Stiftungs- und Gemeinnützigkeitsrecht, Köln 2007, S. 12 ff.; Staudinger/*Hüttemann/Rawert*, 2011, § 86 Rn. 27; *Hüttemann*, in Hüttemann/ Richter/Weitemeyer (Fn. 21), Kap. 14 Rn. 14.34 ff.; mit anderen Akzenten MüKo-BGB/*Reuter*, 6. Aufl. 2012, § 85 Rn. 18; kritisch hierzu insbes. *Hof*, in Seifart/v. Campenhausen (Fn. 21), § 9 Rn. 63 ff.

Code (Corporate Governance-Richtlinien für Nonprofit-Organisationen in der Schweiz vom 31.03.2006, hrsg. von der Konferenz der Präsidentinnen und Präsidenten grosser Hilfswerke).

tungsvermögens in seinem wirtschaftlichen Wert, genauer: in seinem Nutzungs-
wert für die Verfolgung des Stiftungszwecks.[24] Auch die „Grundsätze Guter Stiftungspraxis" äußern sich nicht eindeutig.[25] Wer den Bestand der Stiftung auf
Dauer erhalten will, muss freilich reale Kapitalerhaltung anstreben. Das setzt
aber eine gesonderte Kapitalerhaltungsrechnung voraus, die gleichwohl nur 48 %
der Stiftungen erstellen.[26] 44 % tun dies – von der Stiftungsaufsichtsbehörde offenbar unbeanstandet – nicht,[27] betreiben also wohl bloß nominelle Kapitalerhaltung und lassen damit das Stiftungsvermögen allmählich von der beständigen
Inflation aufzehren. Das ist im Grunde nichts anderes als wenn die Richard-
Wagner-Stiftung das Festspielhaus langsam verfallen ließe.

Der zweite Grund, weswegen Corporate Governance-Grundsätze für Stiftungen besonders wichtig sind, ist ihre Mitgliederlosigkeit.[28] Dadurch fehlt es bei
der Stiftung, anders als bei allen anderen Rechtsformen, an Personen, in deren
Interesse die Stiftung verwaltet wird und die dementsprechende Informations-,
Kontroll- und Einflussmöglichkeiten haben. Anders gewendet gibt es nur Agenten, aber keinen Prinzipal, weswegen die Stiftung selbst hilfsweise an dessen
Stelle gesetzt wird.[29] Der „Haken" dabei ist, dass die Stiftung selbst nur durch
ihre Agenten handeln kann, anders als Mitglieder-Prinzipale also selbst nicht
handlungsfähig ist. Die Stiftung ist ihren Agenten daher hilflos auf Gedeih und
Verderb ausgeliefert.

Dafür soll allerdings die Stiftungsaufsicht ein gewisses Korrektiv bieten.[30] Die
Stiftungsaufsicht ist jedoch gleichfalls nur ein Agent, der wie jeder andere Agent
auch, spezifische, von dem Prinzipal, hier also der Stiftung, unterschiedliche Ei-

---

24 Dafür etwa *Burgard* (Fn. 20), S. 481 ff.; *Carstensen*, Vermögensverwaltung, Vermögens-
    erhaltung und Rechnungslegung gemeinnütziger Stiftungen, 2. Aufl. 1996, S. 42 ff.; *Hof*,
    in Seifart/v. Campenhausen (Fn. 21), § 9 Rn. 61; *Schauhoff*, DStR 2004, 471, 472 f.
25 Grundsätze (Fn. 15), S. 9: „*Das Vermögen ... ist in seiner nachhaltigen Ertragsfähigkeit
    zu erhalten*".
26 StiftungsStudie (Fn. 1), S. 28.
27 Weitere 8 % wissen nicht, ob eine Kapitalerhaltungsrechnung erstellt wird, StiftungsStu-
    die (Fn. 1), S. 28.
28 Ebenso *Saenger/Veltmann*, ZSt 2005, 67, 68.
29 *Jakob*, Schutz der Stiftung, Tübingen 2006, S. 207; Staudinger/*Hüttemann/Rawert*, 2011,
    § 86 Rn. 44; a. A. (Stifter) etwa*von Hippel*, Grundprobleme von Nonprofit-
    Organisationen : eine zivilrechtsdogmatische, steuerrechtliche und rechtsvergleichende
    Untersuchung über Strukturen, Pflichten und Kontrollen und wirtschaftliche Tätigkeit
    von Vereinen und Stiftungen, Tübingen 2007, S. 55; noch a.A. (Destinatäre) *Wag-
    ner/Walz*, Zweckerfüllung gemeinnütziger Stiftungen durch zeitnahe Mittelverwendung
    und Vermögenserhaltung, Baden-Baden 1997, S. 45f., alle m. w. Nw.
30 Statt anderer MüKo-BGB/*Reuter*, 6. Aufl. 2012, § 85 Rn. 21; *Hof*, in Seifart/v. Campen-
    hausen (Fn. 21), § 10 Rn. 47.

geninteressen hat. So haben die Mitarbeiter der Stiftungsaufsichtsbehörde wenig Anreiz, Missstände bei Stiftungen aufzudecken. Vielmehr sind sie ebenso wie die Mitglieder der Stiftungsorgane, die sie eigentlich kontrollieren sollen, an einem möglichst reibungslosen Miteinander interessiert. Das erklärt, weswegen man zum Teil ein geradezu kollusives Zusammenwirken von Stiftungsorganen und Stiftungsaufsicht zum Nachteil der Stiftung beobachten kann.[31]

Beeinträchtigt wird die Wirksamkeit der Stiftungsaufsicht ferner dadurch, dass ihr vielfach relevante Informationen fehlen bzw. vorenthalten werden, um z. B. gegen pflichtvergessene Organmitglieder vorzugehen.[32] Schließlich ist die Stiftungsaufsicht bekanntlich eine bloße Rechtsaufsicht.[33] Die Zweckmäßigkeit, d. h. die Effektivität (Qualität der Zweckverwirklichung) und Effizienz (Wirtschaftlichkeit) des Stiftungshandelns, ist der Aufsicht daher von vornherein entzogen.[34]

Der dritte Grund, weswegen Corporate Governance-Grundsätze für Stiftungen besonders wichtig sind, ist, dass die Organmitglieder von Stiftungen überwiegend ehrenamtlich tätig sind.[35] Das hält zwar die Verwaltungskosten in Grenzen, setzt aber aufgrund des Fehlens materieller Anreize eine idealistische Motivation voraus, die oft nicht hinreicht, um dauerhaft das erforderliche Engagement aufzubringen. Das gilt umso mehr als der Erfolg von Stiftungsarbeit nicht ohne weiteres messbar ist und sich für die Beteiligten vor allem in der Abwesenheit von Problemen äußert. Da das Hauptinteresse der Akteure daher in der Abwesenheit von Problemen liegt, besteht wenig Anreiz, Probleme aufzudecken oder erkannte Probleme zu bewältigen, solange man sie genauso gut ignorieren kann.

Hinzu kommt, dass Hauptamtliche überwiegend nach ihrer Qualifikation, Ehrenamtliche dagegen auch nach ganz anderen Kriterien ausgewählt werden. So werden selbst im Leitungsorgan 45 % der Ehrenamtlichen aufgrund der Zugehö-

---

31 MüKo-BGB/*Reuter*, 6. Aufl. 2012, Vor § 80 Rn. 80; § 85 Rn. 22; *ders.*, Non Profit Law Year Book 2002, 157, 170 f.

32 *Saenger/Veltmann*, ZSt 2005, 67, 69 m. w. Nw.

33 § 20 Abs. 1 BaWüStiftG, Art. 10 Abs. 1 BayStiftG, § 7 Abs. 2 BlnStiftG, § 6 Abs. 1 BrbgStiftG, § 11 S. 1 BreStiftG, § 5 Abs. 1 HambStiftG, § 10 Abs. 1 HeStiftG, § 4 Abs. 1 MVStiftG, § 10 Abs. 1 NdsStiftG, § 6 Abs. 1 NRWStiftG, § 9 Abs. 1 RPStiftG, § 10 Abs. 1 SaarStiftG, § 6 Abs. 1 SächsStiftG, § 10 Abs. 1 StiftG S-A, § 8 Abs. 1 StiftG S-H, § 12 Abs. 1 ThüStiftG; grundlegend BVerwGE 40, 347; heute allg. Meinung, anstelle aller *Hof*, in Seifart/v. Campenhausen (Hrsg.) (Fn. 21), § 10 Rn. 8.

34 Anstelle anderer *Schulte*, in Hüttemann/Richter/Weitemeyer (Hrsg.), Landesstiftungsrecht, Köln 2011, Kap. 28 Rn. 28.11 f.

35 Bei 76 % aller Stiftungen ist selbst der Vorstand ehrenamtlich tätig, StiftungsStudie (Fn. 1), S. 6, 13 f.

rigkeit zu einer bestimmten Gruppe (bei Aufsichtsorgan 48 %) und 35 % aufgrund ihres gesellschaftlichen Status (bei Aufsichtsorgan sogar 51 %) berufen.[36] Zudem spielen nach aller Lebenserfahrung persönliche Beziehungen häufig eine maßgebliche Rolle. Bei solchen Auswahlkriterien bleibt oftmals nicht nur das Erfordernis ausreichender Qualifikation, sondern auch ausreichender Leistungsbereitschaft auf der Strecke.

Noch viel problematischer ist allerdings, dass Organmitglieder, die wegen ihrer Gruppenzugehörigkeit bestellt werden, oft ganz erhebliche Eigeninteressen haben. So ist es allenfalls auf den ersten Blick eine gute Idee, den jeweiligen Bürgermeister einer Stadt zum Vorstandsvorsitzenden einer Stiftung zu berufen, die die kulturellen Einrichtungen eben dieser Stadt fördern soll. Zwar ist der Bürgermeister für dieses Amt zweifellos qualifiziert. Die Fördermittel wird er jedoch nach seinen persönlichen, politisch geprägten und daher auch kurzfristigen, weil an der Wahlperiode ausgerichteten Präferenzen zu vergeben suchen, was zu einer sprunghaften Mittelvergabe, zu Mittelfehlverwendungen – bspw. wird ein Kindergarten kurzerhand als Kultureinrichtung qualifiziert – und zu Verstößen gegen das Kapitalerhaltungsgebot führen kann. Ebenfalls nicht unbedingt empfehlenswert ist die Bestellung von Familienangehörigen, um auf diese Weise die Befolgung des Stifterwillens zu gewährleisten. Übersehen wird dabei nicht nur, dass die Interessen von Familienangehörigen denen der Stiftung geradezu entgegengesetzt sein können, sondern auch, dass dadurch gegebenenfalls Familienzwistigkeiten in die Stiftung hineingetragen werden, die schlimmstenfalls zu lang anhaltenden Rechtsstreitigkeiten und einer Lähmung der Stiftungstätigkeit führen können. Die Beispiele ließen sich vermehren.

Viertens müssen ehrenamtliche Vorstandsmitglieder aufgrund der Regelung des § 31a BGB noch weniger als zuvor befürchten, von Stiftungen wegen Pflichtverletzungen in Anspruch genommen zu werden; denn danach haften sie nur noch für Vorsatz und grobe Fahrlässigkeit. Diese Regelung wurde nunmehr auf alle ehrenamtlichen Organmitglieder ausgedehnt.[37] Sie ist überdies nach wohl überwiegender Meinung auch im Stiftungsrecht zwingend.[38] Dadurch büßen nicht nur die einschlägigen Haftungsnormen ihre Handlungssteuerungs-

---

36 StiftungsStudie (Fn. 1), S. 17 f.
37 S. o. Fn. 10.
38 *Arnold,* Non Profit Law Year Book 2009, 89, 104 ff.; MüKo-BGB/*Reuter*, 6. Aufl. 2012, § 31a Rn. 1, 3; *ders.,* NZG 2009, 1368, 1369; a. A. *Burgard,* Ist § 31a BGB im Stiftungsrecht zwingend oder dispositiv? – Zur Auslegung von § 86 S.1 Hs.2 BGB, in Martinek (Hrsg.), Festschrift für Dieter Reuter zum 70. Geburtstag am 16. Oktober 2010, Berlin 2010, S. 43.

funktion weitgehend ein. Vielmehr bleiben betroffene Stiftungen zudem regelmäßig auf ihrem Schaden sitzen, wenn sie sich nicht gegen einfach fahrlässig verursachte Vermögensschäden versichert haben.[39]

Die verbindliche Implementierung von Corporate Governance-Grundsätzen würde an dieser Stelle insofern helfen als danach Schäden, die beispielsweise auf dem Fehlen eines wirksamen Risikomanagements beruhen, sich sehr viel leichter als grob fahrlässige oder bedingt vorsätzliche Pflichtverletzungen einstufen ließen.

C.   Verbreitete Mängel der Foundation Governance

Wie notwendig eine Verbesserung der Foundation Governance wäre, zeigt sich schließlich an den Governance-Mängeln, die in der eingangs genannten Studie des Bundesverbandes aufgedeckt wurden:

- Das Engagement von vielen Ehrenamtlichen lässt erheblich zu wünschen übrig. Das gilt ganz besonders für die Mitglieder von Aufsichtsorganen.[40]
- Eine Funktionstrennung zwischen verschiedenen Stiftungsorganen wird oft nicht streng durchgeführt. In 24 % der Fälle sind Mitglieder des Leitungsorgans zugleich Mitglieder des Aufsichtsorgans.[41]
- Zudem verfügen rund ein Viertel der Stiftungen über gar kein Aufsichtsorgan.[42]
- Ein Stimmrechtsausschluss in Fällen von Befangenheit ist bei knapp der Hälfte der Stiftungen nicht vorgesehen.[43]
- Selbst das Vier-Augen-Prinzip für wesentliche Transaktionen ist nicht immer verpflichtend geregelt und wird daher auch nicht durchgängig angewandt.[44]

---

39   Stiftungen, die derartige Versicherungen haben oder anstreben, sei dringend empfohlen die Versicherungsbedingungen zu überprüfen, weil viele D&O- und Vermögensschadenshaftpflichtversicherungen die Rechtsänderung durch § 31a BGB (noch) nicht berücksichtigen.
40   StiftungsStudie (Fn. 1), S. 6, 18-20.
41   StiftungsStudie (Fn. 1), S. 7, 14 f.
42   Das gilt nicht nur für ganz kleine Stiftungen mit einem Vermögen von weniger als 100.000 Euro (25 %) und kleine Stiftungen mit einem Vermögen zwischen 100.000 und 1 Millionen Euro (30 %), sondern auch für ganz große Stiftungen mit einem Vermögen von mehr als 100 Millionen Euro (27 %). Lediglich bei mittelgroßen Stiftungen ist ein Aufsichtsorgan etwas verbreiteter, s. StiftungsStudie (Fn. 1), S. 14.
43   StiftungsStudie (Fn. 1), S. 7, 16.
44   StiftungsStudie (Fn. 1), S. 8, 36.

- 31 % der Stiftungen haben kein definiertes Genehmigungsverfahren zur Vergabe ihrer Leistungen.[45]
- Die Transparenz ist völlig unzureichend. Nur die wenigsten Stiftungen veröffentlichen umfassende Finanzdaten.[46] In etlichen Stiftungen stehen sie nicht einmal den Organen umfassend zur Verfügung.[47]
- 44 % der Stiftungen erstellen keine Kapitalerhaltungsrechnung,[48] 49 % keine strukturierte Risikoanalyse,[49] 67 % verfügen über kein dokumentiertes internes Kontrollsystem,[50] 75 % führen keine interne Revision durch[51] und 82 % haben keinerlei Richtlinien zur Verhinderung von Regelverstößen.[52]
- Gleichwohl meinen 76 % der Stiftungen, alle wesentlichen Risiken zu erkennen,[53] und sogar 95 % alle Rechtsvorschriften im Wesentlichen einzuhalten.[54] Das offenbart eine an Ignoranz grenzende Selbstüberschätzung,[55] die dazu führt, dass Verbesserungsbedarf nur selten erkannt wird.[56] Dementsprechend räumen lediglich 5 % der Stiftungen Mängel hinsichtlich ihres Risikomanagements ein[57] und nur 2 % schwerwiegende Regelverstöße.[58] Wenn Selbsterkenntnis der erste Weg zur Besserung ist, dann ist es bis zu einer Verbesserung der Foundation Governance daher noch sehr weit.

Bestätigt wird dieses Bild durch eine andere empirische Studie zum Management von gemeinwohlorientierten Stiftungen in Deutschland.[59] Danach werden strategische Ziele zwar formuliert, ihre Umsetzung wird aber nur selten evaluiert oder

---

45 StiftungsStudie (Fn. 1), S. 9, 36.
46 StiftungsStudie (Fn. 1), S. 7, 26 f.
47 StiftungsStudie (Fn. 1), S. 26.
48 StiftungsStudie (Fn. 1), S. 8, 28.
49 StiftungsStudie (Fn. 1), S. 8, 29 f.; weiteren 6 % ist dies nicht bekannt. Selbst große Stiftungen mit einem Vermögen von über 100 Mio. Euro führen zu 36 % keine strukturierte Risikoanalyse durch.
50 StiftungsStudie (Fn. 1), S. 8, 35.
51 StiftungsStudie (Fn. 1), S. 37.
52 StiftungsStudie (Fn. 1), S. 33.
53 StiftungsStudie (Fn. 1), S. 8, 30.
54 StiftungsStudie (Fn. 1), S. 8, 33.
55 StiftungsStudie (Fn. 1), S. 34: „*Daher kann man eher von einem subjektiven Gefühl der Sicherheit als einer objektiven Sicherheit sprechen*".
56 StiftungsStudie (Fn. 1), S. 36. So halten nur 2 % der Stiftungen ihre Präventionsmaßnahmen gegen Regelverstöße für ungenügend, StiftungsStudie (Fn. 1), S. 33.
57 StiftungsStudie (Fn. 1), S. 30.
58 StiftungsStudie (Fn. 1), S. 8, 34.
59 *Sandberg*, Stand und Perspektiven des Stiftungsmanagements (Fn. 3); *dies.*, Stiftung & Sponsoring 1/2006, S. 39. Durchgeführt wurde die Studie von den Fachhochschulen für Technik und Wirtschaft sowie für Verwaltung und Rechtspflege, beide Berlin.

betriebswirtschaftlich analysiert. Marketingaktivitäten finden kaum statt. Dem Personalwesen wird nur geringe Bedeutung beigemessen. Eine Organisationsgestaltung hinsichtlich einzelner Aufgabenbereiche ist eher die Ausnahme. Und die Vermögensverwaltung sowie die Rechnungslegung werden extern delegiert. Zugespitzt formuliert werden also alle wichtigen Managementaufgaben entweder nicht oder nur unzureichend wahrgenommen oder sie werden delegiert.[60]

D. Besonderheiten von Kulturstiftungen

I. Was sind Kulturstiftungen?

Als Kulturstiftungen kann man Stiftungen bezeichnen, die entweder kulturelle Einrichtungen, Veranstaltungen oder Kulturschaffende fördern oder unmittelbar selbst eine kulturelle Einrichtung oder kulturelle Veranstaltungen betreiben. Unterscheiden kann man also zwischen sog. Förderstiftungen einerseits und operativ tätigen Stiftungen bzw. Anstaltsstiftungen andererseits. Unterscheiden kann man Kulturstiftungen ferner danach, wer Stifter ist: eine juristische Person des öffentlichen Rechts, des Privatrechts oder eine bzw. mehrere natürliche Personen. Schließlich kann man Kulturstiftungen danach unterscheiden, ob ihr Vermögen und die hieraus erwirtschafteten Erträge zur Finanzierung des tatsächlichen Umfangs ihrer Tätigkeit ausreichen oder ob sie hierfür auf fortlaufende Zuwendungen des Stifters oder der öffentlichen Hand angewiesen sind. Solche sog. Einkommensstiftungen sind problematisch, wenn sie auf den erforderlichen Umfang der Zuwendungen keinen Rechtsanspruch haben.

II. Besondere Problemstellungen

Nun gibt es alle diese Stiftungstypen nicht nur bei Kulturstiftungen. Insofern kann man nicht sagen, dass sich bei der Foundation Governance von Kulturstiftungen besondere oder ganz andersartige Probleme als bei anderen Stiftungen stellen. Allerdings sind Einkommensstiftungen im kulturellen Bereich häufiger als anderwärts.[61] Das hat viele Gründe.

---

60 *Steuber*, DStR 2006, 1182.
61 Vgl. *Vermeulen*, Besonderheiten kommunal verbundener Stiftungen, in Graf Strachwitz/Then (Hrsg.), Kultureinrichtungen in Stiftungsform, 2. Aufl., Gütersloh 2004, S. 52, 54, 55 f.

So ist Kulturförderung in Deutschland traditioneller Weise eine Staatsaufgabe (s. etwa Art. 140 BayVerf), mit deren Wahrnehmung die klammen öffentlichen Kassen aber zusehends überfordert sind. Deswegen haben die Gebietskörperschaften in den letzten Jahren kulturelle Einrichtungen vielfach in Stiftungen ausgegliedert. Dabei wurden die Stiftungen freilich zumeist weder mit ausreichend Kapital[62] noch mit hinreichenden Gestaltungsmöglichkeiten[63] ausgestattet, um wirklich unabhängig agieren und ohne öffentliche Zuschüsse auskommen zu können.

Das ist auch deswegen besonders schwierig, weil die mit Kulturbetrieben verbundenen Kosten tendenziell stärker als das allgemeine Preisniveau steigen. Dieses erstmals in der 60er Jahren von den amerikanischen Ökonomen *William Baumol* und *William Brown*[64] beschriebene Phänomen, die sog. „Kostenkrankheit", beruht darauf, dass Kulturbetriebe überdurchschnittlich vom Faktor Arbeit abhängen, technologiebedingte Effizienzsteigerungen insofern kaum möglich sind – zum Beispiel benötigt ein Symphonieorchester die immer gleiche Anzahl von Musikern – und Löhne tendenziell stärker steigen als das allgemeine Preisniveau.[65] Hinzukommen steigende Energiekosten, steigende Ansprüche an Ausstattung und Technik, steigende Erwartungen des Publikums und zunehmender Wettbewerb im weiten Bereich der Freizeitindustrie.[66]

Man darf sich daher der Einsicht nicht verschließen, dass die Veranstaltung von Kultur eine unternehmerische Tätigkeit ist.[67] Man braucht mithin nicht nur eine exzellente künstlerische, sondern auch eine ebenso gute betriebswirtschaftliche Leitung[68].[69] Beispiele zeigen wie durch ein professionelles Marketing

---

62 S. etwa *Sander*, Die Bedeutung des Stiftungsvermögens für die Unabhängigkeit und Existenzsicherung von Museen in Stiftungsträgerschaft, in Graf Strachwitz/Then (Hrsg.), Kultureinrichtungen in Stiftungsform, 2. Aufl., Gütersloh 2004, S. 126 ff.

63 Zum Beispiel im Blick auf den Verkauf von Sammlungsobjekten, s. dazu *Sander* Die Bedeutung des Stiftungsvermögens (Fn. 62), S. 126, 130 ff.

64 *Baumol/ Brown*, Performing Arts: The Economic Dilemma, New York 1967.

65 S. auch *Sander*, Die Bedeutung des Stiftungsvermögens (Fn. 62), S. 126, 129.

66 *von Wistinghausen*, Das ökonomische Grundmodell von Kulturstiftungen, in Graf Strachwitz/Then (Hrsg.), Kultureinrichtungen in Stiftungsform, 2. Aufl., Gütersloh 2004, S. 121, 123.

67 *Sander/Vogel/Boecker*, Organstruktur von Trägerstiftungen für Kultureinrichtungen, in Graf Strachwitz/Then (Hrsg.), Kultureinrichtungen in Stiftungsform, 2. Aufl., Gütersloh 2004, S. 83.

68 *Rump*, Controlling von Museen in Stiftungsform, in Graf Strachwitz/Then (Hrsg.), Kultureinrichtungen in Stiftungsform, 2. Aufl. 2004, S. 150.

69 *Rüegg/Stürm/Lang/Schnieper*, Grundsätze des Stiftungsmanagements, in Graf Strachwitz/Then (Hrsg.), Kultureinrichtungen in Stiftungsform, 2. Aufl., Gütersloh 2004, S. 58 ff.

und Merchandising aus defizitären Kulturbetrieben florierende Kulturunternehmen werden können, die keiner öffentlichen Zuschüsse mehr bedürfen.[70]

Ein Vorteil der Stiftungsform ist dabei, dass Fundraising einen erheblichen Finanzierungsbeitrag leisten kann. Dieser Vorteil wird einer weiteren Studie zufolge freilich höchst unterschiedlich genutzt: Während 10 % der Kulturstiftungen ganze 40 % ihres Gesamtbudgets durch Fundraising decken, erwirtschaften rund zwei Drittel der Kulturstiftungen (65 %) weniger als ein Fünftel, teilweise sogar nur 3 % ihres Budgets durch solche Aktivitäten.[71] Grund für diesen höchst unterschiedlichen Erfolg ist, dass die meisten Stiftungen Fundraising nicht mit dem erforderlichen Engagement und der erforderlichen Kreativität, kurz nicht ausreichend professionell betreiben. Zumeist hapert es schon an ausreichender Transparenz[72] als Grundbedingung erfolgreichen Fundraisings.[73] Vernachlässigt wird zudem die Einbindung privater Förderer in die Stiftungsarbeit,[74] wodurch nicht nur Anreize für Spenden und Zustiftungen geschaffen werden können,[75] sondern zugleich auch die Foundation Governance gestärkt werden kann.

Die Möglichkeiten zur Verbesserung der Selbstfinanzierung von Kulturstiftungen werden also vielfach nicht ausgeschöpft. Soweit öffentliche Zuschüsse erforderlich sind, sollten sie daher in einer Form erfolgen, die die wirtschaftliche Selbstständigkeit und Eigenverantwortung der Stiftung stärken. Beispielsweise ist daher eine Festbetragsfinanzierung einer Fehlbetragsfinanzierung vorzuziehen.[76] Zudem sollten Finanzierungszusagen wenigstens mittelfristig erfolgen,

70   S. *Sattlecker*, Brauchen Kultureinrichtungen Marketing, in Graf Strachwitz/Then (Hrsg.), Kultureinrichtungen in Stiftungsform, 2. Aufl., Gütersloh 2004, S. 172 ff.; *Schüring*, Merchandising in der Praxis am Beispiel der Stiftung Preußische Schlösser und Gärten Berlin-Brandenburg, in ebd., S. 184 ff.

71   *Litzel/Loock*, Fundraising von Kultureinrichtungen in Stiftungsform, in Graf Strachwitz/Then (Hrsg.), Kultureinrichtungen in Stiftungsform, 2. Aufl., Gütersloh 2004, S. 163, 166 f.

72   S. o. Fn. 46.

73   *Rump*, Controlling in Museen (Fn. 68), S.150, 153.

74   S. hierzu *Schwertmann*, Die Einbindung privater Föderer als Merkmal einer zivilgesellschaftlichen Kultureinrichtung, in Graf Strachwitz/Then (Hrsg.), Kultureinrichtungen in Stiftungsform, 2. Aufl., Gütersloh 2004, S. 77 ff.

75   So auch *Vermeulen*, Besonderheiten kommunal verbundener Stiftungen (Fn. 61), S. 52, 55.

76   *Zimmermann*, Das Zuwendungsrecht – Knebel für Kultureinrichtungen?, in Graf Strachwitz/Then (Hrsg.), Kultureinrichtungen in Stiftungsform, 2. Aufl., Gütersloh 2004, S. 103, 104.

um eine entsprechende Finanzplanung zu ermöglichen.[77] Auch bei der Bestellung von Organmitgliedern durch die Entsendungskörperschaft ist – neben der Vermeidung von Interessenkonflikten[78] – auf die Stärkung der Selbstständigkeit der Stiftung zu achten.[79]

Bei Kulturstiftungen, die von Unternehmensträgern gegründet wurden, ist die Unabhängigkeit der Stiftung von dem Stifterunternehmen ein besonders virulentes Problem. Denn solche Stiftungen sind häufig Marketinginstrumente, mit denen sich Stifterunternehmen ebenso schmücken wie etwa mit der Förderung von Sportlern. Dementsprechend stark ist oft der Einfluss des Unternehmens auf die Stiftung, und zwar sowohl in organisatorischer und personeller als auch in finanzieller Hinsicht. Das kommt sehr deutlich in den „Zehn Empfehlungen für gemeinnützige Unternehmensstiftungen" zum Ausdruck, die weithin von dem Bemühen geprägt sind, die Unabhängigkeit der Stiftung zu stärken.[80] So wird empfohlen, finanzielle Zuwendungen des Stifterunternehmens für das laufende Geschäft in der Regel ohne Bindung an Einzelprojekte bzw. ohne Antrag der Stiftung zu gewähren.[81] Das spricht Bände; denn solche Empfehlungen sind ja als Antwort auf nicht nur vereinzelt aufgetretene Missstände zu verstehen. Stiftungsrechtlich stellt sich hier die Frage, ob solche Unternehmensstiftungen überhaupt anerkennungsfähig sind. Und gesellschaftsrechtlich ist zu fragen, ob sie als ab-

---

77 Empfehlungen für die Errichtung und die Verwaltung von Stiftungen der öffentlichen Hand, Bundesverband Deutscher Stiftungen (Hrsg.), abrufbar unter: http://www. stiftungen.org/fileadmin/bvds/de/Publikationen/Downloads/Empfehlungspapier_Stiftungen_oeffentliche_Hand.pdf, unter Nr. 7.

78 Personen, die in ihrem Hauptamt über die Bewilligung von Haushaltsmitteln entscheiden oder über die Verwendung von Zuschüssen wachen oder gar mit der Stiftungsaufsicht befasst sind, sollten daher nicht Mitglied eines Aufsichtsorgans der Stiftung sein, Empfehlungen für die Errichtung und die Verwaltung von Stiftungen der öffentlichen Hand, unter Nr. 4; näher *Winands*, Der Staat als Stifter – Notwendigkeit, Möglichkeiten und Grenzen staatlichen Einflusses, in Graf Strachwitz/Then (Hrsg.), Kultureinrichtungen in Stiftungsform, 2. Aufl., Gütersloh 2004, S. 67, 75 f.

79 Zu bedenken ist zum Beispiel, dass Mitarbeiter, die von Behörden in Stiftungsorgane entsandt werden, weisungsabhängig sind, d. h. grundsätzlich nicht selbständig entscheiden können, was zu erheblichen Verzögerungen bei der Entscheidungsfindung führen kann, vgl. *Winands* (Fn. 78), S. 67, 71.

80 Vgl. die Einführung zu den „Zehn Empfehlungen für gemeinnützige Unternehmensstiftungen" sowie die Empfehlungen Nr. 3, 4, 6, 7, 10 im Anhang zu den „Grundsätzen Guter Stiftungspraxis" (Fn. 15), S. 16, 17.

81 Nr. 3 der „Zehn Empfehlungen für gemeinnützige Unternehmensstiftungen" (Fn. 80).

hängige Unternehmen im Sinne des Konzernrechts zu qualifizieren sind[82] und welche Rechtsfolgen eine solche Einordnung hätte.

E. Verbesserung der Foundation Governance

I. Als Aufgabe des Stifters

Was nun die Verbesserung der Foundation Governance anbelangt, so ist es zuvörderst Aufgabe des Stifters, bei der Gründung der Stiftung hierfür Sorge zu tragen. Dabei helfen die „Grundsätze Guter Stiftungspraxis" des Bundesverbands Deutscher Stiftungen allerdings nur sehr beschränkt weiter, da sie nur rudimentäre Minimalregeln enthalten, die nicht einmal alle wesentlichen Governance-Probleme aufgreifen, die in der erwähnten Studie des Bundesverbandes aufgedeckt wurden. Der Swiss NPO-Code[83] ist demgegenüber viel detaillierter. Anregungen könnte der Stifter freilich auch aus vielen anderen Quellen beziehen, etwa auch aus dem Deutschen Corporate Governance Kodex oder aus Beiträgen der Wissenschaft[84] und Praxis.[85] Maßgeschneiderte Konzepte für bestimmte Stiftungstypen gibt es jedoch nicht. Der Weg zu einer guten, für das konkrete Stif-

---

82 Für diese Möglichkeit schon *Burgard*, Gestaltungsfreiheit im Stiftungsrecht (Fn. 20), S. 361 f., 590 f.; auch *Hüffer*, AktG, 10. Aufl. 2012, § 15 Rn. 14; *Künnemann*, Die Stiftung im System des UnterordnungsKonzerns, Frankfurt/Main 1996, S. 191 ff.; *Schumacher*, Die konzernverbundene Stiftung – eine rechtsvergleichende Untersuchung des niederländischen und deutschen Rechts, Münster 1999, S. 164 ff.; dagegen *Emmerich/Habersack*, Konzernrecht, 9. Aufl., München 2008, § 38 Rn. 2; Staudinger/*Hüttemann/Rawert*, 2011, Vor § 80 Rn. 171.

83 S. o. Fn. 17.

84 So kann man dem Buch von *Burgard*, Gestaltungsfreiheit im Stiftungsrecht (Fn. 20) Hinweise zu Gestaltungsmöglichkeiten entnehmen. *Jakob*, Schutz der Stiftung (Fn. 29), S. 388 ff., zeigt auf, welche Interessengruppen und Interessengegensätze innerhalb von Stiftungen bestehen. Speziell mit der Frage der Corporate Governance von Stiftungen befassen sich etwa *Augsten*, ZErb 2009, 167; *Führer/Sassen*, ZögU 2012, 216; *von Schnurbein/Fritz*, ZögU 2012, 61 ff.; *Schuhen*, Kontrollprobleme in Nonprofit-Organisationen und Lösungsansätze – Überlegungen auf Basis der Theorie und Praxis der Non-Pofit Governance, in Hopt/von Hippel/Walz (Hrsg.), Nonprofit-Organisationen in Recht, Wirtschaft und Gesellschaft – Theorien – Analysen – Corporate Governance, Tübingen 2005, 221; *Hopt*, Corporate Governance in Nonprofit-Organisationen, in ders./Hippel/Walz (Hrsg.), Nonprofit-Organisationen in Recht, Wirtschaft und Gesellschaft – Theorien, Analysen, Corporate Governance, Tübingen 2005, S. 244; *Saenger/Veltmann*, ZSt 2005, 67; *Steuber*, DStR 2006, 1182; *Voigt de Oliveira/Wendt*, npoR 2012, 19.

85 Für Kulturstiftungen s. vor allem *Graf Strachwitz/Then* (Hrsg.), Kultureinrichtungen in Stiftungsform, 2. Aufl., Gütersloh 2004.

tungsprojekt passenden Foundation Governance ist daher derzeit derart mühsam, dass ihn viele Stifter gar nicht erst beschreiten.

Zumeist begnügen sich Stifter daher mit mehr oder weniger intuitiven Überlegungen zur Organisationsverfassung der Stiftung. Vernachlässigt wird hingegen, dass eine möglichst große und dauerhafte ökonomische Leistungsfähigkeit[86] sowie ein effektiver und effizienter Mitteleinsatz unentbehrliche Basis jeder Stiftung sind.[87] Das setzt unter anderem den professionellen Einsatz von ökonomischen Instrumenten und Methoden voraus, wie sie auch in gut geführten erwerbswirtschaftlichen Unternehmen zur Anwendung kommen. Und das erfordert schließlich ein professionelles Stiftungsmanagement, wie es von Ehrenamtlichen aller Erfahrung nach nicht oder jedenfalls nicht auf Dauer erwartet werden kann. Ehrenamtliche mögen daher in Beratungs- und Aufsichtsfunktionen hinreichend sein,[88] wenngleich ihr Engagement gerade in diesen Funktionen empirisch belegt[89] besonders gering ist. Im operativen Bereich bedarf es hingegen gut qualifizierter hauptamtlicher Mitarbeiter, die sich professionell um Vermögensbewirtschaftung und Risikomanagement, Controlling und Benchmarking,[90] Marketing und Fundraising, Rechnungslegung und Publizität und vieles andere mehr kümmern.

Reichen die voraussichtlichen Stiftungserträge nicht aus, um ein professionelles Stiftungsmanagement zu unterhalten, so sollte sich der Stifter auf die Suche nach Kooperationspartnern machen oder hinterfragen, ob eine eigenständige Stiftung nicht nur emotional wünschenswert, sondern auch rational zweckdienlich ist. Das soll nicht heißen, dass kleinere Stiftungen, die sich solchen Aufwand nicht leisten können, keine Berechtigung hätten. Auch solche Stiftungen können durchaus Nützliches bewirken. Der Stifter sollte sich jedoch fragen, ob er zu Lebzeiten sein Vermögen unprofessionell und unambitioniert agierenden Ehrenamtlichen überlassen würde und warum er das nach seinem Tod anders handhaben will.

---

86 So zu Recht *Saenger/Veltmann*, ZSt 2005, 67, 68.
87 Diese Vernachlässigung zeigt sich auch bei der Auswahl der Organmitglieder, insbesondere der Ehrenamtlichen, StiftungsStudie (Fn. 1), S. 18.
88 Nur 1 % der Stiftungen verfügen über ein hauptamtliches Aufsichtsorgan, StiftungsStudie (Fn. 1), S. 14.
89 S. o. Fn. 40.
90 S. hierzu *Rump* (Fn. 68), S. 150, 154 f.

II.   Als Aufgabe der Stiftungsorgane

Hat der Stifter – wie allzu oft – keine ausreichende Vorsorge getroffen, so stellt sich die Frage, was die Stiftungsorgane zur Verbesserung der Foundation Governance tun können. Rechtstechnisch kann dies etwa durch Änderungen der Satzung und durch den Erlass von Geschäftsordnungen geschehen. Das ist nicht das Problem. Das Problem ist vielmehr, dass gerade den Ehrenamtlichen zumeist jegliches Problembewusstsein fehlt,[91] sie also gar keinen Verbesserungsbedarf erkennen, und auch sonst wenig Anreiz haben, Verbesserungsvorschläge zu entwickeln und umzusetzen. Gerade von Ehrenamtlichen darf man daher keine starken Impulse für eine Verbesserung der Foundation Governance erwarten.[92]

III.   Als Aufgabe der Stiftungsaufsicht

Auch von der Stiftungsaufsicht werden Anstöße zur Verbesserung der Foundation Governance kaum ausgehen, nämlich allenfalls dann, wenn dies zur künftigen Verhinderung konkret festgestellter Rechtsverstöße erforderlich erscheint; denn die Stiftungsaufsicht ist eine bloße Rechtsaufsicht.

IV.   Als Aufgabe des Gesetzgebers

Für eine Verbesserung der Foundation Governance könnte ferner der Gesetzgeber sorgen. Die Stiftungsrechtsreform war ja nur ein Reförmchen. Viele ebenso wichtige wie verbreitete Forderungen – etwa nach mehr Transparenz und Publizität – blieben unerfüllt. Mit einem Eingreifen des Gesetzgebers ist jedoch nicht zu rechnen, zumal er mit der Einführung und Erweiterung von § 31a BGB der Foundation Governance zuletzt Bärendienste erwiesen hat.

---

91 S. o. Fn. 5-58.
92 Bei Hauptamtlichen ist das insoweit anders als ihr eigenes Erwerbsinteresse und ihr Fortkommen mit dem Erfolg der Stiftung verknüpft sind und ihr zeitliches Engagement weniger stark limitiert ist.

V.   Als Verbandsaufgabe

Allerdings kann man den Gesetzgeber insofern entschuldigen als die Erstreckung
des § 31a BGB auf Stiftungen einer Anregung des Bundesverbandes Deutscher
Stiftungen zu „danken" ist. Dahinter steckt ein typischer Principal-Agent-
Konflikt,[93] der auch mitursächlich dafür sein dürfte, dass die „Grundsätze Guter
Stiftungspraxis" lediglich rudimentäre Minimalregelungen enthalten. Die Implementierung dieser Grundsätze allein bewirkt daher noch keine gute Foundation Governance. Vielmehr bedürfen sie der Fortentwicklung bzw. Neufassung,
und zwar in viererlei Hinsicht:

Erstens sollte wie beim Deutschen Corporate Governance Kodex[94] sprachlich
klar danach unterschieden werden, welche Grundsätze zwingendes Recht wie-
dergeben, welche Empfehlungen enthalten und welche bloße Anregungen geben.
Denn eine solche sprachliche Differenzierung verbessert die Verständlichkeit
und die Akzeptanz der Grundsätze und erleichtert die Kontrolle ihrer abgestuften
Einhaltung.

Zweitens sollten die Grundsätze vervollständigt und konkretisiert werden.
Derzeit behandeln sie beispielsweise folgende Themen nicht oder nur rudimen-
tär: Stimmrechtsausschluss bei Interessenkonflikten, Inkompatibiltät, Vier-
Augen-Prinzip, Personalmanagement (Qualifikation, Durchmischung, Amtsdauer der Organmitglieder), Kompetenz- und Ressortverteilung, Gesamt-
verantwortung, Geschäftsordnung, Delegation, interner Informationsfluss, Risikomanagement, interne und externe Kontrolle, Compliance, Transparenz, Öf-
fentlichkeitsarbeit, Fundraising, Umgang mit Stiftern und Spendern, Monitoring
(Projektbegleitung) und Evaluation (Bewertung des Zielerreichungsgrads) sowie
Benchmarking. Der Anspruch, für alle Stiftungen zu gelten, sollte dabei erhalten
bleiben.

Drittens sollten die allgemeinen Grundsätze durch Governance-Module ergänzt werden, die für bestimmte Stiftungstypen und Größenklassen Empfehlungen und Anregungen formulieren. Auch hierfür gibt es bereits Ansätze,[95] die es

---

93   Mitglieder des Verbandes sind zwar die Stiftungen, deren Interessen ganz gewiss nicht
      auf eine Haftungsprivilegierung ihrer Agenten gerichtet ist. Repräsentiert werden die
      Stiftungen jedoch auch im Bundesverband allein durch ihre Agenten, denen eine solche
      Privilegierung natürlich entgegen kommt. Wenn der Bundesverband nicht im Interesse
      seiner Mitglieder, sondern im Interesse von deren Agenten handelt, dann also deswegen,
      weil die Stiftungen nicht selbst, sondern eben nur durch ihre Agenten handeln können
      und es daher auch allein die Agenten sind, die Einfluss im Bundesverband haben.
94   DCGK (Fn. 12), Präambel, S. 2.
95   S. o. Fn. 16, 17.

fortzuentwickeln gilt. Durch ein solches „Baukastensystem" kann der Heterogenität der Stiftungslandschaft Rechnung getragen werden.

Viertens sollte ein Gütesiegel „Gute Stiftungspraxis" geschaffen werden.[96] Vorbilder hierfür sind etwa das DZI Spendensiegel,[97] das Schweizer ZEWO-Siegel[98] bzw. die Zertifizierung nach dem Swiss NPO-Code.[99] Das Gütesiegel können Stiftungen erwerben, die die Empfehlungen der allgemeinen Grundsätze sowie der auf die jeweilige Stiftung anwendbaren Module verbindlich implementiert haben und tatsächlich befolgen. Ausnahmen hiervon müssten offengelegt werden, gut begründet sein und dürften keine wesentliche Verschlechterung der Foundation Governance zur Folge haben. Auf diese Weise würde die Qualität der Foundation-Governance nachvollziehbar und transparent und das Vertrauen der Stakeholder gestärkt. Mittelfristig wäre zu hoffen, dass Zuwendungen der öffentlichen Hand nur noch an solche Stiftungen fließen, die ein solches Gütesiegel führen. Das hätte nicht nur Signalwirkung für Spender und Stifter, sondern würde auch einen gewissen Befolgungsdruck erzeugen. Und ohne Befolgungsdruck ist nach dem zuvor Gesagten fraglich, ob die Möglichkeit der Stiftung, mit einem solchen Gütesiegel zu werben, für Ehrenamtliche ausreichender Anreiz wäre, sich um dessen Erwerb zu bemühen; denn die meisten Stiftungen ergreifen nicht einmal die allereinfachste und grundlegende Möglichkeit, um um mehr Vertrauen zu werben, nämlich durch die Herstellung umfassender Transparenz.[100] Vielmehr sind die Widerstände dagegen offenbar so groß, dass nicht einmal die „Grundsätze Guter Stiftungspraxis" eine umfassende Transparenz fordern.[101]

---

96   Dahingehend auch *Schuhen* Kontrollprobleme in Nonprofit-Organisationen und Lösungsansätze (Fn. 84), S. 221, 237 f.; *Saenger/Veltmann*, ZSt 2005, 67, 74.

97   Abrufbar unter http://www.dzi.de/spenderberatung/das-spenden-siegel/.

98   Abrufbar unter http://www.zewo.ch/guetesiegel/bedeutung.

99   Abrufbar unter http://www.swiss-npocode.ch/cms/de/swiss-npo-codepruefung.html.

100   S.o. Fn. 46,73.

101   Dort (Fn. 15), S. 10, heißt es vielmehr nur: „*Sie anerkennen Transparenz als Ausdruck der Verantwortung von Stiftungen gegenüber der Gesellschaft und als ein Mittel zur Vertrauensbildung. Sie stellen daher der Öffentlichkeit in geeigneter Weise die wesentlichen inhaltlichen und wirtschaftlichen Informationen über die Stiftung (insbesondere über den Stiftungszweck, die Zweckerreichung im jeweils abgelaufenen Jahr, die Förderkriterien und die Organmitglieder) zur Verfügung. Sie veröffentlichen ihre Bewilligungsbedingungen und setzen, soweit geboten, unabhängige Gutachter oder Juroren ein. Gesetzliche Auskunftspflichten werden rasch und vollständig erfüllt.*"

F. Zusammenfassung

Zusammenfassend ist festzustellen: Die Foundation Governance weist vielfach erhebliche Mängel auf. Gründe hierfür sind die Lückenhaftigkeit des Stiftungsrechts, die unzureichende Vorsorge des Stifters, mangelndes Problembewusstsein der Stiftungsorgane und fehlende Anreize der Ehrenamtlichen. Dabei sind Governance-Regeln für Stiftungen unter anderem deswegen besonders wichtig, weil sie keine Mitglieder als Prinzipale haben, sondern auf Gedeih und Verderb ihren Agenten ausgeliefert sind. Die Stiftungsaufsicht ist hierfür kein zureichender Ausgleich, da sie selbst Agent ist und zudem nur die Rechtmäßigkeit, nicht aber die Zweckmäßigkeit des Stiftungshandelns überwacht. Gerade der Erhalt und die Verbesserung der ökonomischen Leistungsfähigkeit der Stiftung sowie die Effektivität und Effizienz des Mitteleinsatzes werden aber häufig vernachlässigt, obwohl dies die unentbehrliche Basis der Stiftungsarbeit ist. Das gilt ganz besonders für Kulturstiftungen, die an der „Kostenkrankheit" leiden. Diese Krankheit zu heilen vermögen allerdings auch die „Grundsätze Guter Stiftungspraxis" des Bundesverbandes Deutscher Stiftungen nicht, da sie nur rudimentäre Minimalregelungen enthalten und viele der erkannten Governance-Mängel gar nicht aufgreifen. Sie bedürfen daher einer Neufassung. Wünschenswert wäre die Entwicklung eines Gütesiegels „Guter Stiftungspraxis", durch das die Foundation Governance nachvollziehbar und transparent wird.

Diskussionsbeitrag:
Kulturstiftungen und die Rolle der Vermögensanlage

*Cordula Haase-Theobald**

Wiederholte Krisen an den Kapitalmärkten, eine anhaltende Niedrigzinsphase sowie ein immer härterer Wettbewerb um Fördermittel – und dennoch: Die Entwicklung des deutschen Stiftungssektors ist nach wie vor überzeugend. Nach Angaben des Bundesverbandes Deutscher Stiftungen beträgt das Stiftungswachstum in 2012 gegenüber dem Vorjahr 3,2 Prozent. Per 31. Dezember 2012 bestehen in Deutschland 19.551 rechtsfähige Stiftungen, hiervon macht der Sektor „Kunst und Kultur" einen beachtlichen Anteil von 15,2 Prozent aus.

Das Interesse der Gesellschaft an Kultur hat sich in den letzten Jahren weiter verstärkt. Auch die Stiftungslandschaft hat den steigenden Bedarf des Stiftungszweckes „Kultur" erkannt und bringt diesem immer mehr Bedeutung bei. Dies schlägt sich in einer steigenden Anzahl an Kulturstiftungen nieder. Diese sind mittlerweile unverzichtbar geworden – nicht nur weil sie neben dem Staat einer der wichtigsten Förderer des Kulturbereiches geworden sind.

Kulturstiftungen beziehen ihre Einkünfte aus ihrem Stiftungsvermögen sowie zumeist auch durch Zuwendungen der öffentlichen Hand und privater Gelder. Neben kunstaffinen Privatpersonen sind insbesondere kulturell interessierte Unternehmen als Förderer von Relevanz.

Allerdings ist gerade im Bereich der Kulturstiftungen die Anzahl derer besonders niedrig, die ein auskömmliches Stiftungsvermögen ausweisen und folglich von Zuwendungen Dritter unabhängig sind. Eine mögliche Ursache hierfür mag sein, dass Kulturstiftungen häufig über einen geringeren Anteil an Stiftungsvermögen mit regelmäßigen Einkünften verfügen, wie z.B. vermietete Immobilien oder Wertpapieranlagen. Oftmals sind Bestandteile des Stiftungsvermögens eher Kunstwerte wie z.B. Gemälde oder denkmalgeschützte Immobilien, die keinen oder nur geringen laufenden Ertrag abwerfen. Teilweise handelt es sich sogar um ertragsverzehrende Vermögenswerte, die erhalten werden müssen. Denn ge-

* Dr. Cordula Haase-Theobald ist Leiterin des Kunden- und Stiftungsmanagements im Bankhaus Sal. Oppenheim jr. & Cie. AG & Co. KGaA.

rade bei Kulturstiftungen besteht oftmals eine Objektidentität zwischen einzelnen Vermögenswerten und dem Stiftungszweck.

Ein „freies" Vermögen hingegen, welches allein zur Ertragsgenerierung dient, muss in vielen Fällen erst noch aufgebaut werden. Da dessen Erhalt und den hieraus generierten Ausschüttungen eine hohe Bedeutung zukommen, ist die Anlage umso wichtiger.

In der derzeitigen Niedrigzinsphase überprüfen alle Stiftungen ihre bisherigen Anlagestrategien. Denn ausnahmslos gelten hier als Ziele der Vermögensanlage: Das Vermögen soll sicher angelegt, über Generationen erhalten bleiben und unmittelbar dem Stiftungszweck dienen oder ausschüttungsfähige Erträge generieren. Hinzu kommt, dass die wirtschaftlichen Umbrüche und die drei Finanzkrisen innerhalb der letzten 12 Jahre auch Auswirkungen auf die Spenden privater Förderer hatten. Gleiches gilt für die öffentliche Hand, eine der wichtigsten Unterstützer von Kulturstiftungen, die in Zeiten knapper Kassen ihre Zuwendungen verringern muss.

Für Kulturstiftungen ist nunmehr wichtig, den Blick nach vorne zu richten und einen Kapitalstock vorzuhalten. Dieser ermöglicht es ihnen, dauerhaft den Stiftungszweck weitgehend autark zu finanzieren. Muss diese finanzielle Grundlage erst aufgebaut werden, so kommt dem Fundraising hierfür die größte Bedeutung zu. Ist sie jedoch bereits vorhanden, muss eine möglichst ausgewogene Vermögensanlage den Kapitalerhalt und die Generierung von ausschüttungsfähigen Erträgen gewährleisten. Für diese Vermögensanlage ist eine qualifizierte Beratung notwendig – denn: Stiftungen sind besondere Anleger, die sich in einem Spannungsumfeld zwischen Rendite, Risiko und Ausschüttungen bewegen und zugleich ihre stiftungsspezifischen Vorgaben beachten müssen. Zuweilen wird auch im Kulturbereich bei der Auswahl von Anlageklassen Wert auf die Berücksichtigung von ethischen, ökologischen oder politischen Kriterien gelegt. Neben den generellen und allgemeinen stiftungsspezifischen Anforderungen gilt es also, ein besonderes Augenmerk auf die individuellen Vorgaben der jeweiligen Stiftung zu legen.

Das Bankhaus Oppenheim beispielsweise konzipiert für seine Kunden individuelle Vermögensanlagekonzepte. Sie berücksichtigen die speziellen Erfordernisse, wie die Ausschüttungsorientierung, den realen Vermögenserhalt sowie die stiftungsspezifischen Rahmenbedingungen. Innerhalb des bankeigenen Netzwerkes können auch geeignete Dienstleistungspartner für Fundraising oder die Zweckverwirklichung bereitgestellt werden. Der Erfahrungsaustausch mit Gleichgesinnten über Plattformen des Bankhauses hat sich bewährt und wird gerne genutzt.

Es ist wichtig, die Risikotragfähigkeit der Stiftung und die Risikobereitschaft der Stiftungsverantwortlichen mit einzubeziehen. So kann ein Rendite-/

Risikoprofil entwickelt werden, aus dem sich die Zielvermögensstruktur ableitet. Immer mehr Stiftungen berücksichtigen schon jetzt, dass die künftig erzielbaren Renditen sehr wahrscheinlich deutlich volatiler ausfallen werden als früher. Die Vermögensanlage des Stiftungsvermögens erfolgt dann in Abhängigkeit der individuellen Kundensituation und des gewünschten Delegationsgrades. Da statische Vorgaben zur Anlagestruktur oder gar die „Anlagepolitik der ruhigen Hand" mittlerweile als überholt gelten, zeichnet sich ein erfolgreiches Anlagekonzept vielmehr durch eine anlegergerechte Strategische Asset Allocation aus. Im Bankhaus Oppenheim bildet diese den Ausgangspunkt aller Überlegungen und Analysen – erst hiernach beginnt der Prozess der aktiven Vermögensverwaltung. Basierend auf einem hauseigenen Researchprozess trifft der Portfoliomanager dann die konkreten Anlageentscheidungen. Inwieweit die Anlageziele der langfristigen Planung immer noch passgenau sind, muss regelmäßig überprüft und ggf. angepasst werden.

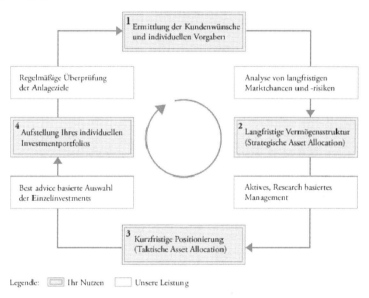

Grafik: Vermögensanlageprozess Bankhaus Sal. Oppenheim

Da die Erträge der Vermögensanlage auch in Zukunft maßgeblich für die Stiftungsarbeit sein werden, ist für jede Stiftung entscheidend, sich auch in einem herausfordernden Marktumfeld zurechtzufinden und die richtigen Weichen zu stellen. Dies gilt im besonderen Maße für Kulturstiftungen, denn Kultur bleibt in einer lebendigen Gesellschaft weiterhin unverzichtbar.

Teil 2: Das Beispiel der Richard-Wagner-Stiftung

Einführung

Markus Kiesel[*]

2013 feiert die musikalische Welt das „Wagner Jahr", den 200. Geburtstag Richard Wagners, der am 22. Mai 1813 in Leipzig geboren wurde. Ein weniger spektakuläres Datum rückt damit in den Hintergrund, der Todestag des Meisters, der sich am 13. Februar 2013 zum 130. Mal jährte. War die Geburt des Dichterkomponisten ein damals zunächst unabsehbar-unscheinbares Geschehnis, so war der überraschende „ultimo spiro" des Meisters im winterlichen Venedig ein Ereignis mit tiefgreifenden Folgen für das Bayreuth von heute. Denn es besteht Konsens darüber, dass nicht nur Wagners musikdramatische Werke, sondern auch das gesamte Umfeld, seine Festspielidee wie auch sein Festspielhaus und der Festspielbetrieb selbst Teil seiner Werkidee und seines Vermächtnisses sind.

Angesichts seines kostbaren Besitzes materieller, geistiger wie kulturgeschichtlicher Art tauchte der Stiftungsgedanke schon bei Wagner auf: „Die jährlichen Bühnenfestspiele in Bayreuth müssen durchaus eine freie Stiftung bleiben", so schrieb er. Aber Richard Wagner starb am 13. Februar 1883 in Venedig ohne Testament und ohne Stiftung. Seine Witwe Cosima (1837 – 1930) als Vorerbin des gemeinsamen Sohns Siegfried (1869 – 1930) entschuldete bis 1906 das tief defizitäre Unternehmen „Bayreuth". Auch Siegfried Wagner sah sich 1914 gezwungen, Stiftungspläne zu wälzen: Das gesamte Erbe „ist von meiner Mutter und mir dem deutschen Volke als ewige Stiftung bestimmt", so Siegfried. Aber nichts geschah, der Krieg brach aus und das Haus wurde für zehn Jahre geschlossen. Erst 1929 verfasste Siegfried Wagner mit seiner Frau Winifred (1897 – 1980) ein gemeinschaftliches Testament, worin sich die Eheleute im Todesfall eines Gatten gegenseitig als Vorerben für die vier gemeinsamen Kinder einsetzten. Der Erbfall würde mit dem Tod des überlebenden Gatten bzw. mit einer Wiederverheiratung eintreten. Außerdem wurde eine Veräußerung des Festspielhauses ausgeschlossen und seine Nutzung zu dem Zweck, „für den es sein Erbauer bestimmt hat", festgeschrieben. Siegfried Wagner starb 1930, seine Witwe Winifred blieb bis 1944 Leiterin der Festspiele und bis 1973 auch Eigentümerin des Festspielhauses. In jenem Jahr 1973 wurde die Richard-Wagner-Stiftung

---

[*]   Dr. phil. Markus Kiesel, Heidelberg.

Bayreuth gegründet. Wolfgang Wagner war zu diesem Zeitpunkt als Festspielleiter und -unternehmer der Mieter dieses Festspielhauses, bis er im Jahre 1986 eine GmbH – die Bayreuther Festspiele GmbH – gründete, mit sich als alleinigem Gesellschafter und Geschäftsführer. Nach seinem Rücktritt 2008 übertrug er die Geschäftsanteile der GmbH zu je 25% an die Bundesrepublik Deutschland, den Freistaat Bayern, die Stadt Bayreuth sowie an den Verein der Mäzene der „Gesellschaft der Freunde Bayreuths". Mieter des Festspielhauses ist also seit 2008 nicht mehr ein Mitglied der Familie Wagner sondern eine GmbH mehrheitlich im Besitz der öffentlichen Hand, die ihrerseits Verträge mit der derzeitigen Festspielleitung als Geschäftsführerinnen abgeschlossen hat.

Hinzu kommt, dass das Festspielhaus natürlich nicht nur die Bauhülle für einen modernen Theaterbetrieb sondern bereits selbst ein historisches Theater mit einer eigenen Erinnerungskultur ist. Dies gilt auch für das Wohnhaus Wagners, die Villa Wahnfried, seit 1973 Eigentum der Stadt Bayreuth, die es der Stiftung zum Betrieb eines Wagner-Museums zur Verfügung stellt, aber seinerseits betrieben von städtischen Angestellten.

Seit der Gründung der Richard Wagner Stiftung im Jahre 1973 haben also nachgeordnete Rechtsinstitute, Folgeverträge und unübersichtliche Gremien die Idee „Wagner und Bayreuth" zu einer nahezu unentwirrbare Gemengelage verkommen lassen, hinter der weder der ideelle Stifterwille noch eine operative Funktionalität garantiert zu sein scheinen. Ob dahinter Methode stand oder nicht, für die beteiligten Personen und zuständigen Politiker ist es zunehmend unmöglich geworden, die Rechtslage zu durchschauen, persönliche Innenschauen zu hinterfragen und das öffentliche Interesse im Auge zu behalten.

Das Bayreuth Wagners ist aber mehr als nur der Festspielbetrieb oder die Summe der Immobilien und Archive. Es ist ein nach wie vor gültiges wahrnehmungsästhetisches Konzept der Kunst- und Kulturrezeption. Und es ist Teil der Werkideen seines Schöpfers. Museum, Archiv, Festspielhaus, Festspiele, Gartenanlagen, ja selbst die Grabstätte Wagners sind eine Einheit. Die Aufsplitterung in unterschiedliche Eigentumsverhältnisse, Zuständigkeiten und Gremien ist kontraproduktiv und steht auch dem Gedanken des immateriellen Kulturgüterschutzes entgegen.

Aber es gibt Hoffnung: Das wissenschaftliches Symposium am 23. Februar 2013 in Wiesbaden zum Thema „Kulturstiftungen: Gründung – Führung – Kontrolle" am Beispiel der Richard-Wagner-Stiftung Bayreuth hat sich mit diesen Fragen befasst; die Ergebnisse liegen jetzt in diesem Tagungsband vor.

Zur Idee und Geschichte der Richard-Wagner-Stiftung

Nike Wagner[*]

Meine sehr verehrten Damen und Herren,

Sie wissen, dass ich juristisch ungeschult bin – mit nichts anderem als dem sogenannten gesunden Menschenverstand ausgestattet, im Übrigen Autorin, Geisteswissenschaftlerin und Festspielveranstalterin. Allein meine Rolle als originäre Stifterin im Jahre 1973 berechtigt mich dazu, Ihnen hier eine Skizze von der Idee und Geschichte der Richard-Wagner-Stiftung zu geben.

Diese Stiftung – das sei vorausgeschickt – ist nicht nur eine der bedeutendsten Kulturstiftungen Deutschlands, vergleichbar der Klassik-Stiftung in Weimar oder der Stiftung Preußischer Kulturbesitz, sie ist auch eine besonders ungewöhnliche, wenn nicht „abartige" – anders als alle anderen Kunststiftungen dieser Welt.

Wie und warum aber ist diese Stiftung entstanden, wie hat sie sich organisiert? Man könnte es sich leicht machen und mit Wikipedia feststellen: Die Richard-Wagner-Stiftung Bayreuth ist eine Stiftung bürgerlichen Rechts. Sie wurde 1973 errichtet, soll den künstlerischen Nachlass von Richard Wagner pflegen und das Festspielhaus in Bayreuth dauerhaft für die Nachwelt erhalten. Sie ist seither Trägerin des Bayreuther Festspielhauses. Außerdem wählt sie den Festspielleiter der Bayreuther Festspiele.

So undramatisch, so unwagnerisch aber ist die Geschichte der Umwandlung eines Privattheaters und Privatarchivs in einen Staatsbetrieb bzw. in eine Stiftung bürgerlichen Rechts nicht abgelaufen. Die Schwierigkeiten und Eigenarten der Richard-Wagner-Stiftung haben mit dem Stiftungsgegenstand zu tun, der sich in vier Problemfelder aufteilt, in vier Elemente, die aufs Engste miteinander verbunden sind bzw. ineinandergreifen.

Da ist zum einen das mit Hilfe des Wagnerschen Groß-Sponsors – des bayerischen Königs Ludwig II. – erbaute Bayreuther *Festspielhaus*, eine Immobilie; und da sind, zweitens, *die Werke* Richard Wagners, die zwar überall gespielt werden, im eigenen „Wagnertheater" aber einen besonderen Mehrwert abschöpfen können, der sich auch im weltweiten Erfolg der Bayreuther Festspiele nie-

---

[*]   Die Autorin ist Urenkelin Richard Wagners, Dramaturgin, Autorin und seit 2004 Leiterin des Kunstfestes Weimar.

derschlägt. Bayreuth hat das „authentische Haus" – Wagner hatte die Architektur nach Maßgabe seiner Bedürfnisse selbst bestimmt – und da ist der singuläre Fall, dass dieses Haus nur für die Wagnerschen Werke genutzt werden darf. Zu diesen „Alleinstellungsmerkmalen" treten symbolisch-ideelle Komponenten, die sich wie Sternengloriolen um dieses Festspielunternehmen legen.

Wagner hatte seine – im Kern europäischen – Opern und Musikdramen als „deutsch" verkauft, damals in Abgrenzung zu italienischen und französischen Opern-Typen und auf der Suche nach dem, was „deutsche Kunst" sein könne. Seither wabert der „deutsche Geist" um dieses aufgeladene Haus, einerseits bekräftigt durch die Werke selbst – etwa die germanischen Sagenkreise, die sein „Nibelungen-Ring" verarbeitet – andererseits durch den Willen bestimmter politischer und gesellschaftlicher Kräfte, im Begriff „Wagner/Bayreuth" eine nationale Kultstätte, einen nationalen Mythos zu erblicken und diesen auch – heute mit Hilfe der Medien – als solchen zu propagieren. Will man diesen Mythos am Laufen erhalten, so braucht man Geld.

Zum dritten also: Da ist das Problemfeld *Geld,* die Festspiel-Aufführungen müssen ermöglicht werden, das kostet. Ebenso dringlich ist die Instandhaltung des wunderbar schlichten, zwischen 1872 und 1875 aber nur hastig hochgezogenen Fachwerk-Baus. Das Festspielhaus war Privatbesitz Richard Wagners. Auf die notorischen Geldnöte des Komponisten brauchen wir hier nicht einzugehen. Indem er aber kein stiller Kammermusik-Komponist war, sondern für den großen Apparat geschrieben hat – die große Bühne, das große Orchester mitsamt dem Riesenpersonal – hat er die Geldprobleme gewissermaßen mitgeschaffen und damit auch weitergegeben, vererbt. Und wem hat er seinen Wunderbau zur „festlichen Aufführung" seiner Wunderwerke vererbt? Ganz einfach: der Familie.

Und da beginnt der Problemkreis Nummer vier: Wie sollte die *Familie* dieses musikalisch-theatralische Erbe am Leben erhalten, zu dem noch das materielle kam – Liegenschaften wie Wagners fürstliche Villa Wahnfried mit großem Garten, später erweitert um Zubauten; nicht zu reden von dem unschätzbar wertvollen Archiv mit seinen Partituren, Schriften, Dokumenten und Urkunden. Und überdies, wer sollte die Festspiele leiten können und wollen, wer wäre der Festspiel-Veranstalter? War Wagners Genie vererbbar? Und was sollte geschehen, wenn sich diese Familie – wie vorhersehbar – vermehren würde? Neben die materiellen Vererbungssorgen würden familiär-psychologische Konflikte treten. Da bedurfte es gewisser Regelungen.

Angesichts seines kostbaren Besitzes materieller, geistiger wie kulturgeschichtlicher Art taucht der Stiftungsgedanke schon bei Wagner auf, nach dem finanziellen Fiasko der ersten Festspiele vom Sommer 1876 – die ja nicht nur mit mäzenatisch-fürstlicher Hilfe, sondern auch nach dem bürgerlichen Spenden- bzw. Aktiensystem organisiert waren, mit den „Patronatsscheinen" begeisterter und begüterter Wagnerianer und Vereine. Wagner war enttäuscht und wütend: Einzig durch „finanzielle Unzulänglichkeit" seien jene „Störungen und Verzögerungen" hervorgerufen worden, die die Aufführungen unfertig ließen. Und weil die Presse dann „verleumderisch" darüber berichtete, blieb das Publikum weg. Einnahmen und Ausgaben waren dergestalt nicht zur Deckung zu bringen. „Vor solchen Einflüssen und Beeinträchtigungen muss nun in Zukunft mein Werk und Wirken bewahrt werden, wenn ich noch einige Lust und Kraft dafür bewahren will. Deshalb bin ich zu folgenden Bestimmungen gelangt: die jährlichen Bühnenfestspiele in Bayreuth müssen durchaus eine freie Stiftung bleiben, mit dem einzigen Zwecke, zur Begründung und Pflege einer originalen deutschen musikalisch-dramatischen Kunst als Vorbild zu dienen. Hierzu ist es nötig, dass das Material des Theaters selbst jetzt von jeder daraus haftenden Kosten-Schuld befreit, und in alle Zukunft gegen finanzielle Schäden bewahrt werde; wohlbeachtet: unter der unverbindlichen Voraussetzung, dass das Unternehmen selbst nie zu finanziellem Erwerbe diene, und namentlich der oberste Leiter derselben nie eine Entschädigung für seine Bemühungen in Anspruch nehme." – Schöner Gedanke!

Weil er die bisherigen Patrone höchstens für einen Kostendeckungsbeitrag würde gewinnen können, hatte Wagner vor, sich an das „Deutsche Reich" zu wenden. Nach diesem Plan übernähme die deutsche Reichsregierung das Festspielhaus mit allem Zubehör und allen bisherigen und zukünftigen Unkosten als „der Nation zugehöriges Eigentum" und übergäbe es der Stadt Bayreuth zur Verwaltung mit der Verpflichtung zu alljährlichen Aufführungen. Der Kartenverkauf und ein Zuschuß von 100 000 Mark von seiten des Reiches gegen Überlassung eines Kartenkontingentes von bis zu 600 Plätzen für „Unbemittelte der deutschen Nation" würden das Unternehmen tragen. In den Genuss des freien Eintritts sollten vor allem die Begabten aus den Musik-Theater- und Gymnasialschulen kommen: Abglanz, wenn man so will, seiner einstigen Idee eines hochdemokratisch-revolutionären „freien Eintritts für alle".
Eigentlich traute Wagner dem Kunstverständnis des Bismarck-Reiches aber nicht.

„Schöner und würdiger" dünkte es ihn, wenn Bayern und sein König die Sache ganz übernähmen. „Dies wäre denn mein letzter Stoßseufzer", so der Gründer. Kein Wunder, war er doch mit dem Bayernkönig bisher am besten gefahren. Die Dualität der künftigen Subventionsgeber – Bund/Bayern – finden wir 1876 jedenfalls schon vorformuliert. Und wenn man an den alljährlichen Staatsempfang der Bayern nach den heutigen Bayreuth-Premieren denkt, so mag sich der nicht besonders „schön und würdig" gebärden, ist im Kern aber durchaus ein Nachklang der Wagnerschen Bayern-Affinität.

Richard Wagner hinterließ kein Testament. Das ist seltsam und wenig wahrscheinlich, jedenfalls aber ist nie eines aufgetaucht. Es gibt nur einige Äußerungen von ihm, dass er auf seinen – damals 14-jährigen – Sohn vertraue. Aber da war seine Witwe Cosima, erst 46 Jahre alt und Vorerbin des gesamten Besitzes. Ihr gelang es, über die Etablierung eines Spielplans und regelmäßiger, im Turnus von zwei Jahren stattfindender Spiele das tief defizitäre Unternehmen zu stabilisieren. 1906 übergab sie ihrem Sohn Siegfried die Leitung. Auch dieser aber sah sich – 1914 – gezwungen, Stiftungspläne zu wälzen: Das gesamte Erbe, inklusive aller Liegenschaften, des Archivs und „des sehr beträchtlichen Festspielfonds" – „dieses alles ist von meiner Mutter und mir dem deutschen Volke als ewige Stiftung bestimmt", so Siegfried. „Das Bayreuth Richard Wagners, so haben wir beschlossen, gehört nicht uns, es gehört dem deutschen Volke, ihm soll es von Wahnfrieds Erben als ewiges Richard-Wagner-Heim übergeben werden." Siegfried war mit Absicht vollmundig – dahinter stand die Absicht, die Öffentlichkeit vergessen zu machen, dass die Wagners soeben Schlagzeilen machten durch einen Prozess, den die Wagnertochter Isolde gegen ihre Mutter Cosima angestrengt hatte, den sogenannten Beidler-Prozess, in dem es letztlich um Erbberechtigungen ging. Aber nichts geschah, nichts wurde gestiftet – ohnehin brach erst einmal der Krieg aus und das Haus wurde für zehn Jahre geschlossen. 1921 wurde dann die „Deutsche Festspiel-Stiftung" gegründet, um Gelder für die Veranstaltungen zu rekrutieren, ohne Erfolg. Inflation einerseits, unfähige Geschäftsführung andererseits.

Dann aber wurde es ernst. Eine Art „Grundgesetz" (Wolfgang Wagner) wurde geschaffen mit dem gemeinsamen Testament von Siegfried und Winifred Wagner von 1929. Darin setzten die Eheleute für den Todesfall jeweils einander als Vorerbe/Vorerbin für die gemeinsamen vier Kinder ein, ausgenommen, es würde eine Wiederverheiratung stattfinden. Und es wurde die Unveräußerlichkeit des Festspielhauses ebenso festgeschrieben wie dessen Nutzung ausschließlich zur „festlichen Aufführung der Werke Richard Wagners". Im Jahr danach, 1930, starb Siegfried Wagner. Winifred Wagner blieb bis 1944 Leiterin der Festspiele und auch Eigentümerin des Festspielhauses bis 1973 – jenem Jahr, in dem die heutige Richard-Wagner-Stiftung in Kraft trat.

Bis dahin gab es aber viele Stolpersteine, folgenreiche Beschlüsse und Verträge:
Im Januar 1949 mußte Winifred wegen ihres Nahverhältnisses zum Dritten Reich die Leitung der Festspiele abgeben, ohne aber auf den Besitz des Wagnertheaters zu verzichten. In einer Vereinbarung vom 25. April 1950 umging sie die testamentarisch festgelegte Gleichberechtigung ihrer vier Kinder, indem sie ihren beiden Söhnen allein das Recht gab, die Festspiele zu führen. Wieland und Wolfgang mieteten nun das Festspielhaus von ihrer Mutter; beide leiteten nach

dem Krieg die Festspiele als selbstverantwortliche Unternehmer. Die Töchter und Schwestern wurden von der Teilhabe am ideellen Erbe Bayreuth ausgeschaltet und konnten erst Jahrzehnte später vom Geldsegen bei Errichtung der Stiftung mitprofitieren. Aber Geld heilt bekanntlich nicht alle Wunden.

In einem kapitalen Vertrag, desaströs in seinen Folgen für einzelne Zweige der Familie – dem „Gesellschaftervertrag" – beschlossen die Brüder im April 1962, die Gründung einer Gesellschaft bürgerlichen Rechts „Festspiele Bayreuth" mit Beteiligung zu gleichen Teilen. Beim Tode des einen Gesellschafters übernähme der andere seinen Gesellschaftsanteil, „wobei eine Auseinandersetzung mit den Erben des Verstorbenen nicht stattfindet"; lediglich für eine Witwenrente sollte gesorgt sein. Als Wieland, der Ältere, vier Jahre danach, 1966, stirbt, ist Wolfgang der alleinige Festspielleiter unter Beibehaltung des Mietvertrages mit seiner Mutter über das Festspielhaus. Die Witwenrente für die Witwe Wielands mußte freilich über Jahre und mit vielen Konzessionen an die Bedingungen, die Festspielleiter Wolfgang stellte, erstritten werden.

Allmählich wuchsen die Urenkel Richard Wagners heran, elf an der Zahl. Um diese von der Plünderung der Archive abzuhalten – immer mal verschwand ein kostbares Erbstück aus den Kammern und Schränken und keiner war's gewesen – vor allem aber zur Sicherung des Fortbestandes der Festspiele, die als Privatunternehmen anachronistisch geworden waren, entschloss sich die Familie 1973 zur Gründung der Richard-Wagner Stiftung.

Die Verhandlungszeit währte sieben Jahre, bis im Mai 1973 neben der Familie sieben Vertreter der Öffentlichen Hand – des Innenministeriums, des Bayerischen Staatsministeriums für Unterricht und Kultus, der Stadt Bayreuth, der Gesellschaft der Freunde von Bayreuth, der Oberfrankenstiftung und der Bayerischen Landesstiftung – die Stiftungsurkunde unterzeichneten. Jedem Wagner-Stamm kam eine Stimme im insgesamt 24-stimmigen Chor des Stiftungsrates zu, wobei die Stimmanzahl abgestuft nach Höhe der Subventionsgebung – jeweils fünf Stimmen kamen auf den Bund und Bayern. Vertreter dieser Institutionen sitzen bis heute im Stiftungsrat auch deswegen – so schreibt Wolfgang Wagner – weil sie dazu beitrugen, der Familie eine Entschädigung von 12,4 Millionen DM für die Einbringung ihres fabulösen Archivs zu zahlen. Dieser aus heutiger Sicht abenteuerlich geringe Verkaufspreis beruhte auf den Schätzungen durch die Bayerische Staatsbibliothek und die Firma Stargardt, immer der Tatsache Rechnung tragend, dass das Archiv der Stiftung als Einheit übergeben werden sollte. Als deutsches Kulturgut durfte es ohnehin nicht ins Ausland verkauft werden – was den Wagners keinen Verhandlungsspielraum gegenüber der Öffentlichen Hand ermöglichte.

Unentgeltlich dagegen wurde der Stiftung das Festspielhaus übergeben; die Stiftung ist seither Eigentümerin des Wagnertheaters. Verschenkt wurde auch

Wahnfried - an die Stadt Bayreuth mit der Auflage, das Gebäude der Stiftung als Dauerleihgabe zu überlassen und seiner Verwendung als Museum zuzuführen.

Schenkungen waren dies deshalb, weil solche Geschenke auf Dauer ja kostspielig sind, nicht nur die Erhaltung und Verwandlung Wahnfrieds aus einer Privatvilla in ein Museum, sondern auch die Fortführung der Festspiele im Festspielhaus. Der Kartenerlös allein spielte immer etwa nur die Hälfte der Ausgaben ein. Wirklich „verkauft" wurde nur das von Winifred Wagner bewohnte „Siegfried-Wagner-Haus" – gleich neben Wahnfried. Nach Winifreds Tod – der 1980 erfolgte – sollte dieses Haus ebenfalls an die Stiftung fallen. Dort, in dem im lupenreinen Stil der dreissiger Jahre gebauten Haus – einem veritablen Zeitgeschichte-Denkmal! – ist heute das Richard-Wagner-National-Archiv untergebracht und aus den Schlafzimmern, in denen Adolf Hitler nächtigte und später dann auch Winifreds Enkelkinder, sind Büroräume geworden.

Zu den Aufgaben der Stiftung gehören also auch die Förderung der Richard-Wagner-Forschung und die Pflege des künstlerischen Nachlasses. Die Listen, in denen der Archivinhalt aufgeführt wurde, wuchsen zu dicken Konvoluten heran. In den vielen Schränken lagen die Musik-, Dichtungs- und Prosamanuskripte und die Briefe Richard Wagners, die Briefe an Richard Wagner und seine Familie, die Briefe von Mitwirkenden der Bayreuther Festspiele, das historische Bild- und Urkundenmaterial zur Lebensgeschichte Richard Wagners und die Briefe und Manuskripte von Cosima Wagner und Franz Liszt. Darüber hinaus waren da die Bibliothek Richard Wagners und das Festspiel-Archiv. All dies, so die Stiftungssatzung, solle der „Allgemeinheit dauernd erhalten werden."

Mit der Tätigkeit des Erhaltens und Konservierens sollte sich die Stiftung aber eben nicht bescheiden. Zu ihren Aufgaben gehört auch das Lebendig-Erhalten der Festspiele selbst. Und das sah grundsätzlich so aus: Während die Öffentliche Hand an der Verwaltung der Stiftung maßgeblich beteiligt war, sollte die Veranstaltung der Festspiele in den Händen von Mitgliedern der Familie bleiben. Dafür erfand man einen merkwürdigen, gummiartig dehnbaren Paragraphen in der Stiftungssatzung. Laut dieses § 8 der Satzung soll das Festspielhaus an ein Mitglied der Familie Wagner als eigenverantwortlichen Unternehmer vermietet werden, wenn der Stiftungsrat dieses Familienmitglied für die Leitung der Festspiele für geeignet befindet. Für den Fall der Fälle, wenn der Stiftungsrat Zweifel hätte, ob ein Mitglied oder mehrere Mitglieder der Familie Wagner geeignet seien für den Posten des Festspielunternehmers, sollten – als Sachverständige – die Intendanten großer deutscher Opernhäuser darüber entscheiden. Sicherlich war es schwierig, die Zukunft vorzuordnen, ohne sie zu verbauen, dennoch ist dies alles sonderbar.

Wie schon 1949, wird der personalrechtliche Vorgang der Installierung einer künstlerischen Intendanz über den schuldrechtlichen Vorgang eines Mietvertrags geregelt. Verständlich wird dieser Weg über den Mietvertrag nur, wenn man die Absicht dahinter erkennt: Dem Unternehmer sollte auf diese Weise die größtmögliche künstlerische *und* unternehmerische Freiheit garantiert werden. Über eine Vermietung schien das eher möglich als über den sonst üblichen Intendantenvertrag, bei dem der Festspielleiter dem Rechtsträger gegenüber immer irgendwo weisungsgebunden bleibt. Wir sehen an dieser Stelle besonders deutlich, wie kompliziert die verschiedenen Bayreuther „Problemfelder" ineinandergreifen.

Mit der Schenkung des Festspielhauses an die Stiftung wurde die Stiftung auch Mietvertragspartner des – nach dem frühen Tod seines Bruders – alleinigen Festspielleiters Wolfgang Wagner. Er war Mieter des Festspielhauses, Einzelunternehmer, bis er, im Jahr 1986, diesen Mietvertrag einbringt in die von ihm gegründete Bayreuther Festspiele GmbH. „Wolfgang Wagner GmbH" hätte man diese besser nennen sollen, setzte er sich doch als deren alleiniger Gesellschafter und Geschäftsführer ein. Und vier Jahre später gelingt ihm ein zusätzlicher Coup, der entscheidend werden sollte für den weiteren Verlauf der Bayreuther Festspiele nach seinem Wünschen. Der bisherige – noch von Winifred mit ihren Söhnen Wieland und Wolfgang abgeschlossene und von Wolfgang vertragsgemäß fortgesetzte – Mietvertrag wurde am 6. Juni 1990 durch einen neuen Mietvertrag ersetzt. Seine Laufzeit war mit der Dauer der Festspielleitung von Wolfgang identisch. Nach Niederlegung seines Amtes würde – nach den Grundsätzen des BGB – der Mietvertrag weiterhin gelten. Oder doch nicht? Darüber später noch ein Wort.

In jedem Fall war mit 1990 erst einmal ein Faktum geschaffen, das Wolfgang Wagner einen papstähnlichen Status verschaffte. Er konnte bestimmen, wann er das Mietverhältnis beendet, bestimmen, wann er zurücktreten würde. In anderen Worten: Er hat sich einen Mietvertrag auf Lebenszeit ausgehandelt, war unkündbar geworden. Nun war er in der Lage, den Stiftungsrat – dem er obendrein als Festspielleiter vorstand, zusammen mit dem geschäftsführenden Oberbürgermeister von Bayreuth und einem Vertreter Bayerns – nach seinen Maßgaben zu dirigieren. Der Stiftungsrat war erpressbar geworden. Dies kam vor allem in der Regelung seiner Nachfolge zum Tragen. Es geschah folgerichtig, was jedermann über Presse und Medien mitverfolgen konnte: Ein etwa zehn Jahre andauerndes Nachfolge-Gerangel, dessen Charakter einer Farce die Öffentlichkeit amüsierte und den Stiftungsrat blamierte. 1999 erlaubte der 80-jährige Wolfgang die Einleitung des Procedere einer möglichen Nachfolge, winkte aber stets wieder ab, wenn ihm die Sache nicht passte – einmal, weil er seine Ehefrau dafür nicht durchbringen konnte, zum anderen, weil er seine vom Stiftungsrat 2001 gewählte Tochter Eva nicht für befähigt hielt. Erst 2008, als es für die Stiftung unhaltbar wurde, öffentlich zu behaupten, daß der inzwischen auch demente Greis

Wolfgang noch als Leiter fungiere und auch seine Gattin, da plötzlich verstorben, keine gefährliche Wahloption mehr darstellte – ließ er sich von den Geldgebern und Politikern dazu bewegen, zurückzutreten, aber nur zugunsten seiner Wunschkandidatin und Tochter aus zweiter Ehe, Katharina. Da diese aber zu jung für das große Amt schien, setzte man alles dran, um den Vater davon zu überzeugen, daß sie mit seiner Tochter aus erster Ehe – der um eine Generation älteren und von ihm nicht gewollten Eva – gekoppelt werden müsse.

Man kann es nicht anders sagen: Es war Wolfgang Wagner gelungen, den Charakter des alten Privattheaters inmitten der öffentlichen Stiftung, die dieses Theater zu einem „deutschen Nationaltheater" machte, auf geradezu monarchistische Weise für sich zu erhalten – und dabei unternehmerische Risiken zu vermeiden. Im Unterschied zu Wotan, der sich als „Knecht" seiner Verträge wiederfand, war Wolfgang ein Meister von Verträgen. Er selber nennt die Zahl von 26 Verträgen – darunter beispielsweise der Versorgungsvertrag von 1986 mit der GmbH und, 1987, eine Vereinbarung über eine Geschäftsanteilsabtretung. Er verkaufte der Stiftung sein „geistiges Eigentum" für 800.000 DM als „Zustiftung" – die Erben des „geistigen Eigentums" von Wieland Wagner, dem künstlerischen Erneuerer von Bayreuth, gingen dagegen leer aus.

Als Wolfgang Wagner 2008, nach 42 Jahren Alleinherrschaft über die Bayreuther Festspiele, zurücktrat, erlosch damit auch seine Funktion als alleiniger Gesellschafter der Festspiel-GmbH. Die Geschäftsanteile dieser GmbH wurden zu je 25% an die Bundesrepublik Deutschland, den Freistaat Bayern, die Stadt Bayreuth sowie an den Verein der Mäzene der „Gesellschaft der Freunde Bayreuths" übertragen. Daß darin eine Enteignung der Stifterfamilie inbegriffen war, sei hier angemerkt; sie geht auf Wolfgang Wagners Konto, der, nach eigenen Aussagen, lange Zeit „der letzte Wagner" auf dem Hügel sein wollte. Doch wie immer: Diese vier Gesellschafter bilden nun den Verwaltungsrat, der in Vertragsverhandlungen mit der vom Stiftungsrat der Richard-Wagner-Stiftung gewählten neuen Leitung treten muß.

Erlauben Sie mir, kurz auf die Probleme einzugehen, die sich der Stiftung seither stellen. Wir müssen sie zur Kenntnis nehmen, soll die Zukunft der Richard-Wagner-Stiftung nicht verspielt werden.

2008 schloß die Bayreuther Festspiel-GmbH die Verträge mit der derzeitigen Festspielleitung – den Töchtern Wolfgang Wagners – ohne daß der Stiftungsrat genauere Kenntnis vom Inhalt der Verträge dieser Festspielleiterinnen bekam. Ein neuer Mietvertrag zwischen Stiftung und GmbH wurde nicht abgeschlossen. Der alte gilt, bis es zu einem neuen Mietvertrag kommt. Solange dieser alte Mietvertrag aber gilt, ist er – wie bei Wolfgang Wagner – an die Dauer der jeweiligen und unveränderten Festspielleitung gekoppelt. Es ist daher mehr als fraglich, ob der mit Wolfgang Wagner bzw. der GmbH 1986 abgeschlossene

Vertrag weiter gelten kann, ob er nicht neu verhandelt werden müsste, und ob der Verwaltungsrat der Festspiele GmbH als Mieter des Hauses überhaupt ohne Mitwirkung der Stiftung nun über die bald anstehende Fortsetzung der Verträge der beiden amtierenden Festspielleiterinnen verhandeln kann. Dies ist deshalb strittig – hören Sie genau zu, es ist kniffelig! – weil die GmbH zwar jetzt die Unternehmerin der Festspiele ist, aber die Gesellschafter der Öffentlichen Hand ja selbst keinerlei künstlerischer Freiheit bedürfen, da sie die eigentliche Festspielleitung an zwei Geschäftsführerinnen übertragen haben, denen in ihren Verträgen die künstlerische Freiheit für ihr Wirken ja garantiert wurde. Aber der ideelle Sinn der Stiftungssatzung, das Festspielhaus an einen Unternehmer zu vermieten, um diesem die volle sowohl künstlerische als auch unternehmerische Freiheit zu garantieren, ist mit der Übergabe der Geschäftsanteile an Bund, Freistaat, Stadt Bayreuth und an die „Gesellschaft der Freunde Bayreuths" verloren gegangen: eine radikale Veränderung der Geschäftsgrundlage.

Pikant an der Konstruktion ist zudem, daß der Vorstand der Richard-Wagner-Stiftung nahezu identisch ist mit den Gesellschaftern der Bayreuther Festspiele-GmbH. Mieter und Vermieter sind also dieselben, was – nach § 181 BGB – die Frage nach ungültigen Rechtsgeschäften zwischen Stiftung und GmbH generell aufkommen lassen könnte. Ebenso brisant ist die Tatsache, dass in diesem Stiftungsvorstand auch die Festspielleitung (Eva Wagner-Pasquier) sitzt, also die Geschäftsführerin derjenigen GmbH, die wiederum Vertragspartner der Stiftung ist. Die Festspielleitung kontrolliert sich also über das übergeordnete Gremium selbst.

Eigentlich müßte – mit dem Auslaufen der Verträge von Katharina Wagner und Eva Wagner-Pasquier – eine Beendigung des Mietverhältnisses über das Festspielhaus, wie es zwischen GmbH und Stiftung besteht, festgestellt werden. Nach § 8 der Stiftungssatzung müßte dann freilich das Nachfolge-Verfahren neu aufgerollt werden – ein Gedanke, vor dem die Verantwortlichen zurückschrecken. Rechtlich gesehen wäre dies aber korrekt, zumal schon bei der Wahl der jetzigen Festspielleiterinnen der Umstand hätte irritieren müssen, daß der Stiftungsrat ja nicht – wie in der Satzung vorgeschrieben – über die Vermietung des Festspielhauses an einen Unternehmer befand, sondern über die Anstellung zweier Geschäftsführerinnen, die ihrerseits nicht an der GmbH als Gesellschafter beteiligt, also gar keine Unternehmerinnen im Sinne der Stiftungssatzung sind, sondern weisungsgebundene, angestellte Intendantinnen. Es ist also genau das eingetreten, was die Stifter bei der Gründung der Richard-Wagner-Stiftung 1973 eigentlich vermeiden wollten. Ein doppelter Satzungsbruch.

Satzungsbrüche gebieten eine Anrufung der Stiftungsaufsicht – was aber hier wenig Aussicht auf Erfolg hätte. Nach Artikel 10 und 11 des Bayrischen Stiftungsgesetzes obliegt die untere Stiftungsaufsicht der Bezirksregierung, die obere dem zuständigen Fachministerium. Konkret also in diesem Falle dem Regierungspräsidenten der Regierung von Oberfranken, Wilhelm Wenning, und dem Ministerialdirigenten Toni Schmid vom Bayerischen Staatsministerium für Wissenschaft, Forschung und Kunst. Ersterer ist Vorsitzender des Vorstands der Richard-Wagner-Stiftung und letzterer ist in Personalunion Vorsitzender des Stiftungsrates und Vorsitzender des Verwaltungsrats der Bayreuther Festspiele-GmbH.

Der Verdacht liegt nahe, dass Wolfgang Wagner das Konstrukt mit der GmbH deshalb erfunden hat, damit die inzwischen weitverzweigte Rest-Familie aus dem 24-stimmigen Stiftungsrat heraus nie wieder Einfluß auf das Nachfolgeverfahren nehmen kann und das überschaubare vierköpfige Personal der GmbH der Vertragspartner der Festspielleitung bleibe. Die Festspielleitung würde dann künftig nicht mehr vom Stiftungsrat, sondern von den Gesellschaftern der GmbH bestimmt werden. Die Voraussetzung für diesen reibungslosen Mechanismus wäre aber, dass die GmbH weiterhin Mieterin des Festspielhauses bleibt. Der dreiste Versuch Toni Schmidts, den Stiftungsrat zu einem unbefristeten Mietvertrag zwischen Stiftung und GmbH zu bewegen, scheiterte aber im Oktober 2012. Der Stiftungsrat besteht auf seinem verbrieften „Königsrecht", die Festspielleitung auch künftig zu benennen.

Die Angelegenheit ist also verfahren. Denn obwohl die ganze Welt weiß, dass die Verträge der Festspielleiterinnen 2015 enden, konnte sich der Vorstand der Stiftung noch immer nicht dazu durchringen, das Ende des Mietvertrags festzustellen und das Nachfolgeverfahren damit formell zu eröffnen. Will man Fakten schaffen? Eine Päpstin Katharina? Oder hat man Angst, daß man die sachverständigen Intendanten zusammenrufen müßte, damit sie Ausschau hielten nach einem Leiter von außen – einer Art Lohengrin – der auch ohne Wagnertropfen im Blut qualifiziert wäre?

Es besteht Handlungsbedarf bei der Richard-Wagner-Stiftung. Das setzt aber einiges an Erkenntniswillen und Engagement der beteiligten Gremien und Beamten voraus.

Handlungsbedarf für die Richard Wagner-Stiftung besteht ja auch, was die Zuständigkeiten der Stiftung beim Richard Wagner Museum in Wahnfried betrifft. Hier ist offenbar auch einiges verfahren, sonst stünden die Bayreuth-Besucher – im Wagner-Jubiläumsjahr 2013! – nicht vor einer jammervollen und ausgeräumten Bauruine in einem abgeholzten Wahnfried-Garten. Ist die Stiftungs-Konstruktion daran Schuld? Durch Planungsschwierigkeiten kam es zu Bauverzögerungen, gleichzeitig ist das zukünftige Nutzungskonzept strittig und die damit zusammenhängenden Kosten unkalkulierbar. Die Villa ist Eigentum der Stadt Bayreuth, die es der Stiftung als Museumsbetrieb zu Verfügung stellt. Die Stiftung ist also Trägerin des Museums, entscheidet auch über die Museumsleitung und das Museumspersonal. Diese werden aber von der Stadt gestellt und bezahlt, sind dienstrechtlich also städtische Angestellte, ihr inhaltliches Tätigkeitsprofil aber leiten sie vom ideellen Stiftungsauftrag her. Wie soll das gehen? Unübersichtliche Zuständigkeiten sorgen auch dafür, daß die Fassade des Festspielhauses zurzeit wegen Baufälligkeit notdürftig gesichert werden muß.

Eine weitere „Baustelle" ist das Archiv bzw. die Archive, die in den unterschiedlichen Institutionen und Immobilien verwahrt und mehr oder minder professionell betreut und aufgearbeitet werden. Zunächst das Nationalarchiv, das den Nachlaß Richard Wagners betreut; dann das Festspielarchiv, für das sowohl die Stiftung als Besitzerin der Immobilie, aber auch die Festspielleitung als operativer Betreiber zuständig sein dürften. Die Zuständigkeiten für Fotos, Requisiten, Kostüme und andere Asservate der Inszenierungsgeschichte seit 1951 scheinen aber ungeklärt. Eine Dokumentation und öffentliche Präsentation der Baugeschichte des Festspielhauses ist ebenso überfällig. So warten beispielsweise 14 Bände der Bautagebücher Wolfgang Wagners, wenn schon nicht auf Auswertung, so doch auf professionelle Archivierung.

Meine Damen und Herren, ich wiederhole: Die Richard Wagner Stiftung ist eine der bedeutendsten Kulturstiftungen Deutschlands und es ist angesichts ihrer internationalen Bedeutung vollkommen inakzeptabel, daß so viele ungeklärte Verhältnisse – auf Grund einer juristisch fragwürdigen, handwerklich schlecht gemachten, faktisch nicht praktikablen und völlig unzeitgemäßen Stiftungssatzung – die Zukunft dieser weltbedeutenden Kultureinrichtung weiterhin paralysieren. Ich freue mich auf das gemeinsame Nachdenken der brillanten juristischen Köpfe in diesem Saal. Vielleicht wissen sie Rat, mit welchen Schwerthieben die gordischen Verknotungen in dieser Stiftung zu durchtrennen wären – oder, dem Sujet entsprechender: wie die verfilzten Normengespinste zu entwirren wären, die sich bei der – gar nicht „schicksalhaften", sondern sehr irdischprofitorientierten – Umwandlung des Wagnerschen Privattheaters in einen Staatsbetrieb, bei dem Dazwischentreten eines GmbH-Verwaltungsrates bei der Ernennung der Festspielleitung und bei den verschiedenen Zuständigkeiten in der Pflege des künstlerischen Nachlasses mitsamt Museumsgestaltung gebildet haben. Wir sind es dem Gründer der Bayreuther Festspiele und seinem Vermächtnis schuldig.

Die Richard-Wagner-Stiftung – eine nicht ganz alltägliche Stiftung

Wilhelm Wenning[*]

A. Einleitung

„Verträge halte Treu! Was du bist, bist du nur durch Verträge."

Dieser Aufforderung Richard Wagners aus dem „Rheingold" nachzukommen, ist im Hinblick auf die Richard-Wagner-Stiftung mitunter gar nicht so einfach. Beschäftigt man sich nämlich näher damit, stößt man auf ein undurchsichtiges Geflecht von Bestimmungen und Regelungen, angefangen mit dem Testament von Winifred und Siegfried Wagner über die Stiftungsurkunde, die Stiftungssatzung, Geschäftsordnungen, Miet-, Überlassungs- und Gesellschaftsverträgen und Vielem mehr.

Einem Geflecht von Regelungen, die zwar untereinander mehr oder weniger zusammenhängen, aber nicht immer zusammenpassen und, was noch erschwerend hinzukommt, zu einem großen Teil nicht mehr dem neuesten rechtlichen oder tatsächlichen Stand entsprechen. Doch der Reihe nach.

B. Die „alltägliche" Stiftung

Wenn man behauptet, die Richard-Wagner-Stiftung sei eine „nicht ganz alltägliche" Stiftung, dann muss man sich erst einmal vor Augen führen, ob es denn überhaupt eine „alltägliche" Stiftung gibt und wenn ja, wie eine solche aussieht.

Ich glaube, Sie stimmen mir zu, wenn ich behaupte, dass das Wesen einer Stiftung darin liegt, Kapital hinzugeben, das nicht verbraucht werden soll. Vielmehr sollen dessen Früchte einem bestimmten Zweck dienen, nämlich dem vom Stifter festgelegten Zweck.

Deshalb sind Kapital und Stifterwille die Grundelemente einer Stiftung. Wenn dies vorliegt, wenn der Stifterwille nicht auf etwas Außergewöhnliches abzielt und wenn auch sonst – etwa in der Satzung – keine Besonderheiten verfügt sind,

---

[*] Der Autor ist Regierungspräsident des Regierungsbezirks Oberfranken und Vorsitzender der Richard-Wagner-Stiftung.

dann kann man zweifellos von einer „alltäglichen" Stiftung sprechen. Es gibt sie also!

In Oberfranken existieren zum Stichtag 31.12.2012 insgesamt 325 rechtsfähige öffentliche Stiftungen. Zum weitaus überwiegenden Teil handelt es sich um typische – um alltägliche - Stiftungen im vorgenannten Sinne, die z.B. soziale Zwecke verfolgen oder sich mit Erziehung, Wissenschaft, Kunst und Kultur als den klassischen Betätigungsfeldern beschäftigen. Umwelt, Energie, Ökologie, das sind Zwecke, die besonders in den letzten Jahren hinzugekommen sind. Und nicht zu vergessen die Bürgerstiftungen. Hier erleben wir derzeit einen wahren Stiftungsboom.

Es sind überwiegend Stiftungen mit überschaubar besetzten Stiftungsorganen. Überschaubar ist meist auch das Stiftungsvermögen, wobei wir bei der Regierung von Oberfranken für Neuerrichtungen in der Regel ein Mindestkapital von 50.000.- Euro verlangen. Es sind Stiftungen, die meist völlig unspektakulär ihren Stiftungszweck erfüllen und nur selten im Licht der Öffentlichkeit stehen.

C.   Die „Richard-Wagner-Stiftung" im Licht der Öffentlichkeit

Ganz anders die Richard-Wagner-Stiftung. Sie steht, und das ist der erste Punkt des „Nicht-Alltäglichen", eigentlich ständig im Rampenlicht. Das Interesse der Öffentlichkeit, das Interesse der Medien ist groß.

Allein schon der Name „Richard Wagner" sorgt für Aufmerksamkeit auf der ganzen Welt. Einmal im Jahr, zur Zeit der Festspiele im Juli und August, ist die Aufmerksamkeit besonders groß. Die Eröffnung der Festspiele ist dabei das „Highlight", wenn die Prominenz aus Politik, Film und Fernsehen den „Grünen Hügel" erklimmt. Ganz besonders groß ist das Interesse natürlich im Jahr 2013, in dem der 200. Geburtstag Richard Wagners gefeiert werden kann.

Eine der fundamentalen Fragen, die derzeit die Presse beschäftigt, ist beispielsweise, ob das Festspielhaus auch während der Festspielsaison von einem Gerüst umgeben sein wird.

Dabei wird vielfach – dazu im Einzelnen aber später – der Einfluss der Stiftung überschätzt. Hinzu kommt, dass sich noch weitere Stiftungen dem Werk Richard Wagners angenommen haben, wie z.B. die Richard-Wagner-Stiftung-Leipzig, die Richard-Wagner-Stipendienstiftung und die Stiftung „Freunde von Bayreuth".

Die Festspiele selbst werden von der „Bayreuther Festspiele GmbH" veranstaltet. Es ist natürlich überaus positiv zu werten, wenn sich möglichst viele Akteure des Vermächtnisses von Richard Wagner annehmen. Der Überschaubarkeit und damit verbunden einer positiven öffentlichen Darstellung, insbesondere im Hinblick auf die Zuständigkeiten, ist dies allerdings nicht immer dienlich.

Genauso wie die bereits angesprochenen unübersichtlichen Regelungen und Bestimmungen. Die an Wagner interessierte Öffentlichkeit unterscheidet nämlich nicht immer zwischen den verschiedenen Stiftungen und Gremien und sie kann nicht immer die unterschiedlichen Zuständigkeiten überblicken. Für sie ist es oftmals einfach unverständlich, dass viele Dinge nicht zeitnah vorangebracht werden und die Verantwortlichen nicht immer mit einer Stimme reden.

D.   Der Aufbau der Stiftung

Damit wäre ich schon beim zweiten Punkt des „Nicht-Alltäglichen". Der Aufbau der Richard-Wagner-Stiftung und damit verbunden das Geflecht von Regelungen, das den Stiftungsalltag maßgeblich bestimmt.

Wie wir bereits von Frau Prof. Dr. Nike Wagner gehört haben, bedurfte es mehrerer Anläufe, bis es schließlich 1973 zur Errichtung der Stiftung kam.

Richard Wagner selbst, später Siegfried Wagner und schließlich mehrere Wagner-Verbände befassten sich bereits vor dem 1. Weltkrieg und dann zwischen den Kriegen mit der Stiftungsidee. Es war ein weiter Weg, bis letztendlich nach langen und schwierigen Verhandlungen mit Urkunde vom 02. Mai 1973 die Richard-Wagner-Stiftung als rechtsfähige und gemeinnützige öffentliche Stiftung des bürgerlichen Rechts entstanden ist.

Allein schon diese langwierige Geschichte deutet darauf hin, wie schwierig es war und auch heute noch ist, die berechtigten, aber teilweise doch sehr unterschiedlichen Interessen der Familie Wagner, von Bund, Land, Stadt und Freunden unter einen Hut zu bringen. Dies kommt natürlich auch in den komplizierten Regelungen, insbesondere in der Stiftungssatzung zum Ausdruck.

So sind z.B. im Stiftungsrat 7 Institutionen und die Familie Wagner vertreten. Ich spreche der Einfachheit halber von 8 Mitgliedern des Stiftungsrates. Dabei beträgt die Stimmenzahl im Stiftungsrat 24. Diese 24 Stimmen sind aber nicht gleichmäßig auf die Mitglieder verteilt, wie die Übersicht zeigt.

So entfallen auf den Bund und das Land je 5 Stimmen, die Familie Wagner 4 Stimmen, die Stadt Bayreuth 3 Stimmen, die Gesellschaft der Freunde von Bayreuth, den Bezirk Oberfranken und die Bayerische Landesstiftung je 2 Stimmen und auf die Oberfrankenstiftung 1 Stimme.

Nähere Regelungen zur Stimmausübung sind nur im Hinblick auf die Familie Wagner getroffen. So steht von den 4 Stimmen jedem Stamm der 4 gemeinschaftlichen Abkömmlinge von Siegfried und Winifred Wagner eine Stimme zu.

Die übrigen Mitglieder sind grds. mit einem Vertreter im Stiftungsrat präsent, dessen Stimme dann entsprechend der Satzung ein Vielfaches zählt.

Als weiteres Stiftungsorgan gibt es den Vorstand, der aus 3 Mitgliedern besteht.

Je ein Mitglied wird vom Bund und vom Freistaat Bayern bestellt. Ist der Leiter der Festspiele ein Abkömmling Richard Wagners, so ist er zugleich das dritte Vorstandsmitglied. Sind mehrere Abkömmlinge Leiter der Festspiele, so ist, wenn sie sich nicht einigen, der Älteste von ihnen Vorstandsmitglied. Die einzelnen Vorstandsmitglieder müssen nicht unbedingt als Vertreter eines Mitglieds im Stiftungsrat tätig sein. Die 3 Vorstandsmitglieder wählen aus ihrer Mitte einen Vorstandsvorsitzenden.

Letztendlich gibt es noch einen Geschäftsführer, wobei dies grds. der jeweilige Oberbürgermeister bzw. derzeit die Oberbürgermeisterin der Stadt Bayreuth ist. Wollte die Stiftung das nicht, so müsste sie auf eigene Kosten einen Geschäftsführer anstellen.

Die Satzung wird ergänzt durch einzelne Geschäftsordnungen jeweils für den Stiftungsrat und den Vorstand.

Man muss kein großer Stiftungsexperte sein, um allein an diesen Regelungen zu erkennen, dass sich die Richard-Wagner-Stiftung nicht gerade durch schnelle und unbürokratische Entscheidungswege auszeichnet.

Es stellt sich schon die Frage, ob die Richard-Wagner-Stiftung, so wie sie jetzt dasteht, in der Lage ist, die operativen Geschäftsfelder, also Festspiele, Archiv, Museum, Denkmalpflege, so zu betreuen und zu moderieren, wie sie das eigentlich sollte.

E.   Der Stiftungszweck

Zumindest auf den ersten Blick überhaupt nicht ungewöhnlich und daher eher dem Alltäglichen zuzuordnen, ist der Stiftungszweck. Denn dieser ist aus der Sicht der Familie Wagner und der weiteren Stifter völlig legitim.

Unter ausdrücklicher Bezugnahme auf das gemeinschaftliche Testament von Siegfried und Winifred Wagner vom 08.03.1929 besteht der Zweck der Stiftung im Wesentlichen darin, den künstlerischen Nachlass Richard Wagners und das Festspielhaus dauernd der Allgemeinheit zu erhalten und zugänglich zu machen. Darüber hinaus soll das Festspielhaus stets den Zwecken dienstbar gemacht werden, für die es sein Erbauer bestimmt hat, also einzig der festlichen Aufführung der Werke Richard Wagners. Schließlich soll die Richard-Wagner-Forschung und das Verständnis für die Werke Richard Wagners insbesondere bei der Jugend und beim künstlerischen Nachwuchs gefördert werden.

Doch die Richard-Wagner-Stiftung wäre nicht sie selbst, wenn nicht auch bzgl. des Stiftungszwecks nicht-alltägliche Aspekte von Belang wären. Genau betrachtet ist der Stiftungszweck im Gegensatz zu vielen alltäglichen Stiftungen nämlich sehr begrenzt. Tatsächlich ist er im Wesentlichen fokussiert auf ein Thema, nämlich die festliche Aufführung der Werke Richard Wagners im Festspielhaus Bayreuth. Dies klingt nach einer interessanten und dankbaren Aufgabe. Das ist es wohl auch. Es klingt auch relativ einfach. Das ist es aber nicht. Hier komme ich wieder auf das Geflecht von Regelungen und Beziehungen zurück, wodurch die Verwirklichung des Stiftungszwecks nicht immer erleichtert wird. Ein Mietvertrag zwischen der Stiftung und der „Bayreuther Festspiele GmbH", der rechtlich und tatsächlich nicht mehr auf der Höhe der Zeit ist, Bestimmungen zur Berufung der Festspielleitung in der Stiftungssatzung, ebenso aber auch in der Satzung der GmbH, um nur einige Punkte zu nennen. Dies alles erschwert die Erreichung des Stiftungszwecks nicht unerheblich.

F.   Stiftungsvermögen

Und nicht zuletzt das Stiftungsvermögen, das auch nur sehr bedingt geeignet ist, den Stiftungszweck zu befördern, womit ich beim vierten Punkt der „Nichtalltäglichkeit" der Richard-Wagner-Stiftung wäre. Das Stiftungsvermögen gehört zu den Grundelementen einer Stiftung, welches ihr im Normalfall ermöglicht, aus seinen Früchten den Stiftungszweck zu erfüllen. Bei der Richard-Wagner-Stiftung ist dies alles etwas komplizierter.

Das Stiftungsvermögen besteht hier im Wesentlichen aus:

- dem Festspielhaus
- dem Anspruch gegen die Stadt Bayreuth auf leihweise Überlassung des Hauses Wahnfried mit allen Nebengebäuden und dem Park
- dem Anspruch gegen die Bundesrepublik, die Bayerische Landesstiftung und die Oberfrankenstiftung auf leihweise Überlassung des Richard-Wagner-Archivs einschließlich Bibliothek und Zubehör
- sowie den Forderungen gegen den Freistaat Bayern, die Stadt Bayreuth und den Bezirk Oberfranken auf laufende Unterstützung nach Maßgabe der Stiftungsurkunde.

Im Klartext bedeutet dies, dass sich das Stiftungsvermögen genau betrachtet auf das Eigentum am Festspielhaus beschränkt. Laut Satzung ist das Festspielhaus an den Festspielunternehmer zu vermieten. Hierbei fließen auch Mietein
nahmen, die im Wesentlichen den Ertrag aus dem Stiftungsvermögen darstellen. Dazu kommen Eintrittsgelder aus dem Museum in der Villa Wahnfried, Archivbenutzungsgebühren und Spenden. Sie können sich vorstellen, dass diese Ein-

nahmen nicht einmal ansatzweise ausreichen, um die Aufwendungen zur Erfüllung des Stiftungszwecks zu decken.

Natürlich hat die Stiftung laut Satzung gegenüber dem Bezirk Oberfranken einen Anspruch auf Personalkostenersatz für eine Schreibkraft und natürlich ist die
Stadt Bayreuth verpflichtet, einen wissenschaftlich vorgebildeten Bediensteten
zur Betreuung des Richard-Wagner-Archivs zu stellen und dafür, wie auch für
die Tätigkeit des Geschäftsführers und für die Pflege der für die Allgemeinheit
zugänglichen Grundstücke am Festspielhaus, keinen Kostenersatz und keine
Vergütung zu verlangen.

Doch letztlich ist die Stiftung auf das Wohlwollen Dritter, v.a. in finanzieller
Hinsicht, angewiesen, um den Stiftungszweck zu erfüllen. Insbesondere auf das
Wohlwollen von Bund, Land und Stadt, was gerade jetzt wieder aktuell in der
Frage zum Ausdruck kommt, wer welchen finanziellen Anteil an der Sanierung
des Festspielhauses trägt.

Die einer „alltäglichen" Stiftung innewohnende Unabhängigkeit ist damit au-
genscheinlich für die Richard-Wagner-Stiftung nicht gegeben. Eine klassische
Stiftung mit einem eigenen, unabhängigen Vermögensstock liegt nicht vor, es
handelt sich vielmehr um eine Art „Zuwendungsstiftung". Also eine Stiftung, die
von Zuwendungen Dritter lebt. Von Dritten, die dadurch – aus Ihrer Sicht durchaus auch nachvollziehbar – natürlich Einfluss nehmen wollen auf das Stiftungs-
geschehen.

G.   Richard-Wagner-Stiftung als „Dienstleistungsstiftung"

Die Richard-Wagner-Stiftung kann man aber nicht nur als „Zuwendungsstif-
tung" bezeichnen. Wollte man sie charakterisieren, so fällt mir der Begriff
„Dienstleistungsstiftung" ein, womit wir beim fünften Punkt des „Nicht-
Alltäglichen" wären. So soll z.B. laut Satzung die Stiftung darauf hinwirken,
dass im Festspielhaus Bayreuth festliche Aufführungen der Werke Richard
Wagners veranstaltet werden.

Im gleichen Atemzug wird jedoch auch festgelegt, dass die Festspiele nicht
von der Stiftung durchgeführt werden, sondern vom Festspielunternehmer, also
der „Bayreuther Festspiele GmbH". Im Hinblick auf den Mietvertrag zwischen
Stiftung und Festspielunternehmer ist darüber hinaus ausdrücklich bestimmt,
dass der Mietvertrag dem Unternehmer die künstlerische Freiheit sichert. Im
Klartext bedeutet dies, dass die Stiftung keinen Einfluss auf die Durchführung
der Festspiele hat – allerdings mit einer wichtigen Ausnahme – dazu aber später.

Über die Trägerschaft des Richard-Wagner-Museums kann die Stiftung zwar auf
dessen Gestaltung einwirken. Mit der Tatsache, dass die Stiftung zur Finanzie-

rung des Betriebs wiederum auf die Zuwendungsgeber angewiesen ist und das Gebäude, nämlich die Villa Wahnfried, im Eigentum der Stadt Bayreuth steht, relativiert sich dieser Einfluss jedoch sehr schnell.

In der Praxis bedeutet dies, die Stiftung muss dafür sorgen, dass die entsprechenden Rahmenbedingungen für die Festspiele, das Museum, das Archiv usw. zur Verfügung stehen, hat dabei aber auf die eigentlichen öffentlichkeitswirksamen Maßnahmen und Veranstaltungen sehr geringen Einfluss und ist – wie schon wiederholt dargestellt – vom Wohlwollen der Zuwendungsgeber abhängig. Die Stellung der Stiftung ist damit zumindest teilweise vergleichbar mit einer nachgeordneten Behörde.

Man könnte, bleibt man beim Vergleich mit einer Behörde, die Stiftung als eine Art „Bündelungsbehörde" betrachten, die ständig bemüht sein muss, die vielfältigen Interessen der Zuwendungsgeber, der Stadt und der Familie Wagner unter einen Hut zu bringen. Im Gegensatz zu einer Behörde fehlt der Stiftung jedoch ein – wie auch immer geartetes – Weisungsrecht, welches oftmals das Handeln und Entscheiden vereinfachen würde.

H.   Die Festspielleitung

Wenn ich ausgeführt habe, dass die Stiftung wenig Einfluss hat, jedoch mit einer Ausnahme, so ist diese Ausnahme zugegebenermaßen sehr gewichtig und steht wie keine andere im Focus der Öffentlichkeit. Somit ist sie wieder – im wahrsten Sinne des Wortes – etwas „Nicht-Alltägliches".

In § 8 Abs. 2 der Satzung ist nämlich bestimmt, dass das Festspielhaus grds. an ein oder mehrere Mitglieder der Familie Wagner oder auch einen anderen Unternehmer zu vermieten ist, wenn ein Mitglied, gegebenenfalls auch mehrere Mitglieder der Familie Wagner, die Festspiele leiten. Dies gilt nur dann nicht, wenn andere, besser geeignete Bewerber auftreten. Die Abkömmlinge von Richard Wagner können dazu im Stiftungsrat Vorschläge machen.

Hat der Stiftungsrat Zweifel darüber, so heißt es weiter im Abs. 3, ob ein Mitglied der Familie Wagner für den Posten des Festspielunternehmers besser oder ebenso gut geeignet ist wie andere Bewerber, so hat der Stiftungsrat die Entscheidung einer dreiköpfigen Sachverständigenkommission einzuholen. Diese Kommission besteht aus den Intendanten von in der Satzung genau bezeichneten Opernhäusern. Kommt eine Entscheidung der Kommission nicht zustande oder muss sofort eine Entscheidung getroffen werden, so entscheidet der Stiftungsrat allein unter Abwägung aller Gesichtspunkte.

Was heißt dies nun konkret?

Sehr verklausuliert und verpackt in die Regelungen zum Abschluss eines Mietvertrages über das Festspielhaus bestimmt der Stiftungsrat über die Festspielleitung.

Jedoch über den Mietvertrag und die Satzung der Bayreuther Festspiele GmbH muss auch diese mit einbezogen werden. Denn in der GmbH-Satzung heißt es sinngemäß, dass als Geschäftsführer nur solche Personen bestellt werden dürfen, die nach der Stiftungssatzung die Festspiele leiten dürfen bzw. als Mieter des Festspielhauses in Frage kommen.

Bislang war dies in der Geschichte der Stiftung erst einmal notwendig, als es um die Nachfolge von Wolfgang Wagner ging. Die "Geburtswehen" von damals sind noch in lebhafter Erinnerung. 2015 läuft der Vertrag von Eva Wagner-Pasquier und Katharina Wagner aus. Man darf schon jetzt auf die Diskussionen im Hinblick auf dieses Datum und letztendlich auf die Entscheidung gespannt sein. Die Öffentlichkeit wird jedenfalls wiederum sehr großen Anteil daran nehmen.

I.   „Baustellen" der Richard-Wagner-Stiftung

Wer die öffentliche Diskussion der letzten Monate verfolgt hat weiß, dass Bayreuth derzeit in aller Munde ist.

Natürlich, weil 2013 das Wagner-Jahr ist und der 200. Geburtstag des „Meisters" zahlreiche Wagner-Anhänger nach Bayreuth locken wird, wo aus diesem Anlass hochkarätige Veranstaltungen angeboten werden. Bayreuth ist aber auch in aller Munde, weil Wagner-Jahr ist und das Festspielhaus aufgrund der bröckelnden Fassade eingerüstet ist. Bayreuth ist in aller Munde, weil Wagner-Jahr ist und die seit Jahren geplante Sanierung der Villa Wahnfried gerade jetzt erst beginnt, obwohl es Bayreuth gut zu Gesicht gestanden hätte, wenn sie in diesem Ausnahmejahr hätte vollendet werden können. Das Festspielhaus steht im Eigentum der Richard-Wagner-Stiftung. Die Stiftung ist damit von der notwendigen Sanierung unmittelbar betroffen. Die Villa Wahnfried steht im Eigentum der Stadt, ist aber der Stiftung leihweise überlassen, um darin das Richard-Wagner-Museum zu betreiben. Von den dortigen Sanierungsmaßnahmen ist die Stiftung damit zumindest mittelbar betroffen.

Es gilt hier – und auch das ist eine nicht-alltägliche Aufgabe – zwei tatsächliche Baustellen zu betreuen und in geordnete Bahnen zu lenken. Dabei, und hier wiederhole ich mich, sind der Öffentlichkeit die komplizierten Zuständigkeitsregelungen kaum zu vermitteln.

Doch auch auf rechtlichem Gebiet gibt es Baustellen. Es gilt, insbesondere die Stiftungssatzung und den zwischen der Stiftung und dem Festspielunternehmer notwendigen Mietvertrag über das Festspielhaus rechtlich und tatsächlich auf den neuesten Stand zu bringen. Prämisse muss hier sein, die Regelungen auf der einen Seite zu vereinfachen, auf der anderen Seite aber auch alle Bestimmungen so zu fassen, dass bestehende Unklarheiten beseitigt werden und zukünftig weniger Probleme im täglichen Stiftungsgeschäft auftreten.

Es geht hier in erster Linie um Zuständigkeiten, die Übernahme von laufenden und einmaligen Kosten und eine Vereinfachung der Entscheidungswege. Dies ist in meinen Augen absolut notwendig, um die großen Aufgaben, die vor uns liegen, besser als in der Vergangenheit bewältigen zu können. Auch das ist nicht unbedingt alltägliches Stiftungsgeschäft. Zumal im Hinblick auf das bereits ausführlich beschriebene Regelungsgeflecht und auf die nicht immer im Gleichklang stehenden Interessen der Beteiligten.

J.   Schluss

Aber im Interesse Richard Wagners und aller Verantwortlichen sollte uns das gelingen. Damit würde zwar aus der Richard-Wagner-Stiftung nicht gleich eine „alltägliche" Stiftung, aber vielleicht ließen sich zumindest die der Stiftung auch innewohnenden alltäglichen Geschäfte etwas einfacher handhaben.

Und nicht zuletzt fiele es allen Beteiligten wieder leichter, nach dem Eingangs erwähnten Zitat Richard Wagners zu handeln: „Verträgen halte Treu! Was du bist, bist du nur durch Verträge."

Kultureller Ensembleschutz als Element der Erinnerungskultur in Bayreuth – Maßgaben für die Auslegung des Stiftungszwecks

Gerte Reichelt[*]

A. Einleitung

Die internationale Musik- und Theaterwelt feiert und ehrt Richard Wagner zum 200. Geburtstag mit einer werkumfassenden Bühnenpräsenz und zeitgleich berichten in- und ausländische Medien über Bausünden aller Art aus Richard Wagners Bayreuth.[1]

[*] Prof. Dr. Gerte Reichelt ist Leiterin des Instituts für Europarecht, Internationales Recht und Rechtsvergleichung – Abteilung Europarecht an der Universität Wien und Mitbegründerin der Forschungsgesellschaft Kunst & Recht. Für wertvolle Information und stets bereichernde Gespräche danke ich Herrn Dr. Markus Kiesel sehr herzlich; sowie Frau Dr. Martina Michor für umsichtige Recherchen und hilfreiche Unterstützung.
1 Siehe *Beer*, Der Wagnerbaustellen-Wahn hat Methode, Tageszeitung Fränkischer Tag Bamberg, Ausgabe vom 2.1.2013.

Ein einzigartiges „Kulturerbe" ist in Gefahr und dies nicht nur wegen der mangelnden Rechtsgrundlage für die Festspielleitung – die Basisbestimmung des Mietvertrages ist seit 2008, dem Zurücktreten von Wolfgang Wagner, erloschen und daher reformbedürftig – sondern insbesondere auch wegen des fehlenden Ensembleschutzes, der nicht in die Denkmalliste des bayerischen Denkmalschutzgesetzes von 1973 eingetragen ist.

Wie sonst wäre es möglich, dass im historischen Park der Villa Wahnfried Bäume gefällt wurden, sodass die Villa Wahnfried in ihrer Funktion als Museum zur Bewahrung des Wagner Archives und der Bibliothek nicht zugänglich ist, um nur zwei Aspekte herauszugreifen.Somit Anlass genug, um sich mit dem Kulturerbe Richard Wagners in Bayreuth auch aus juristischer Sicht auseinander zu setzen.

Bayreuth ist Synonym für einen epochalen Kunst- und Kulturbegriff der Musik-, Theater- und Kulturgeschichte.[2] Ideengeschichtlich – der Praxis und Wirkung nach – sind die Festspiele ein Manifest eines konkreten künstlerischen Willens: Die Wagner Festspielidee folgt im Wesentlichen zwei Grundsätzen:

Dem Kunstwerk seinen Charakter einer Ware zu nehmen und dem Publikum den reinen Konsum von Kunst zu verwehren.

„Nur in der Gesamtheit der theatralischen Kunst vereinigen sich sämtliche Künste zu einem so unmittelbaren Eindruck auf die Öffentlichkeit wie sie ihn keine der übrigen Künste allein für sich hervorbringen kann."

Ihr Wesen ist das der Vergesellschaftung mit Bewahrung des vollsten Rechtes der Individualität.[3] Der „Künstler und die Öffentlichkeit" als zentrale Themenstellung bei Richard Wagner[4] findet sich im „öffentlichen Interesse" als Element der Denkmaleigenschaft als Grundsatz des Denkmalschutzes wieder.[5]

Die Wagner Festspielidee der Demokratisierung im Sinne von Volksnähe führt zum Wunsch nach einem eigenen Theater an einem besonderen Ort. Die Idee des Gesamtkunstwerkes, basierend auf der attischen Tragödie, fordert mit der Festspielidee einen eigenen Geltungsanspruch, was Richard Wagner 1849 in

---

2   Kiesel (Hrsg.), Das Richard Wagner Festspielhaus Bayreuth, Köln 2007; *Lütteken* (Hrsg.), Wagner Handbuch, Kassel 2012; *Borchmeyer*, Das Theater Richard Wagners – Idee – Dichtung – Wirkung, Stuttgart 2013; *Bermbach*, Mythos Wagner, Berlin 2013, S. 234.

3   Siehe *Kiesel/Schuth*, Das Festspielhaus in Bayreuth, in Lütteken (Hrsg.), Wagner Handbuch, Kassel 2012, S. 207.

4   Siehe *Borchmeyer*, Das Theater Richard Wagners (Fn. 2), S. 19.

5   *Bazil/Binder-Kriegelstein/Kraft* (Hrsg.), Das Österreichische Denkmalschutzrecht, Wien 2004, S. 32 ff.

seiner Schrift „Die Kunst und die Revolution" erstmals thematisiert und in seiner Schrift „Das Kunstwerk der Zukunft"[6] weiterentwickelt: [7]

> Das große Gesamtkunstwerk, das alle Gattungen der Kunst zu umfassen hat, um jede einzelne dieser Gattungen als Mittel gewissermaßen zu verbrauchen, zu vernichten zu Gunsten der Erreichung des Gesamtzwecks aller, nämlich der unbedingten, unmittelbaren Darstellung der vollendeten menschlichen Natur – dieses große Gesamtkunstwerk erkennt er [d.h. unser Geist] nicht als die willkürliche mögliche That des Einzelnen, sondern als das nothwendig denkbare gemeinsame Werk der Menschen der Zukunft.

Eine der vornehmsten Aufgaben der Festspielleitung war und ist es „Haus und Hof in Ordnung zu halten und für die Zukunft zu bestellen",[8] d.h. das Festspielhaus darf nicht veräußert werden und soll stets den Zwecken, für die es sein Erbauer bestimmt hat, dienstbar gemacht werden.

Dieses Leitmotiv der Bayreuther Festspiele geht auf das Testament von Siegfried und Winifred Wagner aus dem Jahre 1929 zurück – Richard Wagner verstarb 1883 in Venedig bekanntlich ohne ein Testament hinterlassen zu haben.

Das Richard Wagner Gesamtkunstwerk beschäftigt in seiner schillernden Vielfalt nicht nur Musik- und Theaterwissenschaft, Philosophie, Poesie, Malkunst und Architektur, sondern eben auch die Jurisprudenz.[9]

Das Leitmotiv „Bewahren und Erhalten des Richard Wagner Kulturerbes" leitet über zum Denkmalschutz: Das Recht gewinnt somit eine wichtige Rolle als Element der Erinnerungskultur.[10]

B. Denkmalschutz

I. Bayerisches Denkmalschutzgesetz 1973

So ergibt sich als erste Frage für Schutz und Pflege des Richard Wagner Kulturerbes diejenige nach dem nationalen Denkmalschutz.

---

6   *Richard Wagner*, Das Kunstwerk der Zukunft, Leipzig 1850, Kapitel 5; Siehe *Roch*, Wagners politische Aktivitäten, in Lütteken (Hrsg.), Wagner Handbuch, Kassel 2012, S. 85.
7   Siehe dazu *Kiesel/Schuth*, Das Festspielhaus in Bayreuth (Fn.3), S. 207 ff.
8   Siehe *Wolfgang Wagner*, „Haus und Hof" für die Zukunft zu bestellen, in Kiesel (Hrsg.), Das Richard Wagner Festspielhaus Bayreuth, Köln 2007, S. 8.
9   Siehe *Lütteken*, in *ders.*(Hrsg.), Wagner Handbuch, Kassel 2012, S. IX.
10 Siehe *Jayme*, Rechtliche Verfestigungen der Erinnerungskultur in Archiv für Urheber- und Medienrecht, Band 2008/II, S. 313.

Der Grundwert jedes Denkmales ist die geschichtliche und kulturelle Qualität, die Tatsache, dass im Denkmal Geschichte und Kultur veranschaulicht werden.[11] Im Fall des Richard Wagner Kulturerbes tritt noch die Dimension des Gesamtkunstwerkes hinzu, als Element eines „kulturellen Wirkungsraumes".[12]

Anders als z.B. in Österreich, ist in Deutschland der Denkmalschutz Landessache, was unmittelbar zum bayerischen Denkmalschutzgesetz 1973[13] führt, dessen Art. 1 wie folgt lautet:

Art. 1 Begriffsbestimmungen

(1) Denkmäler sind von Menschen geschaffene Sachen oder Teile davon aus vergangener Zeit, deren Erhaltung wegen ihrer geschichtlichen, künstlerischen, städtebaulichen, wissenschaftlichen oder volkskundlichen Bedeutung im Interesse der Allgemeinheit liegt.

(2) Baudenkmäler sind bauliche Anlagen oder Teile davon aus vergangener Zeit, soweit sie nicht unter Absatz 4 fallen, einschließlich dafür bestimmter historischer Ausstattungsstücke und mit der in Absatz 1 bezeichneten Bedeutung. Auch bewegliche Sachen können historische Ausstattungsstücke sein, wenn sie integrale Bestandteile einer historischen Raumkonzeption oder einer ihr gleichzusetzenden historisch abgeschlossenen Neuausstattung oder Umgestaltung sind. Gartenanlagen, die die Voraussetzungen des Absatzes 1 erfüllen, gelten als Baudenkmäler.

(3) Zu den Baudenkmälern kann auch eine Mehrheit von baulichen Anlagen (Ensemble) gehören, und zwar auch dann, wenn nicht jede einzelne dazugehörige bauliche Anlage die Voraussetzungen des Absatzes 1 erfüllt, das Orts-, Platz- oder Straßenbild aber insgesamt erhaltenswürdig ist.

(4) Bodendenkmäler sind bewegliche und unbewegliche Denkmäler, die sich im Boden befinden oder befanden und in der Regel aus vor- oder frühgeschichtlicher Zeit stammen.

Sowohl das Festspielhaus,[14] Grüne Hügel, Villa Wahnfried,[15] Festspiel-Park und Grabstätte Richard Wagners, unterstehen dem bayerischen Denkmalschutzgesetz und sind in die Denkmalliste eingetragen.

---

11   Siehe *Lipp*, Natur - Geschichte - Denkmal – zur Entstehung d. Denkmalbewusstseins d. bürgerl. Gesellschaft, Frankfurt/Main 1987; Reichelt (Hrsg.), Denkmalschutz in Europa, Wien 2011; Reichelt (Hrsg.), Denkmalschutz in Europa – Schwerpunkt Griechenland und Türkei, 2012.

12   Siehe *Breuer*, Ensemble – ein Begriff gegenwärtiger Denkmalkunde und die Hypotheken seines Ursprungs, in Mörsch/Strobel (Hrsg.), Die Denkmalpflege als Plage und Frage, Festgabe für August Gebessler, München 1989, S. 39.

13   In der Fassung vom 25.6.1973, zuletzt geändert durch Gesetz zur Änderung der Bayerischen Bauordnung, des Baukammerngesetzes und des Denkmalschutzgesetzes vom 27.7.2009.

14   Siehe *Schuth*, in Kiesel (Hrsg.), Das Richard Wagner Festspielhaus Bayreuth, Köln 2007, S. 56.

15   *Kanz*, Die Villa Wahnfried, in Lütteken (Hrsg.), Wagner Handbuch, Kassel 2012, S.202.

Der Denkmalschutz der einzelnen Monumente und des Parks kann aber nicht verhindern, dass Veränderungen, die wenn auch im Einvernehmen mit der Festspielleitung oder der Stadt, die für die Villa Wahnfried zuständig ist, vorgenommen werden, eventuell in Widerspruch mit dem Stifterwillen stehen können.

Es ist somit völlig unverständlich, dass der Ensembleschutz bislang nicht in die Denkmalliste eingetragen ist, stellt doch die Einheit von Festspielhaus, Grüner Hügel, Villa Wahnfried und Festspielpark geradezu den Inbegriff eines Ensemble, eines ideellen Gedankengebäudes, eines Gesamtkunstwerkes dar.[16]

II.   Ensembleschutz

Am Beginn der modernen Denkmalpflege um 1900 standen Ensemble[17] und Kulturlandschaft wie selbstverständlich im Fokus der Aufmerksamkeit auch in der Theorienbildung[18] durch Alois Riegl und Georg Dehio.[19]

Dies geschah nicht unvorbereitet und entsprach der neuen Aufmerksamkeit für ganzheitliche Wahrnehmungen der Romantik. Karl Friedrich Schinkel[20] der Urvater des deutschen Denkmalschutzes formulierte bereits 1803 anläßlich einer Italienreise, daß der Anblick der antiken Bauwerke in der Natur „was Überraschendes hat, was nicht von ihrer Größe als vielmehr von der malerischen Zusammensetzung herkommt".

Aber erst Camillo Sitte,[21] der Wiener Architekt, hat in seiner Schrift „Der Städtebau nach seinen künstlerischen Grundsätzen" den Begriff Ensemble geprägt.[22] Die Ingerenz der Konservatoren sollte sich nicht nur auf Einzeldenkmale

---

16   Siehe *Finger*, Das Gesamtkunstwerk der Moderne, Göttingen 2006, S. 49; Siehe auch *Günther*, Gesamtkunstwerk – Zwischen Synästhesie und Mythos, Bielefeld 1994.

17   Siehe *Breuer*, Ensemble – ein Begriff gegenwärtiger Denkmalkunde und die Hypotheken seines Ursprungs (Fn. 12), S. 38 ff.

18   Siehe *Frodl*, Idee und Verwirklichung – Das Werden der staatlichen Denkmalpflege in Österreich, Wien 1988, S. 140.

19   Siehe, Huse (Hrsg.), Denkmalpflege, München 1984, S. 124 ff.

20   Siehe *Trempler*, Karl Friedrich Schinkel – Baumeister Preussens, München 2012; *Hanke*, Der Baumeister des Königs – Auf den Spuren von Karl Friedrich Schinkel, Hamburg 2012.

21   Siehe *Sitte*, Der Städte-Bau nach seinen künstlerischen Grundsätzen – ein Beitrag zur Lösung modernster Fragen der Architektur und monumentalen Plastik unter besonderer Beziehung auf Wien, Wien 2003.

22   Siehe auch *Euler-Rolle*, Gartendenkmalpflege, Kulturlandschaftspflege und Ensembleschutz in Österreich – theoretische Entdeckung und praktische Distanz, in Stalla/Zeese (Hrsg.), Architektur und Denkmalpflege, Festschrift für Manfred Wehdorn zum 70. Ge-

sondern auch auf Denkmalgruppen von historischer oder malerischer Bedeutung erstrecken, so die k.k. Centralkommission für Kunst und historische Denkmale in Wien. Dieser Grundsatz des ganzheitlichen Sehens fand im berühmten „Katechismus der Denkmalpflege" von Max Dvorak bereits 1914 seinen Niederschlag, der bis heute nicht an Aktualität verloren hat. Es war dann insbesondere Gottfried Semper,[23] seit seiner Dresdener Zeit 1843 mit Richard Wagner eng befreundet, der den Ensembleschutz geprägt und Einfluss auf die Theaterarchitektur im Sinne eines Gesamtkunstwerkes genommen hat; dies nicht nur durch den Bau der Oper in Dresden, sondern durch seine Entwürfe für ein Richard Wagner Festspielhaus, das für München geplant war.

Dass es nicht dazu kam lag daran, daß Richard Wagner kein repräsentatives Opernhaus mehr in München anstrebte. Gleichwohl hat Semper intensiven Beitrag am Festspielhaus Bayreuth eingebracht.

Der Ensembleschutz weist somit eine lange Entwicklung und Tradition auf, der internationale Durchbruch erfolgte allerdings erst um die Mitte des 20. Jahrhunderts, insbesondere durch die Loi Malraux,[24] die die Gesetzgebung zum Schutz des historischen und ästhetischen Erbe Frankreichs durch Vorschriften zum Ensembleschutz und zur Restaurierung von unbeweglichen Denkmalen ergänzen sollte.

Der internationale Bogen spannt sich von der Unesco Kultur- und Naturerbe Konvention 1972 deren Art. 1 lautet:

> Im Sinne dieses Übereinkommens gelten als „Kulturerbe": Ensembles: Gruppen einzelner oder miteinander verbundener Gebäude, die wegen ihrer Architektur, ihrer Geschlossenheit oder ihrer Stellung in der Landschaft aus geschichtlichen, künstlerischen oder wissenschaftlichen Gründen von außergewöhnlichem universellem Wert sind;

bis hin zur Unesco Konvention 2003zur Erhaltung des immateriellen Kulturerbes:

> Art 3: Dieses Übereinkommen darf nicht so ausgelegt werden,
>
> a) dass der Status der im Rahmen des Übereinkommens von 1972 zum Schutz des Kultur- und Naturerbes der Welt zum Welterbe erklärten Güter, mit denen ein Element des immateriellen Kulturerbes in einem unmittelbaren Zusammenhang steht, einer Änderung unterzogen oder der Grad des Schutzes dieser Güter verringert wird oder

---

burtstag, Innsbruck 2012, S. 81; *Dahm*, Die Wiederherstellung eines Gesamtkunstwerks – Camillo Sittes Mechitharistenkirchen in Wien, aaO., S. 69.

23 Siehe *Gottfried Semper*, in Manfred Semper/ Hans Semper (Hrsg.), Kleine Schriften, Mittenwald 1884.

24 LGBl. Nr. 54/1967 vom 10. Mai 1967 bzw. LGBl. Nr. 16/1972 vom 7. Juli 1972; siehe *Wehdorn*, Das kulturelle Erbe – Vom Einzeldenkmal zur Kulturlandschaft,   Innsbruck 2005, S. 36.

b) dass die Rechte und Pflichten der Vertragsstaaten berührt werden, die sich aus einer internationalen Übereinkunft über die Rechte des geistigen Eigentums oder über die Nutzung der biologischen und ökologischen Ressourcen ergeben, deren Vertragsparteien sie sind.

Aber auch die Charta von Athen 1931 „Charta del Restauro",

Am ersten internationalen Kongress der Denkmalpfleger und Architekten wurde die Charta von Athen angenommen. Sie hatte die Gründung internationaler Organisationen zur Stärkung der internationalen Zusammenarbeit und den Schutz von Denkmälern zum Inhalt. Die Charta stellte die Weichen für die weitere Entwicklung des internationalen Denkmalschutzes und erkannte die Wichtigkeit der Erhaltung von Ensembles und den Ortsbildschutz, die

die Charta von Venedig 1964, also die Internationale Charta über die Konservierung und Restaurierung von Denkmälern und Ensembles (Denkmalbereiche),

Art. 1 Der Denkmalbegriff umfaßt sowohl das einzelne Denkmal als auch das städtische oder ländliche Ensemble (Denkmalbereich), das von einer ihm eigentümlichen Kultur, einer bezeichnenden Entwicklung oder einem historischen Ereignis Zeugnis ablegt."]

Art. 7 [Das Denkmal ist untrennbar mit der Geschichte verbunden, von der es Zeugnis ablegt, sowie mit der Umgebung, zu der es gehört],

die Charta von Florenz 1981, Charta der historischen Gärten,

Art. 7 [Der historische Garten kann mit seiner Umgebung eine Einheit bilden, wie dies bei mehreren unbeweglichen Gegenständen der fall sein kann.]

Art. 13 [Bauliche Elemente, Werke der Bildhauerkunst, ortsfeste oder bewegliche Dekorationsgegenstände, die integrierende Bestandteile des historischen Gartens sind, dürfen nur dann entfernt oder anders aufgestellt werden, wenn dies zu ihrer Erhaltung oder Restaurierung unabdingbar ist. Der Ersatz oder die Restaurierung gefährdeter Gartenbestandteile hat entsprechend den Prinzipien der Charta von Venedig zu geschehen, und das Datum eines jeden derartigen Eingriffes ist festzuhalten.].

die Charta von Washington 1987, also die Internationale Charta zur Denkmalpflege in historischen Städten – die Charta sollte genauso wie schon die Charta von Florenz eine Ergänzung der Charta von Venedig darstellen:

Die vorliegende Charta betrifft historische städtische Bereiche, große wie kleine Städte, Stadtkerne oder Stadtteile samt ihrer natürlichen und der vom Menschen geschaffenen Umwelt. Über ihre Rolle als Geschichtszeugnisse hinaus verkörpern sie die Werte traditioneller städtischer Kultur. Doch als Folge der Stadtentwicklung, wie sie die Industrialisierung allenthalben mit sich bringt, sind heute viele dieser Bereiche bedroht, verfallen, beschädigt oder sogar der Zerstörung preisgegeben.

regeln den Ensembleschutz, um nur die wichtigsten internationalen Konventionen hervorzuheben.

Die Problemstellung des Denkmalschutzes von heute ist ganzheitlich geworden und kann auch nur ganzheitlich gelöst werden, somit ist der Ensembleschutz ein in Gesetz, Rechtsprechung und Praxis verfestigter Grundsatz auf internationaler und nationaler Ebene.

Auch die nationalen Denkmalschutzgesetze nehmen um die Mitte des 20. Jahrhunderts Regelungen zum Ensembleschutz in ihre Denkmalschutzgesetze auf.

So normiert das bayerische Denkmalschutzgesetz 1973 in seinem Art 1 Abs 3 den Ensembleschutz wie folgt:

> Zu den Baudenkmälern kann auch eine Mehrheit von baulichen Anlagen (Ensemble) gehören, und zwar auch dann, wenn nicht jede einzelne dazugehörige bauliche Anlage die Voraussetzungen des Absatzes 1 erfüllt, das Orts-, Platz- oder Straßenbild aber insgesamt erhaltenswürdig ist.

Der Grundsatz des Ensembleschutzes ist national und international so stark verfestigt, dass es sich um ein denkmalpflegerisches Prinzip handelt, daß stets berücksichtigt werden sollte und somit auch dann anzuwenden ist, wenn keine Eintragung in die Liste erfolgte.[25]

C. Stiftungen

Stiftungen sind, wie wir heute schon ausführlich gehört haben, vornehmlich geeignet einen bestimmten Stifterwillen und Stiftungszweck dauerhaft zu verfolgen.[26]

Stiftungen verkörpern den Gedanken der Unvergänglichkeit, sie sind sozusagen auf ewig angelegt.[27] An dieser Schnittstelle von Kunst, Kultur und Recht liegt der Fokus des heutigen Themas. Somit ist der Stiftungszweck die Seele der Stiftungsurkunde, die Leitlinie, die angibt welche Ziele die Stiftung zu verfolgen hat.

Die Richard Wagner Stiftung Bayreuth wurde 1973 ins Leben gerufen um die Erhaltung des künstlerischen Nachlasses von Richard Wagners sowie des Festspielhauses zu sichern, sie ist eine nach bürgerlichem Recht errichtete Stiftung und fungiert auch als Trägerin der Bayreuther Festspiele.

Zweck der Stiftung nach § 2 der Satzung ist es, im Sinne des Testamentes von Siegfried und Winifred Wagner vom 8.3.1929

> 1. den künstlerischen Nachlaß von Richard Wagner dauernd der Allgemeinheit zu erhalten;

---

25 Siehe *Reichelt*, Prinzipien der UNIDROIT-Konvention 1995, in dies. (Hrsg.), Rechtsfragen der Restitution von Kulturgut, Schriftenreihe des Ludwig Boltzmann Institutes für Europarecht, Band 17, 2008, S. 49.

26 Siehe *Schack*, JZ 1989, 609, 613.

27 Siehe *Ivens*, Kunst und Stiftungen, KUR 1/2012, S. 16.

2. das Festspielhaus Bayreuth dauernd der Allgemeinheit zu erhalten und zugänglich zu machen und stets den Zwecken dienstbar zu machen, für die es sein Erbauer bestimmt hat, also einzig der festlichen Aufführung der Werke Richard Wagners;

3. die Richard-Wagner-Forschung zu fördern;

4. das Verständnis für die Werke Richard Wagners insbesondere bei der Jugend und beim künstlerischen Nachwuchs zu fördern.

Verfolgt man das Ziel Maßgaben zur Auslegung des Stiftungszweckes zu institutionalisieren, dann sollte zur rechtlichen Dimension des erblasserischen Willens von Siegfried und Winifred Wagner aus 1929, zur musik- und theaterwissenschaftlichen kulturellen Dimension des Richard Wagner Kulturerbes, die Schutzfunktion des Ensembles als Rechtsinstitut der Denkmalpflege als Element der Erinnerungskultur hinzutreten.

Darüber hinaus muß festgehalten werden, daß der für die Stiftungssatzung wesentliche Grundsatz der Transparenz durch die Überschneidung der Zuständigkeiten durch heterogene Rechtsinstitute verloren gegangen ist, sowie daß die "Zugänglichkeit für die Allgemeinheit" derzeit nicht gewährleistet ist, wodurch ein wesentlicher Grundsatz der UNESCO Empfehlungen verletzt ist.

D.   Résumé

Das materielle Richard Wagner Kulturerbe, das heißt Festspielhaus, Grüner Hügel, Villa Wahnfried und der Festspielpark unterstehen dem bayerischen Denkmalschutzgesetz 1973, ohne Eintragung eines Ensembleschutzes in die Denkmalliste, obwohl es sich geradezu um ein Musterbeispiel eines Ensemble in seinem ganzheitlichen Wirkungsbereich handelt.

Darüber hinaus verkörpert das Richard Wagner Kulturerbe eine weltweit einzigartige Festspielidee, die sich im baulichen Konzept von Festspielhaus, Villa Wahnfried und Park widerspiegelt, so dass bereits die Theaterarchitektur – in Verbindung von Tradition und moderner Theatertechnik – „eine Synthese von Schönheit und Zweckmäßigkeit mit hervorragenden optischen und akustischen Bedingungen" ein Weltkultur- und Naturerbe im Sinne der Unesco Konvention 1972 darzustellen geeignet wäre:[28]

Das Bayreuther Festspielhaus ist ein Meilenstein in der Gattungsgeschichte der Theater-*Architektur* ohne Vorbild und mit Ausnahme des Münchener Prinzregententheater ohne Nachfolge, was bei der kulturhistorischen Bedeutung des Erbauers erstaunlich ist.

---

28   Siehe *Kiesel/Schuth*, Das Festspielhaus in Bayreuth (Fn. 7), S. 207 ff.

Der immaterielle Schutz des Richard Wagner Kulturerbes ist hingegen weder innerstaatlich noch international gewährleistet:

Die Zersplitterung der Aufgabenbereiche durch die verschiedensten Rechtsinstitute entspricht weder dem Stiftungszweck noch dem Grundsatz der Transparenz einer gemeinnützigen Gesellschaft, auch nicht dem testamentarischen Willen aus 1929, an dem sich der Stiftungszweck zu orientieren hätte.

Der immaterielle Schutz des Gesamtkunstwerkes des Wagner Kulturerbes durch die Unesco Konvention 2003 wäre mehr als gerechtfertigt, angesichts des zur Schau getragenen Unvermögens das Richard Wagner Kulturerbe zu bewahren und zu erhalten.

Als Auslegungskriterium für den Stiftungszweck bietet sich somit der Ensembleschutz im materiellen und immateriellen Sinne an. Wenn nicht sogar an einen Internationalen Schutz im Kontext der Unesco Konvention zum Schutz des immateriellen Kulturgutes 2003 gedacht werden sollte. Die epochale Festspielidee eines Gesamtkunstwerkes, das Tradition und Evolution stets zu vereinen trachtet und die „Entgrenzung" als wesentliches Element des Musikdramas integriert, darf nicht durch juristische „dépecage" einer überholten Stiftungssatzung unter den Blicken der internationalen Kunstwelt gefährdet werden.

Weiterführend ist der kulturpolitische orde public als Generalklausel – als „componens naturale" jeder Konvention und, wie im Fall Bayreuth, auch der Satzung einer Kulturstiftung – ein inhärenter Bestandteil bei Verstößen gegen den Stifterwillen oder den Stiftungszweck – ein Notventil bei Verletzung des Stiftungszwecks.[29]

Die Richard Wagner Stiftung ist eine Kulturstiftung von internationalem Rang und großer kultureller Bedeutung für die gesamte Kunstwelt.

Der Stiftungszweck gehörte konkretisiert und analog zum Stifterwillen weiterentwickelt, bei gleichzeitiger Beseitigung der heterogenen Aufgaben und Zuständigkeitsverteilung durch Straffung des juristischen Instrumentariums. Aus dem Blickwinkel der mir übertragenen Aufgabe bietet sich somit die Einbindung des kulturellen Ensembleschutzes in seiner materiellen und immateriellen Bedeutung als Element der Erinnerungskultur und Kriterium der Auslegung von § 2 der Satzung der Stiftungsurkunde an.

Seit 200 Jahren strahlt das Werk Richard Wagners ungebrochene Faszination auf Kultur und Gesellschaft aus. Damit der Mythos Richard Wagner weiterlebt

---

29 Siehe *Reichelt*, Zur Kodifikation des Europäischen Kollisionsrechts – am Beispiel des ordre public, in Reichelt (Hrsg.), Europäisches Gemeinschaftsrecht und IPR, Schriftenreihe des Ludwig Boltzmann Institutes für Europarecht, Band 16, Wien 2007, S. 5 ff.

bedarf es zur Pflege des Gesamtkunstwerkes aber auch der „dienenden Rolle" der Jurisprudenz.

Rechtliche Verfestigungen der Erinnerungskultur: Stiftung und andere Rechtsinstitute – Richard Wagner und Bayreuth

Erik Jayme[*]

A.　Einführung

I.　Erinnerungskultur – Die Künstler

Das Thema „Rechtliche Verfestigung der Erinnerungskultur" verlangt im Zusammenhang mit der Pflege der Werke Richard Wagners die Formulierung einiger allgemeiner Prämissen und Vorgaben.

Erinnerungskultur bedeutet die Präsenz der Geschichte in der Gegenwart.[1] Eine solche Erinnerungskultur ist heute eine Notwendigkeit. In einer Zeit schneller Entwicklungen und flüchtiger Erscheinungen[2] brauchen Mensch und Gesellschaft einen Halt, um sich die ewigen Fragen zu stellen, die Paul Gauguin auf

---

[*] Prof. Dr. Dr. h.c. mult. Erik Jayme, Institut für ausländisches und internationales Privat – und Wirtschaftsrecht, Universität Heidelberg. Es handelt sich bei dem vorliegenden Beitrag um die etwas erweiterte Fassung eines Referates, das der Verfasser am 23.2.2013 auf dem Symposium der EBS Law School über „Kulturstiftungen – Gründung – Führung – Kontrolle" gehalten hatte. Die etwa einstündige Diskussion wurde soweit wie möglich eingearbeitet. Nicht minder ergiebig waren die Gespräche mit den Teilnehmern der Tagung während der Pausen und Empfänge. Einige Anregungen sind verwertet. Der Verfasser dankt seinem Assistenten, Herrn Ref. Carl Zimmer, für die Hilfe bei der Erstellung des Manuskripts. Für vielfältige Hinweise danke ich Herrn Dr. Chris Thomale, Freiburg. Besonderen Dank schulde ich Frau Iris Wagner, Berlin, und Herrn Rechtsanwalt Michael Nehmer, Stuttgart, für Hinweise zu Einzelfragen. Herr Dr. Markus Kiesel (Essen) hat das Werden dieses Referates mit vielen guten Ratschlägen begleitet, wofür ich ihm herzlich danke. Herrn Professor Dr. Heinz Holzhauer, Münster /Westfalen, danke ich für den wichtigen Hinweis auf die kultursoziologischen Theorien von Pierre Bourdieu im Hinblick auf das „capital symbolique", das bei der rechtlichen Organisation der Bayreuther Festspiele eine besondere Rolle spielt. Herr Professor Dr. Matthias Weller, EBS Law School Wiesbaden, lenkte meinen Blick dankenswerter Weise auf den Geschäftsbesorgungsvertrag sowie auf § 627 BGB.

[1] *Jayme*, Rechtliche Verfestigungen der Erinnerungskultur, UFITA 2008/II, S. 313 ff.

[2] Siehe hierzu Kritschke/Pörken (Hrsg.), Die gehetzte Politik – Die neue Macht der Medien und Märkte, Köln 2013, Einleitung in gekürzter Version unter dem Titel „Warum denn sachlich, wenn es auch persönlich geht?", Frankfurter Allgemeine Zeitung v. 30.1.2013, N 4.

einem großem Kultbild der Moderne (1897) angesprochen hat: Woher kommen wir, wer sind wir, wohin gehen wir?

Bei herausragenden Künstlern geht es um das, was Henriette Feuerbach bei ihrem Stiefsohn Anselm Feuerbach „die irdische Unsterblichkeit" genannt hat. Sie beschreibt dies in einem Brief an eine Freundin näher und zeigt zugleich auf, was alles dazu gehört:

> In Berlin habe ich die irdische Unsterblichkeit Anselms mit Augen gesehen. Die Ausstellung ist über alle Beschreibung schön, nach Inhalt wie nach Einrichtung. Die Bilder jeder Epoche beisammen mit den dazu gehörigen Skizzen und Zeichnungen, dazwischen Palmen und Lorbeergruppen, plätschernde Brunnen – alles leuchtet und lebt in wundervollem, ich möchte sagen raffiniertem Lichte.[3]

II.   Richard Wagner insbesondere

Erinnerungskultur bedeutet also, dass man nicht nur das Werk des Künstler in ihm gemäßer Weise präsentiert, sondern dass man auch die Erinnerungsstücke, welche die Nachwelt zum Verständnis des Werkes braucht, pflegt. Hinzu tritt die Geschichte der Erinnerung als solche, die Wirkungsgeschichte.[4] Bei Richard Wagner bedeutet dies, dass seine musikdramatischen Werke, die Idee der Festspiele in Bayreuth in einem von ihm geschaffenen Festspielhaus einschließlich der Geschichte dieser Institution und ihrer jährlichen Aufführungspraxis,[5] das Haus Wahnfried mit seinen Erinnerungsstücken und das Richard-Wagner-Archiv eine Einheit bilden, die ihren Ausdruck in einer entsprechenden Rechtsform finden sollte.

---

3   Zitiert aus *Eulenburg*, Die Familie Feuerbach in Bildnissen, Stuttgart 1924, S. 173 f.
4   Siehe hierzu *Büning*, Wagner und wir, Frankfurter Allgemeine Zeitung v. 25.07.2012, S. 25; hinzuweisen ist darauf, dass mit Richard Wagner heute zugleich eine ständige Auseinandersetzung in den verschiedensten Bereichen der Kunst stattfindet, siehe z.B. *Schuth*, Denk mal an Wagner, Ausstellungskatalog Worms 2012.
5   Hierzu gehört auch die Festspielgeschichte der Zeit, in der Siegfried Wagner nach 1906 die Festspiele leitete, siehe hierzu *Kiesel*, Studien zur Instrumentalmusik Siegfried Wagners, Frankfurt/Main 1994, S. 20 ff.; *Friedrich*, Das Theater Siegfried Wagners, Eine Ausstellung des Richard Wagner Museums im Haus Wahnfried zu Siegfried Wagners 125. Geburtstag, o.J. (1994); siehe auch *Söhnlein*, Erinnerungen an Siegfried Wagner und Bayreuth, Bayreuth 1980.

III.   Friedrich Nietzsche: Wagner in Bayreuth

Dabei geht es um die Verwirklichung der Festspielidee als Ganzes. Um Friedrich Nietzsche aus seiner Schrift „Richard Wagner in Bayreuth" zu zitieren:[6]

> Hier findet ihr vorbereitete und geweihte Zuschauer, die Ergriffenheit von Menschen, welche sich auf dem Höhepunkte ihres Glücks befinden und gerade in ihm ihr ganzes Wesen zusammengerafft fühlen, um sich zu weiterem und höherem Wollen bestärken zu lassen; hier findet ihr die hinreißende Aufopferung der Künstler und das Schauspiel aller Schauspiele, den siegreichen Schöpfer eines Werkes, welches selber den Inbegriff einer Fülle siegreicher Kunst-Taten ist. Dünkt es nicht fast wie eine Zauberei, einer solchen Erscheinung in der Gegenwart begegnen zu können?

IV.   Die Richard-Wagner-Stiftung Bayreuth

Dementsprechend lautet auch die Präambel der Stiftungsurkunde der Richard Wagner Stiftung Bayreuth:

„Zur dauernden Erhaltung der Voraussetzungen für die Durchführung der Bayreuther Richard-Wagner-Festspiele, zur Pflege des Künstlerischen Nachlasses von Richard Wagner und des Verständnisses seiner Werke sowie zur Förderung der Richard-Wagner-Forschung errichten" die folgenden Personen und Einrichtungen „eine rechtsfähige öffentliche Stiftung des bürgerlichen Rechts mit Sitz in Bayreuth."

Gemäß § 2 der Stiftungsurkunde wird der Zweck „im Sinn des Gemeinschaftlichen Testaments von Siegfried und Winifred Wagner vom 8.3.1929" bestimmt. Dieses Testament kann also auch als Auslegungshilfe für das Verständnis der Stiftungssatzung herangezogen werden.

---

6   *Nietzsche*, Unzeitgemäße Betrachtungen, 6. Aufl. , Stuttgart 1976, S. 301 ff., 323. Siehe im Übrigen den Brief von Richard Wagner an Friedrich Nietzsche (Triebschen, 4.1.1872): „Zu Cosima sagte ich, nach ihr kämen gleich Sie; dann lange kein anderer, bis zu Lenbach, der ein ergreifend richtiges Bild von mir gemacht hat", *Richard Wagner*, Ausgewählte Schriften und Briefe, 2. Band, Berlin 1938, S. 298. Zu Nietzsche und Wagner siehe das Kapitel „Doppelgesichtige Passion: Nietzsches Wagner-Kritik", in *Borchmeyer*, Richard Wagner – Ahasvers Wandlungen, Frankfurt am Main, Leipzig 2002, S. 445 ff.; umfassend Borchmeyer/Salaquard (Hrsg.), Nietzsche und Wagner – Stationen einer epochalen Begegnung, 2 Bände, Frankfurt/Main 1994.

V. Das gemeinschaftliche Testament von Siegfried und Winifred Wagner vom 8. März 1929

Das Testament bestimmt u.a. für den Fall, dass Siegfried Wagner vor seiner Gattin verstirbt, dass Winifred Wagner Vorerbin seines Nachlasses werden soll.

Als Nacherben werden bestimmt die gemeinsamen Abkömmlinge der Ehegatten Wagner zu Stammteilen.

Die Erben erhalten bezüglich des Festspielhauses folgende Auflage: Das Festspielhaus darf nicht veräußert werden. Es soll stets den Zwecken, für die es sein Erbauer bestimmt hat, dienstbar gemacht werden, einzig also der festlichen Aufführung der Werke Richard Wagners.

Richard Wagner selbst hinterließ kein Testament, keine letztwillige Verfügung im Rechtssinne.

VI.   Rechtliche Verfestigungen der Erinnerungskultur

Die rechtliche Verfestigung der Erinnerungskultur kann auf vielfache Weise erfolgen. Die Kulturstiftung stand in der heutigen Debatte ganz im Vordergrund. Die Fragen einer Anpassung und Änderung der ursprünglichen Stiftung sollen auch in diesem Referat zur Sprache kommen.

Zur Festspielidee gehört das von Richard Wagner geplante Festspielhaus; hier bietet sich der Denkmalschutz an, in dem zugleich das öffentliche Interesse an der Erhaltung dieses Baudenkmals zum Ausdruck kommt. Der Denkmalschutz wurde in dem Referat vom Frau Professor Reichelt angesprochen.[7]

Ähnliches gilt für das „Haus Wahnfried" als Erinnerungsstätte, dessen geplante und teilweise schon in Angriff genommene Umgestaltung einmal das Richard Wagner Museum mit Nationalarchiv und die Forschungsstätte der Stiftung aufnehmen soll.[8]

---

7   Siehe auch allgemein Reichelt (Hrsg.), Denkmalschutz in Europa, Freistadt 2012.
8   Zur Erinnerungskultur gehört auch die Aufstellung von Denkmälern; siehe zum Richard Wagner-Denkmal in Leipzig *Mehnert*, „Die Aufstellung einer Wagner-Figur auf dem Sockelblock könnte späteren Zeiten vorbehalten bleiben [...]" – Die unendliche Geschichte des Leipziger Richard-Wagner-Denkmals von Max Klinger, in Klinger (Hrsg.), Der große Bildner und der größre Ringer, Schriften des Freundeskreises Max Klinger e.V., Band 3, Berlin 2012, S. 80 ff.

VII. Schriftstücke als Erinnerungsstücke der Familie: Gemeinschaft zur gesamten Hand gemäß § 2047 Abs. 2 BGB

Denkt man an die Schriftstücke, die Richard Wagner, aber auch seine Familie betreffen, die Briefe und anderen Selbstzeugnisse, so ist zunächst auf die erbrechtliche Vorschrift des § 2047 Abs. 2 BGB hinzuweisen, die im Zusammenhang der Erbengemeinschaft und der „Rechtsverhältnisse der Erben untereinander" gewissen Erinnerungsgegenständen eine rechtliche Sonderrolle zuweist.[9] Die Vorschrift lautet:

> Schriftstücke, die sich auf die persönlichen Verhältnisse des Erblassers, auf dessen Familie oder auf den ganzen Nachlass beziehen, bleiben gemeinschaftlich.

Insoweit besteht also eine Gemeinschaft zur gesamten Hand.[10] Die Erben können diese Schriftstücke untereinander aufteilen; sie müssen es aber nicht. Es kann nun sein, dass der künftige Erblasser schon zu Lebzeiten einzelnen Erben solche Schriftstücke zugewendet hat.[11] Dann können sich Ausgleichsansprüche gemäß §§ 2050 Abs.3, 2052 BGB ergeben.[12] Den Empfänger der Zuwendungen trifft eine Ausgleichspflicht (§ 2057 BGB). Diese Vorschriften sind im deutschen Recht im Hinblick auf solche Familienschriftstücke bisher kaum belebt worden, während etwa das französische Recht den Erinnerungsstücken als „souvenirs de famille"[13] in Rechtsprechung und Schrifttum eine weite Aufmerksamkeit ge-

---

9   Siehe auch § 2373 Satz 2 BGB, der beim Erbschaftskauf bestimmt, dass im Zweifel „Familienpapiere und Familienbilder" nicht als mitverkauft anzusehen sind.
10   Palandt/*Weidlich,*72. Aufl. 2013, § 2047 Rn. 3.
11   Zentral ist hier der Begriff der „Zuwendung", siehe hierzu RGZ 67, 306, 308. Überlässt ein künftiger Erblasser Familienschriftstücke einem Abkömmling, so ist m.E. auch an einen Verwahrungsvertrag (§ 688 BGB) zu denken, in welchen dann die Erben später insgesamt eintreten. Bei der Auslegung des Verhaltens der Parteien ist m.E. die gesetzliche Wertung des § 2373 Satz 2 BGB heranzuziehen, d.h. im Zweifel möchte der Erblasser die Familienstücke nicht aus der ganzen Familie für alle Zeiten entziehen.
12   Die Vorschrift des § 2050 Abs. 3 BGB lautet: „Andere Zuwendungen unter Lebenden sind zur Ausgleichung zu bringen, wenn der Erblasser bei der Zuwendung die Ausgleichung angeordnet hat." Hat der Erblasser bei der Zuwendung geschwiegen, ist ein Verhalten auszulegen; siehe zu ähnlichen Problemen, auch zu § 2050 Abs. 3 BGB, BGH NJW 2010, 3023. Zum Begriff der Zuwendung im Rahmen des § 2050 Abs. 3 BGB, siehe RGZ 67, 306, 308 („rechtsgeschäftliche Abmachung").
13   Siehe Cour d'appel de Paris, 2.7.1994, JCP 1994.II.22191, mit Anmerkung Suzanne Hovasse-Banget, Les souvenirs de la Maison d'Orléans (Verbot der Versteigerung in Monaco von Erinnerungsstücken des Hauses Orléans durch die Eigentümer, Graf und Gräfin von Paris, erwirkt durch sechs der gemeinsamen Kinder).

schenk hat.[14] Das Besondere an dem französischen Beispiel liegt darin, dass hier die privaten Interessen zugleich den öffentlichen Interessen entsprechen, ja diese sogar ein Indiz dafür bilden, dass das Recht gewissen Erinnerungsstücken eine solche rechtliche Sonderstellung einräumt.[15] Eine gleiche Lage ist bei den Schriftstücken gegeben, welche von Richard Wagner selbst stammen: Sie gilt aber auch für die Erinnerungsstücke der Familie, also insbesondere für den schriftlichen Nachlass von Winifred Wagner.

VIII. Die gegenwärtige Lage: Schwächen der rechtlichen Fundierung der Festspielidee

Wenn man sich nun der gegenwärtigen Rechtslage zur Pflege der Festspielidee zuwendet, so wird aufzuzcigen sein, dass die bisherigen rechtlichen Konstruktionen eine rechtliche Verfestigung der Erinnerungskultur nicht in einer Weise gestatten, welche dem Anliegen der umfassenden Pflege des Wagnererbes gerecht werden. Im Richard-Wagner-Jahr 2013 sind die Schwächen der rechtlichen Verankerung der Festspielidee überdeutlich geworden. Um nur einige dieser Schwächen zu nennen: Das Haus Wahnfried ist nicht zugänglich.[16] Vom Festspielhaus lösen sich Teile des Gemäuers, so dass Umzäunungen errichtet wurden, die vor herabfallenden Steinen schützen sollen. Eine kontinuierliche Planung der Festspiele ist im gegenwärtigen Zeitpunkt kaum möglich. Dies hängt auch mit § 8 des Mietvertrags zwischen der Richard Wagner-Stiftung und der Bayreuther Festspiele GmbH zusammen, dessen Absatz 1 lautet: „Der Mietvertrag endet von selbst, sobald Herr Wolfgang Wagner nicht mehr alleiniger Leiter der Bayreuther Festspiele ist." Es herrscht also ein vertragsloser Zustand.[17] Im letzten Sommer musste die schon zuvor an anderen Orten gezeigte Ausstellung über die Diskriminierung jüdischer Künstler während der Naziherrschaft im Freien unterhalb des Festspielhauses gezeigt werden, weil ein entsprechendes Gebäude ganz fehlte.

14 Siehe *Jayme*, La protezione giuridica dei beni di memoria, L'invenzione del passato, in Monateri/Somma/Carpi (Hrsg.), Polemos 2010, S. 119 ff., 122 ff.
15 Siehe hierzu den Fall des Manuskripts des berühmten Aufsatzes „J'accuse" von Émile Zola, Cour d'appel de Paris, 7.12.1987, Dalloz 1988, jur. 182 f., m. Anm. *Lindon*.
16 Siehe hierzu *Knapp*, Der versperrte Kultort, Süddeutsche Zeitung, 21.8.2012, S. 11.
17 Siehe näher unten B. III.; selbst wenn man eine faktische Weitergeltung des Mietvertrags annähme, müsste jede Seite den Vertrag kündigen können.

IX. „Erlösung" durch die Jurisprudenz

Im Folgenden soll den Gründen für diesen beklagenswerten Zustand nachgegangen werden. Dabei geht es nicht um Schuldzuweisungen an die jeweiligen Personen, die in diesen Zusammenhängen tätig und entscheidungsbefugt sind. Im Gegenteil: Man kann davon ausgehen, dass alle dort Tätigen ihre ganze Kraft der gestellten Aufgabe widmen. Um es vorwegzunehmen: Die Schwäche des gegenwärtigen Zustandes liegt in der unzureichenden rechtlichen Konstruktion, die 40 Jahre nach der Errichtung der Stiftung den heutigen Anforderungen und dem Stiftungszweck nicht mehr gerecht wird. Es geht also, wenn man hier wissenschaftliche Vorschläge formulieren möchte, um die „Erlösung durch die Jurisprudenz", nicht um eine Ablösung von Personal.

X. Ausgangspunkt: Der Stiftungszweck

Ausgangspunkt der Betrachtung ist dabei stets der Stiftungszweck, der in § 2 der Stiftungsurkunde festgehalten ist und in dem der Wille der Stifter zum Ausdruck gekommen ist. Danach ist Zweck der Stiftung im Sinne des gemeinschaftlichen Testaments von Siegfried und Winifred Wagner vom 8.3.1929

1. den künstlerischen Nachlass von Richard Wagner dauernd der Allgemeinheit zu erhalten;

2. das Festspielhaus Bayreuth dauernd der Allgemeinheit zu erhalten und zugänglich zu machen und stets den Zwecken dienstbar zu machen, für die es sein Erbauer bestimmt hat, also einzig der festlichen Aufführung der Werke Richard Wagners;

3. die Richard-Wagner-Forschung zu fördern;

4. das Verständnis für die Werke Richard Wagners insbesondere bei der Jugend und beim künstlerischen Nachwuchs zu fördern.

Zu unterscheiden sind bei der Analyse der gegenwärtigen Schwächen vor allem folgende Punkte:

- Die Aushöhlung des Stiftungszwecks durch die Zersplitterung und Vermischung der Funktionen, insbesondere der künstlerischen Leitung und der wirtschaftlichen Geschäftsführung; hinzu tritt die rechtliche Ausgliederung von Kernaufgaben der Stiftung und ihre Übertragung auf eine Festspiele GmbH.

- In diesem Zusammenhang steht auch ein über die Stiftungssatzung hinausgehender faktischer Vorrang dynastischer Interessen der Familie Wagner, wie er sich im Laufe der Zeit mit Hilfe von rechtlichen Nebeninstrumenten herausgebildet hat.

- die Notwendigkeit der Anpassung und Änderung der Stiftungssatzung aus dem Jahre 1973, an heutige Gegebenheiten, wie sie sich etwa aus der Wiedervereinigung Deutschlands ergeben.
- die Einbeziehung einer nachhaltigen Denkmalpflege für die bestehenden und zu errichtenden Gebäude.

B. Aushöhlung des Stiftungszwecks durch Zersplitterung und Vermischung der Funktionen – Ausgliederung von Kernaufgaben

I. Zweckfremder Einsatz des Mietrechts

Die Stiftungsurkunde der Richard-Wagner-Stiftung Bayreuth datiert vom 2. Mai 1973. Schon hier ergibt sich eine gewisse Aufspaltung, nämlich eine dem Zivilrecht eher fremde Verwendung des Mietrechts. Die Vorschrift des § 8 der Stiftungsurkunde – sie trägt die Überschrift „Vermietung des Festspielhauses an den Festspielunternehmer" – lautet in Absatz 2 Satz 1 und 2 wie folgt:

> Das Festspielhaus ist grundsätzlich an ein Mitglied, ggf. auch an mehrere Mitglieder der Familie Wagner oder auch an einen anderen Unternehmer zu vermieten, wenn ein Mitglied der Familie Wagner, ggf. auch mehrere Mitglieder der Familie Wagner die Festspiele leiten. Dies gilt nur dann nicht, wenn andere, besser geeignete Bewerber auftreten.

Ein Mietvertrag ist eigentlich ein Rechtsgeschäft, in dem der Vermieter sich verpflichtet, dem Mieter den Gebrauch der Mietsache zu gewähren (§ 535 Abs. 1 Satz 1 BGB). Die Stiftung vermietet das in ihrem Eigentum stehende Festspielhaus dem Mieter. Nach der Stiftungsurkunde steht aber die Verwirklichung des Stiftungszwecks im Vordergrund; der Mietvertrag geht weit über das hinaus, was im Bürgerlichen Recht unter einem solchen verstanden wird. So sichert er dem Unternehmer die künstlerische Freiheit. Es geht eigentlich um einen Dienstvertrag, denn der Mieter soll als Vertragspartner der Stiftung die Festspiele durchführen und leiten. Es handelt sich um die Bestellung eines Unternehmers, vielleicht sogar um eine Art Werkvertrag. Auch an einen Geschäftsbesorgungsvertrag (§ 675 Abs. 1 BGB) lässt sich denken.

Unter dieser doppelten Ausrichtung – nämlich künstlerischer Auftrag und unternehmerische Leistung – leidet zum einen das Festspielhaus als Bauwerk, weil der Bauunterhalt in den Bereich der Schönheitsreparaturen abgedrängt wird, bzw. als „großer Bauunterhalt" ganz in dem Schatten des Festspielunternehmens steht. Zum anderen werden, wie wir sehen werden, die Befugnisse des Stiftungsrats ausgehöhlt.

156

II. Die Bayreuther Festspiele GmbH – Ausgliederung von Kernbereichen

Dies wiederum hängt damit zusammen, dass der Mietvertrag zwischen der Stiftung, vertreten durch den Vorstand, und der Bayreuther Festspiele GmbH, diese vertreten durch Herrn Wolfgang Wagner, geschlossen wurde. Der Geschäftsführer der GmbH wurde durch Gesellschaftsbeschluss bestellt, wobei die Gesellschaft nur solche Personen als Geschäftsführer bestellen durfte, welche gemäß § 8 der Stiftungssatzung als Mieter in Frage kommen. Solange Wolfgang Wagner alleiniger Gesellschafter dieser GmbH war, war die Auswahl des künstlerischen Leiters der Festspiele mit der Stiftungssatzung in Einklang zu bringen. Wolfgang Wagner war alleiniger Gesellschafter und Geschäftsführer der GmbH; er war zunächst Mieter und Unternehmer zugleich und war auch später nach der Gründung der GmbH faktisch als Mieter und Unternehmer anzusehen.

Das änderte sich aber grundlegend, als Wolfgang Wagner im Jahre 2008 seinen Gesellschaftsanteil spaltete und zu je 25% an die Bundesrepublik Deutschland, den Freistaat Bayern, die Stadt Bayreuth sowie an den Verein der Mäzene der „Gesellschaft der Freunde Bayreuths" übertrug.[18] Nunmehr sind es diese Gesellschafter dieser GmbH, welche die Geschäftsführer und damit den Unternehmer im Sinne der Stiftungssatzung anstellen. Rechtlich gesehen werden die Befugnisse der Stifter und des Stiftungsrates ausgehöhlt und ausgedünnt; außerdem sind es nicht mehr die Stifter und der Stiftungsrat, sondern die Gesellschafter der GmbH, die somit das letzte Wort über die künstlerische Eignung des Festspielunternehmers haben. Diese Gesellschafter sind aber weder Mitglieder der Familie Wagner noch sonst künstlerisch tätige Personen, während in der Stiftungssatzung immerhin bei Zweifeln über die Eignung als Festspielleiter eine Kommission aus den Intendanten bedeutender Opernhäuser eine Entscheidung fällt, also opernerfahrene Künstler über die Berufung von Künstlern entscheiden.[19]

In der Satzung der Stiftung findet sich in § 8 Abs. 5 folgende Bestimmung: „Der Mietvertrag sichert dem Unternehmer die künstlerische Freiheit". Ist Unternehmer aber eine GmbH, deren Gesellschafter Rechtspersonen des Öffentlichen Rechts sind, so wird der Stiftungszweck verfehlt. Gedacht war an einen Künstler, nicht an die Öffentliche Hand, die ihrerseits Verträge mit den künstlerisch tätigen Geschäftsführern schließt, deren Inhalt dem Stiftungsrat im Übrigen nicht zugänglich ist. Hinzu tritt, dass sich die Weisungsgebundenheit der künstlerisch tätigen Personen gegenüber den Entscheidungsträgern einer solchen

---

18 Siehe *Thielemann*, Mein Leben mit Wagner, München 2012, S. 105.
19 Für das „Wahnfried-Projekt" wurde ein Kuratorium gegründet, das aus namhaften Kunstexperten besteht.

GmbH auswirkt. Die Konstruktion einer solchen GmbH verdreht nämlich die Bestimmung des § 8 Abs. 5 der Stiftungssatzung in ihr Gegenteil: Über die künstlerische Eignung der Festspielleiter entscheiden jetzt Behörden, nicht mehr der Stiftungsrat.[20]

III. Ende des Mietvertrags

Im Übrigen endete der „Mietvertrag" mit dem Tode von Wolfgang Wagner, wie es der Vertrag selbst vorsieht. Es handelte sich um einen befristeten (Miet-) Vertrag, nach dessen Ende – selbst bei stillschweigender Verlängerung (§ 545 BGB) – eine jederzeitige Kündigung möglich ist. Handelt es sich schwerpunktmäßig um einen Dienstvertrag, so stünde jedem Vertragsteil das Recht zur – eventuell auch fristlosen (§ 627 BGB) – Kündigung zu.[21] Die Klausel, dass der Mietvertrag mit dem Tod Wolfgang Wagners endet, kann nicht durch einen stillschweigend vereinbarten neuen Inhalt ersetzt werden.[22]

20 In der Diskussion wurden diese Fragen kontrovers angesprochen. Es wurde die Auffassung vertreten, die künstlerische Freiheit könne auch „Kunstbetrieben" in der Rechtsform einer GmbH zustehen, deren Organe als Personen diese Freiheit wahrnehmen. Mein Einwand gegen diese Überlegung ging dahin, dass der Stifterwille und der Stiftungszweck der Richard Wagner Stiftung Bayreuth so zu verstehen seien, dass der „Unternehmer" eine künstlerisch tätige, natürliche Person sein müsse; es ginge hier um ein „personales Element". Dass die künstlerische Freiheit durch staatliche Behörden ausgeübt wird, ist mit der Stiftungssatzung nicht vereinbar. Hiergegen wurde der Einwand erhoben, man könne vielleicht an eine Art des „Durchgriffs" auf natürliche Personen denken, zumal offenbar die Behörden faktisch nicht in die künstlerischen Entscheidungen der Geschäftsführer und der Festspielleitung eingriffen. Diese Überlegung ist m.E. mit der konkreten Stiftungssatzung nicht vereinbar.

21 Das Problem einer – auch stillschweigenden – Verlängerung des befristeten Mietvertrags (siehe § 542 Abs. 2 Nr. 2 BGB) kann mangels genauer Kenntnis der Fakten im Einzelnen nicht weiter ausgeführt werden. Siehe zum Recht auf Kündigung: MüKo-BGB/*Bieber*, 6. Aufl. 2012, § 542 Rn. 23; zur fristlosen Kündigung des Geschäftsbesorgungsvertrages siehe § 675 i.V.m. § 627 BGB: Die Durchführung der Festspiele kann man in ihrem künstlerischen Aspekt als persönliche Leistung qualifizieren; siehe *Matthias Weller*, Persönliche Leistungen, Tübingen 2012, passim; zur neuesten Entwicklung der Kontroversen siehe Florian Zinnecker, Um Macht und Mietvertrag, Nordbayerischer Kurier, 27.2.2013.

22 Das Bestreben der Gesellschafter, einen unbefristeten Mietvertrag abzuschließen, ist offenbar bisher gescheitert. Er würde auch eine vollständige Selbstentmachtung der Stiftung und des Stiftungsrates darstellen, was dann eigentlich die Stiftungsaufsicht zum Einschreiten nötigen müsste.

IV.   Parallelwertungen im Recht der Aktiengesellschaft: Schutz vor „Mediati-
      sierung"

Rechtlich gesehen bietet sich hier eine Parallele zum Recht der Aktiengesell-
schaft an. In der Holzmüller-Entscheidung vom 25.2.1982 hatte der Bundesge-
richtshof bei der Ausgliederung eines Betriebs, der den wertvollsten Teil des
Gesellschaftsvermögens darstellte, auf eine Tochtergesellschaft die Rechte der
Aktionäre gestärkt.[23] Diese Rechtsprechung wurde in der sogenannten Gelatine-
Entscheidung des Bundsgerichtshofs vom 26.4.2004[24] aufgegriffen und bestärkt.
Veränderungen durch Umstrukturierung der Kernkompetenzen, die einer Satzungsänderung nahe kommen, sogenannte Mediatisierungseffekte, werden in der
Weise beschränkt, dass die ursprünglichen Kompetenzen der Aktionäre belebt
werden.
   Die Übernahme solcher Gedanken in das Stiftungsrecht liegt nahe und zwar
insbesondere dann, wenn es sich um Kulturstiftungen handelt. Hier geht es darum, den Willen der Stifter und den Stiftungszweck wieder zur Geltung zu bringen. So wie der Bundesgerichtshof die Rechte der Aktionäre stärkt, so könnte
eine solche Veränderungsschranke im Bereich der Kulturstiftung die Stifter
schützen. Dies empfiehlt sich insbesondere bei Kulturstiftungen, bei denen die
künstlerischen Fragen eine ebenso große Bedeutung wie die wirtschaftlichen
Belange erhalten.

C.   Dynastische Interessen der Familie Wagner

I.   Fehlen eines Definitionskatalogs in der Stiftungsurkunde

In der Stiftungssatzung sind in vielerlei Gestalt auch die dynastischen Interessen
der Familie verankert. Die Bezugnahme auf das Testament von Siegfried und
Winifred Wagner lässt die vier Stämme der Familie hervortreten, wie sie auch in
der Stiftungsurkunde bei der Aufzählung der Stifter 1 – 5 zum Ausdruck kommen. Gemäß § 5 Abs. 2 Satz 3 ist für den Vorstand bestimmt: „Ist der Leiter der
Bayreuther Festspiele ein Abkömmling Richard Wagners, so ist er zugleich das
vierte Mitglied des Vorstands; sind mehrere Abkömmlinge zusammen Leiter der
Festspiele, so wird, wenn sie sie nicht einigen, der älteste von ihnen Mitglied des

---

23   BGHZ 83, 122.
24   BGHZ 159, 30.

Vorstands." Im Stiftungsrat hat die Familie 4 Stimmen unter 24. Hier wird wieder auf die vier Stämme zurückgegriffen. Was die Satzungsänderungen angeht, so bestimmt § 13 Abs. 2 Satz 2 der Satzung: „Änderungen der §§ 2, 5, 6, 8, 12 Satz 1 und 14 bedürfen bis zum Jahr 2052 einschließlich der Mehrheit der den Mitgliedern der Familie Wagner im Stiftungsrat zustehenden Stimmen."

In der Stiftungssatzung bezieht sich der Begriff „Abkömmling" manchmal auf Richard Wagner, an anderen Stellen auf Siegfried und Winifred Wagner. Zurzeit gibt es, wenn ich richtig sehe, 22 Abkömmlinge von Richard Wagner und 21 Abkömmlinge von Siegfried und Winifred Wagner. Die Stiftungsurkunde verwendet auch den Begriff „Mitglied der Familie Wagner", wobei unklar bleibt, ob es sich hier um Blutsverwandte handeln soll oder auch um angeheiratete Mitglieder der Familie. Schließlich stellt sich die Frage, wie nicht blutsverwandte Erben zu behandeln sind. Bei einer Neufassung der Satzung sollte im Anhang ein Definitionskatalog aufgenommen werden.

II. Familienzugehörigkeit und künstlerische Eignung – die Rolle der Sachverständigen

Bei den Bayreuther Festspielen ist seit jeher die künstlerische Beteiligung von Mitgliedern der Familie Wagner ein besonderes Markenzeichen.[25] In den Mitspracherechten bündeln sich auch gewisse Eigeninteressen der Familienmitglieder, die aber dem Stiftungszweck zugeordnet werden können. Sie rechtfertigen sich durch die künstlerische Erfahrung, die enge Vertrautheit mit dem Werk des Meisters und das persönliche Engagement, das die Familienzugehörigkeit nahelegt.[26]

---

25 Zum „Symbol-Kapital" siehe *Bourdieu*, Kunst und Kultur – Zur Ökonomie symbolischer Güter, Schriften zur Kultursoziologie, Konstanz 2011; Kulturstiftungen erhalten auf diese Weise so etwas wie eine „kulturelle Identität"; siehe in anderem Zusammenhang *Jayme*, Rechtsvergleichung und kulturelle Identität – Zugleich ein Blick ins italienische Risorgimento, Tübingen 2012, S.15; *ders.*, Zugehörigkeit und kulturelle Identität – Die Sicht des Internationalen Privatrechts, Göttingen 2012; siehe auch *Thielemann*, Mein Leben mit Wagner (Fn. 18), S.105: „Das dynastische Prinzip halte ich in Bayreuth trotzdem für unverzichtbar."

26 Unabhängig hiervon bestehen eigene Persönlichkeitsrechte der Mitglieder der Familie Wagner, die etwa das Andenken an Richard Wagner betreffen. Solche Persönlichkeitsrechte können verletzt sein, wenn etwa die Neugestaltung des Hauses Wahnfried und seiner Umgebung ein Café am Grabe von Richard und Cosima Wagner vorsieht. Überwiegende Interessen der Gemeinde dürften hier ausscheiden. Siehe zu dieser Problematik den

Anschaulich schreibt Nike Wagner über die Familie:[27]

„Variiert in den Individuen, erscheinen die Merkmale der Reihe und verstricken jene mit ihrer eigenen Natur, aus Willkür wird Zusammenhang und physische Geschichte. Eine Tradition entsteht, die sich im Psychischen als das abgründige Miteinander-Identischsein über die Zeiten niederschlägt [...]. Die Familie bildet ihre eigene, die Wahnfried-Geschichte. Immer an die Festspielgeschichte gekettet, gleichsam mit ihr vernäht als ihr Innenfutter, muss sie alle Bewegungen der Außenseite mitmachen...".

Die Stiftungssatzung allerdings sieht aber durchaus auch den Fall vor, dass eine Person Unternehmer ist, die nicht der Familie Wagner angehört. Auch die Perpetuierung der Leitung in einem Stamm der Familie entspricht nicht der Satzung. In den Vordergrund tritt die künstlerische Eignung des Unternehmers. Die Stiftungssatzung sieht in diesem Zusammenhang vor:

„Hat der Stiftungsrat Zweifel darüber, ob ein Mitglied der Familie Wagner für den Posten des Festspielunternehmers besser oder ebenso gut geeignet ist wie andere Bewerber, so hat der Stiftungsrat die Entscheidung einer dreiköpfigen Sachverständigenkommission einzuholen. Diese besteht aus Intendanten von Opernhäusern aus dem deutschsprachigen Raum". Hier fällt auf, dass nach der Wiedervereinigung eigentlich auch die Intendanten der Opernhäuser der Lindenoper in Berlin, der Semperoper in Dresden sowie der Oper in Leipzig fehlen. Unerfindlich bleibt, warum zwar nur die Staatsoper Wien erwähnt wird, während die Schweiz, etwa die Zürcher Oper, ganz ausgeklammert wurde, zumal Richard Wagner selbst eine Schrift mit dem Titel „Ein Theater für Zürich" verfasst hat.[28]

Insgesamt ergibt die Stiftungssatzung aber durchaus eine gewisse Ausgewogenheit zwischen den dynastischen Interessen der Familie Wagner und den künstlerischen Zielen, welche die Stiftung verfolgt. Durch die faktische Ausgliederung originärer Aufgaben, welche eigentlich als Stiftungszweck erscheinen, ist aber ein gewisses rechtliches Ungleichgewicht nicht zu verkennen. Die dynastischen Interessen erhalten heute ein selbstständiges Gewicht, das über den Stiftungszweck hinausgeht.

Heldengedenktafelfall des BGH NJW 1959, 525, der heute wohl anders entschieden werden würde.

27 *Nike Wagner*, Wagner Theater , Taschenbuch-Ausgabe, Frankfurt/Main 1999, S. 262 f.
28 *Richard Wagner*, Ein Theater für Zürich (1851), in: Sternfeld (Hrsg.), Sämtliche Schriften und Dichtungen Band 5, Leipzig 1907, S. 20 ff.; siehe aber auch *Beidler*, Cosima Wagner und die Schweiz, in ders./Thomas Mann/Borchmeyer (Hrsg.), Cosima Wagner – ein Porträt – Richard Wagners erster Enkel – ausgewählte Schriften und Briefwechsel mit Thomas Mann, 3. Aufl., Würzburg 2011, S. 259 ff.

D.   Die Erhaltung des Festspielhauses insbesondere

I.   Der aktuelle Verfall

Die unglückliche rechtliche Konstruktion der Bayreuther Festspiele zeigt sich insbesondere darin, dass das Festspielhaus als solches in Verfall geraten ist.[29] Zu den Stiftungszwecken gehört

> „das Festspielhaus Bayreuth dauernd der Allgemeinheit zu erhalten und zugänglich zu machen und stets den Zwecken dienstbar zu machen für die es sein Erbauer bestimmt hat, also einzig der festlichen Aufführung der Werke Richard Wagners."

II.   Richard Wagner über das Festspielhaus – ein Zitat

Man muss hierzu die geradezu entscheidende Rolle hervorheben, die Richard Wagner selbst dem Festspielhaus für die Verwirklichung seiner Festspielidee zukommen ließ.[30] Er hat das Bühnenfestspielhaus in allen Einzelheiten geplant und seine Ideen mit dem Architekten Brückwald umgesetzt. Das Haus ist integraler Teil des Festspiels. Ein Zitat von Richard Wagner:

> „Der Erfolg dieser Anordnung dürfte wohl allein genügen, um von der unvergleichlichen Wirkung des nun eingetretenen Verhältnisses des Zuschauers zu dem szenischen Bilde eine Vorstellung zu geben. Jener befindet sich jetzt, sobald er seinen Sitz eingenommen hat, recht eigentlich in einem „Theatron", d. h. einem Raume, der für nichts Anderes berechnet ist, als darin zu schauen, und zwar dorthin, wohin seine Stelle ihn weist. Zwischen ihm und dem zu erschauenden Bilde befindet sich nichts deutlich Wahrnehmbares, sondern nur eine, zwischen den beiden Proscenien durch architektonische Vermittlung gleichsam im Schweben gehaltene Entfernung, welche das durch die ihm entrückte Bild in der Unnahbarkeit einer Traumerscheinung zeigt, während die aus dem „mystischen Abgrunde" geisterhaft erklingende Musik, gleich den, unter dem Sitz der Pythia dem heiligen Urschooße Gaia's entsteigenden Dämpfen, ihn in jenen begeisterten Zustand des Hellsehens versetzt,

---

29   Siehe zur Bedeutung des Festspielhauses Kiesel (Hsrg.), Das Richard Wagner Festspielhaus Bayreuth, Köln 2007; siehe auch *Kiesel/Schuth*, Das Festspielhaus in Bayreuth, in Lütteken (Hrsg.), Richard-Wagner-Handbuch, Kassel 2012, S. 207 f.

30   *Richard Wagner*, Das Bühnenfestspielhaus in Bayreuth – Nebst einem Berichte über die Grundsteinlegung desselben, in ders. (Hrsg.), Gesammelte Schriften und Dichtungen, 4. Aufl., Band 9, Leipzig 1907, S. 322 ff.; eine lebendige Schilderung der Proben zur Uraufführung des "Rings der Nibelungen" im Sommer 1876 findet sich im Bayreuther Tagebuch von Alfred Pringsheim, das von *Beidler* und *Rieger* herausgegeben wird und demnächst erscheint, siehe die Auszüge in der Frankfurter Allgemeinen Zeitung v. 22.2.2013, S. 35.

in welchem das erschaute scenische Bild ihm jetzt zum wahrhaftigen Abbilde des Lebens selbst wird".[31]

III.   Das Festspielhaus als einzigartiges Denkmal der Architekturgeschichte

Man weiß nun einerseits aus der Presse, dass die Fassade des Festspielhauses ab-bröckelt und dass die Schäden dazu geführt haben, dass das Haus eingerüstet werden musste und sich im Jubiläumsjahr in dieser unfestlichen Weise präsentiert. Andererseits haben jüngste kunsthistorische Studien zu der Architektur des Festspielhauses bestätigt, dass dieses Gebäude in der Geschichte des Theaterbaus einen einzigartigen und herausragenden Platz beanspruchen darf.[32] Es geht also nicht nur darum, den Bau für den Festspielbetrieb zu erhalten, sondern auch seine Integrität im Hinblick auf seine architekturgeschichtliche Stellung im deutschen Kulturerbe zu bewahren.

IV.   Unzureichende Berücksichtigung der Erhaltungs- und Sanierungskosten im Mietvertrag

Betrachtet man nun die Rechtsgrundlagen für den Erhalt des Baus, so stößt man zunächst wieder auf den Mietvertrag zwischen der Stiftung und der GmbH. Das reicht, wie sich gezeigt hat, nicht aus. Zwar stehen nach einer freundlichen Auskunft des Bayerischen Landesamtes für Denkmalpflege das Richard Wagner Festspielhaus und das Haus Wahnfried mit dem Siegfried-Haus unter Denkmalschutz; diese Bauten sind in der Denkmalliste eingetragen. Der Denkmalschutz hat nach dem entsprechenden Gesetz des Landes Bayern als Adressaten den Eigentümer und den Mieter.[33] Die Stiftung kann aber den Sanierungsbedarf aus ei-

---

31 *Richard Wagner*, Das Bühnenfestspielhaus in Bayreuth (Fn.30), S. 337 f.
32 Kiesel (Hrsg.), Das Richard Wagner Festspielhaus Bayreuth, Köln 2007; siehe auch *Kiesel/Schuth*, Das Festspielhaus in Bayreuth, in Lütteken (Hrsg.), Richard-Wagner-Handbuch, Kassel 2012, S. 207 f.
33 Gesetz zum Schutz und zur Pflege der Denkmäler (Denkmalschutzgesetz-DSchG), BayRS IV, 354 (2242-1-WFK), zuletzt geändert am 27.9.2009, GVBl. 2009, 385, 390 f., Art. 4 Abs. 1: „Die Eigentümer und die sonst dinglich Verfügungsberechtigten von Baudenkmälern haben ihre Baudenkmäler instandzuhalten, instandzusetzen, sachgemäß zu behandeln und vor Gefährdung zu schützen, soweit ihnen das zuzumuten ist. Ist der Eigentümer oder der sonst dinglich Verfügungsberechtigte nicht der unmittelbare Besitzer, so gilt Satz 1 auch für den unmittelbaren Besitzer, soweit dieser die Möglichkeit hat, entsprechend zu verfahren".

gener Kraft nicht bewältigen.[34] Sie besitzt als Eigentümer kein Vermögen. Was den Mieter angeht, so betreibt er die Festspiele; die Leiter der Festspiele sind durch ihre künstlerischen Aufgaben ausgelastet. Auch hier müsste eine völlig neue rechtliche Lösung gefunden werden.

E.   Zusammenfassung und Ausblick

Im Recht der Kulturstiftungen stehen der Stifterwille und der Stiftungszweck ganz im Vordergrund aller rechtlichen Überlegungen. Bei der Richard-Wagner-Stiftung Bayreuth ist gemäß § 6 Abs. 1 Satz 2 der Satzung für Änderungen dieser Satzung der Stiftungsrat zuständig. Dieser entscheidet im Übrigen in allen Fragen von grundsätzlicher Bedeutung sowie in den Angelegenheiten, in denen er sich die Entscheidung vorbehält.

Es dürften sich zwar vielfältige Änderungen der Satzung empfehlen. Insgesamt aber ließen sich mit der bisherigen Satzung die Stiftungszwecke durchaus verwirklichen. Ein kritischer Punkt bleibt hier die faktische Änderung der Stiftungssatzung durch die Ausgliederung von Kernbereichen der Stiftungszwecke und ihre Verlagerung in eine GmbH, deren Wirken sich der Kontrolle und dem Einfluss des Stiftungsrates entzieht. Sind die Gesellschafter einer solchen GmbH nicht künstlerisch tätige Personen, sondern Körperschaften des Öffentlichen Rechts, so verflüchtigen sich die künstlerischen Befugnisse des Stiftungsrates. Nach der hier vertretenen Auffassung bietet sich hier eine Analogie zur der vom Bundesgerichtshof im Recht der Aktiengesellschaft entwickelten Grundsatz an, der solche Mediatisierungseffekte beschränkt. Für die Kulturstiftung bedeutet dies, dass sich die Befugnisse des Stiftungsrates auch im Bereich der künstlerischen Entscheidungen der Bayreuther Festspiele GmbH durchsetzen sollten.[35]

34   In dem Ausstellungskatalog „Baugeschichte des Bayreuther Festspielhauses: Dort stehe es, auf dem lieblichen Hügel bei Bayreuth" (Neues Rathaus, Bayreuth, 25. Juli bis 28. August 1994) sind die Renovierungen und baulichen Veränderungen sowie die Gesamtkosten (bis 1993: DM 34.162.046, 17) aufgeführt. Seit der Übertragung der Gesellschaftsanteile der GmbH auf verschiedene Institutionen im Jahre 2008 ist offenbar der Denkmalschutz ganz aus dem Blick geraten. Siehe auch das Interview mit Markus Kiesel unter dem Titel „Dem Idealzustand immer näher kommen", Nordbayerischer Kurier, 9.3.2012.

35   In der Diskussion wurde deutlich, dass Adressat dieser Überlegungen in erster Linie die Stiftungsaufsicht ist, welche die Erosion der Stiftungssatzung durch eine GmbH, deren Gesellschaftsanteile öffentlichrechtlichen Rechtsträgern zustehen, welche die Festspielleitung bestimmen und vertraglich als Geschäftsführer binden, aufgreifen müsste, um den Stifterwillen und die Befugnisse des Stiftungsrates wiederherzustellen.

Die gegenwärtige Aushöhlung des Stifterwillens durch die Verlagerung der künstlerischen Entscheidungsbefugnisse in rechtliche Nebeninstrumente müsste eigentlich zum Eingreifen der Stiftungsaufsicht führen.

F. Epilog: Franz Liszt an Großherzog Carl Alexander von Sachsen-Weimar

Zum Schluss soll daran erinnert werden, dass es bei der rechtlichen Konstruktion von Kulturstiftungen im Falle Richard Wagners zugleich um öffentliche Interessen und einen Appell an die Öffentliche Hand geht. Hierzu noch ein Zitat aus einem der schönsten Briefwechsel zwischen zwei Protagonisten der Kultur, Franz Liszt und Großherzog Carl Alexander von Sachsen-Weimar, der eine Künstler, der andere Förderer. Franz Liszt schreibt an den Großherzog aus Zürich am 10. November 1856; es sei „indispensable", dass man in Weimar den Ring der Nibelungen aufführe und ein eigenes Theater für Wagner nach dessen Intentionen baue.[36]

> „L'oeuvre de Wagner…dominera cette époque comme le plus monumental effort de l'art contemporain; c'est inouï, merveilleux et sublime."

Liszt spricht die Hoffnung aus, dass die herrschende Mittelmäßigkeit dies nicht verhindere.

> „Permettez-moi de croire fermement [.....] que votre Altesse Royale n'hésitera pas dans l'accomplissement de la noble tâche qui lui est dévolue."

> "Gestatten Sie mir, fest daran zu glauben, dass Eure Königliche Hoheit nicht zögern wird, diese Ihnen zugefallene noble Aufgabe zu erfüllen".

Diese Bitten und Hoffnungen sind bis heute die gleichen geblieben.

---

36 Briefwechsel zwischen Franz Liszt und Carl Alexander Großherzog von Sachsen – Herausgegeben von La Mara mit zwei Bildnissen, Breitkopf & Härtel, Leipzig 1909, S. 52 (aus Brief Nr. 33). La Mara ist das Pseudonym von Ida Marie Lipsius (1837 – 1927), die eine bekannte Musikhistorikerin war. Siehe auch Armin Tille, Großherzog Karl Alexander und Richard Wagner, Deutsche Rundschau 51 (Januar- Februar-März 1925), S. 1 ff.; hier ist auch der Wagner betreffende Briefwechsel des Großherzogs mit König Johann von Sachsen veröffentlicht. Zum Wohlwollen des Großherzogs Carl Alexander gegenüber dem aus dem Königreich Sachsen verbannten Richard Wagner und der Bedeutung von Franz Liszt in diesem Zusammenhang siehe *Lippert*, Richard Wagners Verbannung und Rückkehr 1849 – 1862, Dresden 1927, S. 70 ff.; siehe ferner *Richard Wagner*, Brief vom 16. Mai 1856 an König Johann von Sachsen, in ders. (Hrsg.), Briefe, Stuttgart 1995, S. 293 ff., 296 f.

Diskussionsbeitrag: Der mediatisierte Stiftungszweck – Schein und Sein der Bayreuther Festspiele

Chris Thomale[*]

Der Personenbegriff hat seinen Ursprung im antiken Theater: *persona*, das ist hier die vorgehaltene Maske, durch die der Schauspieler seine Rolle zum Publikum hindurchklingen (*per-sonare*) lässt.[1] Diese poröse, durchlässige Herkunft wird bei juristischen Personen häufig vergessen. Stattdessen werden sie in einem schillernden naturalistischen Sinne als „wirklich" angenommen, obwohl man sich ihrer sinnlich nicht vergewissern kann. Allein diese Fiktionsbereitschaft erlaubt den Satz: Die Richard-Wagner-Festspiele in Bayreuth werden von der Bayreuther Festspiele GmbH ausgerichtet. Aber die Fiktionsbereitschaft wird weiter strapaziert: Aus § 8 der Stiftungsurkunde ergibt sich, dass der Mieter des Festspielhauses nach Absatz 5 künstlerische Freiheit genießen soll, was nahe legt, auch die gemäß Absatz 2 und Absatz 3 erforderliche Eignung des Mieters als künstlerische Eignung zu verstehen. Wie kann aber einer Gesellschaft mit beschränkter Haftung überhaupt eine irgendwie geartete künstlerische Eignung zukommen? Eine Gesellschaft kann zwar, vermittelt durch ihre Organe, im juristischen Sinne besitzen, handeln und wissen, sie kann sich nach Artikel 19 Absatz 3 GG auf Grundrechte berufen, kann klagen und verklagt werden, zahlungsunfähig werden und vieles mehr. Künstlerische Eignung wie auch kreative und intellektuelle Fähigkeiten überhaupt sind dennoch als ausschließlich menschliche Eigenschaften anzusehen. Zudem kann eine Gesellschaft auch nie „Mitglied [...] der Familie Wagner" sein, wie es § 8 Absatz 2 im Grundsatz verlangt – trotz der im Gesellschaftsrecht verbreiteten dynastischen Metaphorik der *Tochter*gesellschaft. Deshalb liegt es nahe, im „Miet"vertrag[2] der Richard Wagner Stiftung mit

---

[*] Der Autor ist wissenschaftlicher Assistent und Habilitand am Institut für Wirtschaftsrecht (Lehrstuhl Prof. Dr. Marc-Philippe Weller) der Universität Freiburg i. Br.
1   Vgl. näher: Ritter/Gründer (Hrsg.), Historisches Wörterbuch der Philosophie, Band VII, Basel 1989, Sp. 269 f.
2   Über die wahre Vertragsnatur lässt sich unter anderem wegen dienst-, werk- und geschäftsbesorgungsvertraglicher Elemente streiten. Im Rechtssinne liegt wohl bereits deshalb kein Miet-, sondern allenfalls ein Pachtvertrag gemäß §§ 581 ff. BGB vor, weil dem Festspieleausrichter nicht allein der – grundsätzlich nach §§ 540 f. BGB eigene – Gebrauch des Festspielhauses, sondern auch die Nutzungsziehung gebühren soll.

der Bayreuther Festspiele GmbH ein Scheingeschäft im Sinne des § 117 BGB zu erkennen. Nach dem einverständlichen Willen der Vertragschließenden sollte die Leitung der Festspiele Wolfgang Wagner selbst obliegen. Dies folgt nicht nur aus der vertragsgemäßen Beendigung des Mietverhältnisses für den Fall des Ausscheidens Wolfgang Wagners als Festspielleiter, sondern aus einer einfachen Kontrollüberlegung: Hätten die Parteien eine Übertragung – sei es zu Lebzeiten, sei es posthum – der Leitungsaufgabe durch die GmbH an einen anderen als möglich in Betracht gezogen, hätten sie aller Wahrscheinlichkeit nach, schon um die Stiftungssatzung nicht zu verletzen, ausdrücklich von einem Mietvertrag mit Wolfgang Wagner gesprochen. Dies ist allein deshalb unterblieben, weil man in der Bayreuther Festspiele GmbH das durchsichtige Rechtskleid des Wolfgang Wagner erkannte. Gerade auch im Außenverhältnis zur Stiftung sollte Wolfgang Wagner also nach allseitiger Kenntnis und allseitigem Einverständnis die Rechte und Pflichten der Festspielleitung übernehmen; die GmbH wurde lediglich vorgeschoben. In solchen Fällen deutet der Bundesgerichtshof in ständiger Rechtsprechung[3] den Vertrag gemäß § 117 Absatz 2 BGB dahingehend um, das er als mit dem „wahren" Partner zustande gekommen gilt. Somit wurde der Mietvertrag zwischen der Richard Wagner Stiftung und Wolfgang Wagner selbst geschlossen. Dieser Vertrag endete mit dem Tod Wolfgang Wagners und kann nicht durch Fortsetzung der Festspiele unter der Leitung von Katharina Wagner und Eva Wagner-Pasquier seit dem Jahr 2008 stillschweigend nach § 545 BGB verlängert worden sein, weil diese für die Bayreuther Festspiele GmbH und damit – wie gezeigt – rechtlich betrachtet für eine Nichtvertragspartei handelten. Somit ist das Festspielhaus derzeit nicht vermietet, die Festspielleitung folglich vakant.

Der scheinbare Mietvertrag zwischen der Richard Wagner Stiftung und der Bayreuther Festspiele GmbH ist als Scheingeschäft nach § 117 Absatz 1 BGB nichtig. Selbst unter der wie gezeigt fernliegenden Prämisse, dass er tatsächlich in der Absicht geschlossen worden wäre, zukünftig auch die Nachfolge Wolfgang Wagners in der Festspielleitung durch die GmbH bestimmen zu lassen, wäre er nach § 138 Absatz 1 BGB als sittenwidrig und damit als nichtig anzusehen. Denn in dem Abschluss des Mietvertrags läge dann gleichsam eine Selbstentmachtung der Stiftung, die ihrerseits dem Stiftungszweck zuwiderliefe, weil der Einfluss der Stiftungsorgane auf die Festspielleitung durch das Mietverhältnis

---

3 Vgl. BGH NJW 1982, 569; BGH NJW-RR 1997, 238. Weitere Nachweise bei Palandt/*Ellenberger*, 72. Aufl. 2013, § 117 Rn. 6 a. E.

zur GmbH und deren Organ- und Vertragsverhältnisse zur Festspielleitung verdünnt, vermittelt, also: mediatisiert würde.

Im Recht der Aktiengesellschaft hat sich der Bundesgerichtshof diesem Mediatisierungsgedanken geöffnet und nimmt deswegen seit seinen Entscheidungen „Holzmüller"[4] und „Gelatine"[5] bei grundlegenden Geschäften mit mediatisierendem Effekt zum Schutz der Aktiengesellschaft und der Aktionäre vor ihrem Vorstand an, dass dieser zuvor einen Hauptversammlungsbeschluss mit Dreiviertel-Mehrheit herbeiführen muss. Leitgedanke ist dabei, dass ein Geschäft, das wegen seiner „tief in die mitgliedschaftliche Stellung der Aktionäre eingreifenden Wirkung [einer Satzungsänderung] nahe kommt,"[6] eines satzungsänderungsgleichen Konsenses der Aktionäre bedarf. Im Fall der Stiftung fehlt zwar ein personales Substrat wie es die Aktiengesellschaft in Gestalt ihrer Aktionäre kennt; vielmehr steht hinter der Stiftung allein der entpersonalisierte Stiftungszweck als solcher. Aber auch dieser Stiftungszweck bedarf des Schutzes vor Mediatisierung: Wenn eine Stiftung beispielsweise ihren wesentlichen Vermögensgegenstand in eine konzernartige Struktur einbringt, auf die sie nur mittelbaren Einfluss behält, droht dies dem Stiftungszweck zuwider zu laufen. Nimmt eine Stiftung folglich ein solches Geschäft vor, das sie selbst entmachtet und dabei den aktuellen Stiftungszweck gefährdet, könnte auch dies lediglich unter den hypothetischen Voraussetzungen einer Zweck-, also einer Satzung- oder Verfassungsänderung geschehen: Ist eine solche Zweckänderung nicht beispielsweise nach § 87 BGB möglich, darf ein zweckgefährdendes Mediatisierungsgeschäft nicht vorgenommen werden. Aus diesem Grund hätte die Richard Wagner Stiftung vor dem Hintergrund ihres Stiftungszwecks das Festspielhaus nicht mietweise in die Bayreuther Festspiele GmbH einbringen dürfen. Dies betrifft zwar in erster Linie ausschließlich das Innenverhältnis der Stiftung zu ihren Organen, also vorliegend der Richard Wagner Stiftung zu ihrem Stiftungsvorstand.[7] Ist aber dem Vertragspartner der Stiftungszweck positiv bekannt, was vorliegend seitens Wolfgang Wagners und der Bayreuther Festspiele GmbH der Fall war, steht dies einer wirksamen Verbindlichkeit auch im Außenverhältnis nach § 138 Absatz 1 BGB gemäß den etablierten Grundsätzen des Missbrauchs der Vertretungsmacht entgegen.[8] Somit war der Mietvertrag mit der Bayreuther Festspiele GmbH auch

---

4   BGHZ 83, 122.
5   BGHZ 159, 30.
6   BGHZ 159, 30, 45.
7   Vgl. BGHZ 159, 30, 42.
8   Vgl. BGHZ 94, 132; BGHZ 113, 315; Weitere Nachweise bei Palandt/*Ellenberger*, 72. Aufl. 2013, § 164 Rn. 14.

unter dem Aspekt einer stiftungszweckwidrigen Mediatisierung in Verbindung mit einem daraus resultierenden Missbrauch der Vertretungsmacht seitens des Stiftungsvorstands nichtig. *Nichtige* Mietverträge werden jedoch durch (weitere) Durchführung nicht nach § 545 BGB geheilt. Deshalb ist das Festspielhaus auch in dieser Hypothese derzeit nicht vermietet und die Festspielleitung folglich vakant.

Fasolts Warnung „Verträgen halte Treu", die Abteilungsdirektor Johann Hümmer eingangs seines Vortrags bemühte, enthält im Fall der Vermietung des Festspielhauses – wie schon im Rheingold – einen sybillinischen Beigeschmack: Nur der (rechts-)verbindliche Vertrag gewährleistet auf Dauer verträgliche Verbindungen. Die Vertragstreue ist Büttel der Rechtstreue, deren Gebot sogar in der Vertragsuntreue liegen kann. Gemeinsam mit Wotan sollten wir daher Fasolt widersprechen: „Seid ihr bei Trost mit eurem Vertrag?" Denn was die Richard Wagner Stiftung ist, ist sie gerade nicht nur durch Verträge, sondern durch die Erfüllung ihres Stiftungszwecks, das Werk *Richard* Wagners am Leben zu erhalten.

Diskussionsbeitrag: Festspielleitung und Obhut des Festspielhauses als persönliche Leistungen

*Matthias Weller**

„Persönliche Leistungen"[1] sind solche, die nach dem Inhalt des Schuldverhältnisses nur der Schuldner und kein anderer mit Erfüllungswirkung für den Gläubiger erbringen kann. Solche Schuldverhältnisse entstehen, wenn es dem Gläubiger für die Leistungserbringung gerade auf die Person des Schuldners ankommt, insbesondere auf seine Expertise.[2] Künstlerische und wissenschaftliche Auftragsleistungen sind paradigmatische Beispiele.[3] Die ärztliche Behandlungsleistung einer Koryphäe, die sich der Patient ausgesucht hat, zählt ebenso dazu, wie etwa die Leistung des Topmanagers, Spitzensportlers, Gutachters, Rechtschiedsrichters oder sonstiger Experten.[4]

Bei persönlichen Leistungen handelt es sich um komplexe, bei Vertragsschluss nicht präzise beschreibbare Leistungen.[5] Die Rechtsinstitute des Leistungsstörungsrechts, die auf eine präzise Vereinbarung der Sollbeschaffenheit als Maßstab zur Überprüfung der Istbeschaffenheit der angedienten Leistung angewiesen sind, greifen nicht recht. Der Gläubiger ist auf ein gesteigertes Vertrauen in die von ihm ausgesuchte Person des Schuldners angewiesen. Deshalb darf der Schuldner keine Hilfspersonen in die Leistungserbringung einschalten. Er muss vielmehr selbst die Leistung bewirken. Im Übrigen steht dem Gläubiger anstelle

---

* Prof. Dr. Matthias Weller, Mag.rer.publ., Lehrstuhl für Bürgerliches Recht, Zivilverfahrensrecht und Internationales Privatrecht, EBS Universität für Wirtschaft und Recht, Wiesbaden, Vorstandsmitglied des Instituts für Kunst und Recht IFKUR e.V. Heidelberg.

1   Z.B. *Mommsen*, Die Unmöglichkeit der Leistung in ihrem Einfluß auf obligatorische Verhältnisse, Braunschweig 1853, § 8 S. 6490; *Rosenberg*, Der Verzug des Gläubigers, in Rudolf Jhering (Hrsg.), Jherings Jahrbücher für die Dogmatik des bürgerlichen Rechts. Bd. 32, Jena 1901, S. 141, 169; *Himmelschein*, AcP 135 (1932), 255, 257; *Flume*, Allgemeiner Teil des bürgerlichen Rechts, Bd. 2, Berlin 1979, § 24 2 b, S. 479, § 42 4, S. 490; Staudinger/*Löwisch/Caspers*, 2009, § 275 Rn. 63.

2   *Matthias Weller*, Persönliche Leistungen, Tübingen 2012, zugl. Habil. Heidelberg 2011, S. 1.

3   *Matthias Weller*, Persönliche Leistungen (Fn. 2), S. 27; MüKo-BGB/*Krüger*, 6. Aufl. 2012, § 267 Rn. 7; Prütting/Wegen/Weinreich/*Jud*, 7. Aufl. 2012, § 267 Rn. 2.

4   *Mommsen*, Unmöglichkeit (Fn. 1), § 8 S. 77.

5   *Matthias Weller*, Persönliche Leistungen (Fn. 2), S. 54.

der sonst bei Leistungsstörungen greifenden Rechtsbehelfe eine Reihe von Rechten zu, die den rechtlichen Strukturtypus der persönlichen Leistung konstituieren.[6] Hierzu zählen vor allem besondere Lösungsrechte nach dem Vorbild des § 627 BGB. Diese Vorschrift enthält ausweislich der amtlichen Überschrift das Recht zur fristlosen Kündigung eines Dienstvertrags bei Vertrauensstellung. Der Dienstberechtigte kann (außer bei Arbeitsverhältnissen) auch ohne die Voraussetzungen des § 626 BGB zur außerordentlichen Kündigung aus wichtigem Grund jederzeit und fristlos kündigen, wenn der Dienstverpflichtete zu „Diensten höherer Art" verpflichtet ist, die „aufgrund besonderen Vertrauens" übertragen zu werden pflegen. Dieses grund- und fristlose Kündigungsrecht ist ausgeschlossen, wenn der Dienstverpflichtete in einem dauernden Dienstverhältnis mit festen Bezügen steht, § 627 Abs. 1 BGB a.E.[7]

Die komplexe und konkret kaum präzise zu umschreibende Aufgabe, die sich aus § 2 der Stiftungsurkunde ergibt, nämlich „das Festspielhaus Bayreuth … stets den Zwecken dienstbar zu machen, für die es sein Erbauer bestimmt hat, also einzig der festlichen Aufführung der Werke Richard Wagners" und dadurch „den künstlerischen Nachlass von Richard Wagner dauernd der Allgemeinheit zu erhalten", überwölbt § 8 der Stiftungsurkunde zur Vermietung des Festspielhauses an den Festspielunternehmer.[8] Nach S. 1 ist das Festspielhaus grundsätzlich an ein Mitglied, ggf. auch an mehrere Mitglieder der Familie Wagner oder auch an einen anderen Unternehmer zu vermieten, wenn ein Mitglied der Familie Wagner, ggf. auch mehrere Mitglieder der Familie Wagner, die Festspiele leiten. Dies gilt nach S. 2 nur dann nicht, wenn andere, besser geeignete Bewerber auftreten.

Ersichtlich soll mit dem „Mietvertrag" der in § 2 definierte Stiftungszweck verwirklicht werden.[9] Der Vertrag mit dem Mieter hat damit bei verständiger Würdigung den Geschäftszweck, dem in § 2 Nr. 1 der Stiftungsurkunde beschriebenen Stiftungszweck zu dienen. Dieser liegt wie dargelegt darin, den künstlerischen Nachlass von Richard Wagner dauernd der Allgemeinheit zu erhalten, u.a. durch die festliche Aufführung der Werke Richard Wagners. Die Vermietung des Festspielhauses ist dafür ersichtlich nur ein – wenn auch zentrales – Hilfsmittel. Primärer Geschäftszweck des Vertrags ist nämlich nicht der Erwerb der Gegenforderung auf Zahlung von Miete als Entgelt für den Gebrauch der überlassenen Sache, sondern vielmehr die Pflege des künstlerischen Erbes

---

6   *Matthias Weller*, Persönliche Leistungen (Fn. 2), S. 4.
7   Im Einzelnen *Matthias Weller*, Persönliche Leistungen (Fn. 2), S. 601 ff.
8   *Jayme*, oben bei B.I., S. 156.
9   *Jayme*, aaO.

Richard Wagners. Nur mit diesem Ziel lassen sich die Kautelen zur Personenauswahl, insbesondere der Vorrang von Familienmitgliedern, erklären. Diese Kautelen lassen zugleich erkennen, dass es dem „Vermieter" auf die Person des Mieters ankommt. Die Qualifikation dieses Vertrags als Mietvertrag wird dem besonderen Charakter des Geschäftszwecks nicht gerecht. Vielmehr liegt eher ein Geschäftsbesorgungsvertrag mit Dienstvertragscharakter und mietvertraglichen Elementen vor. Soweit man mit der herrschenden Auffassung für ein „Geschäft" i.S.v. § 675 BGB zur Abgrenzung der entgeltlichen Geschäftsbesorgung von Dienst und Werkvertrag die Wahrung gerade fremder Vermögensinteressen verlangt und nicht die Wahrung fremder Interessen allgemein genügen lässt,[10] wäre ein Dienstvertrag mit mietvertraglichen Elementen anzunehmen. Unabhängig von der vertragstypologischen Einordnung läge jedenfalls ein Vertrag über eine persönliche Leistung zum Erhalt und zur Pflege des künstlerischen Erbes Richard Wagners durch Veranstaltung der Festspiele im Festspielhaus vor.

Soweit dieser Dienstvertrag nicht zu festen Bezügen des Dienstverpflichteten führt und damit wirtschaftliche Abhängigkeit wie bei einem Arbeitnehmer besteht, kann der Dienstberechtigte nach § 627 BGB jederzeit frist- und grundlos kündigen.

Selbst wenn man von einem Mietvertrag i.S.v. § 535 ff. BGB ausgeht, besteht eine persönliche Leistung des Mieters darin, die gebotene Obhut über die Mietsache walten zu lassen.[11] Deswegen darf der Mieter nach § 540 Abs. 1 S. 1 BGB die Mietsache Dritten nicht überlassen. Deswegen kann der Mieter den Anspruch auf Gebrauchsüberlassung aus dem Mietvertrag nicht abtreten, § 399 Alt. 2 BGB. Die Obhutpflicht des Mieters beschränkt sich beim Festspielhaus als Mietgegenstand ersichtlich nicht auf den Sachgegenstand, sondern erstreckt sich auch auf das künstlerische Erbe Richard Wagners insgesamt. Wenn nun der Mieter den Zuschnitt seiner Person grundlegend ändert, gibt dies Anlass zur Frage, ob hierin eine Pflichtverletzung gleich der Überlassung der Mietsache an Dritte liegt.

In anderen Rechtsbereichen beschreibt man Veränderungen in der Person des Schuldners, die das bisherige Vertrauen des Gläubigers in die Person des Schuldners in Frage stellen, durch das Schlagwort „change of control". Gemeint sind damit Konstellationen, in denen etwa der Geschäftsführer der schuldenden juristischen Person oder die herrschende Muttergesellschaft wechseln. Hiergegen wappnen sich gut beratene Gläubiger durch *change of control*-Klauseln. Danach

---

10 Vgl. z.B. *Oetker/Maultzsch*, Vertragliche Schuldverhältnisse, 4. Aufl., Berlin 2013, S. 708 Rn. 78 f. m. w. Nw.

11 *Matthias Weller*, Persönliche Leistungen (Fn. 2), S. 194 ff.

wächst bei einem *change of control* dem Gläubiger ein Kündigungsrecht zu. Dieser Gedanke dürfte im vorliegenden Fall übertragbar sein.

Es spricht damit viel dafür, dass der derzeitige Vertrag über die Vermietung des Festspielhauses jederzeit kündbar ist.

Teil 3: Materialien

Stiftungsurkunde der Richard Wagner Stiftung Bayreuth[*]

Zur dauernden Erhaltung der Voraussetzungen für die Durchführung der Bayreuther Richard-Wagner-Festspiele, zur Pflege des künstlerischen Nachlasses von Richard Wagner und des Verständnisses seiner Werke sowie zur Förderung der Richard-Wagner-Forschung errichten

1. Frau Winifred Wagner, Bayreuth, Wahnfriedstraße, Siegfried-Wagner-Haus

2. Frau Friedelind Wagner, Nußdorf a. Bodensee, Zur Forelle 4

3. Frau Verena Lafferentz, geb. Wagner, Nußdorf a. Bodensee, Zur Forelle 4

4. Herr Wolfgang Wagner, Bayreuth Festspielhügel#

5. die Abkömmlinge von Herrn Wieland Wagner

   a) Fräulein Iris Wagner

   b) Fräulein Nike Wagner

   c) Frau Daphne Proksch, geb. Wagner

   d) Herr Wolf-Siegfried Wagner

   zu a) bis d) : Keitum/Sylt, Haus Wieland Wagner

6. die Bundesrepublik Deutschland, vertreten durch den Bundesminister des Innern

7. der Freistaat Bayern, vertreten durch das Bayer. Staatsministerium für Unterricht und Kultus

8. die Stadt Bayreuth, vertreten durch den Oberbürgermeister

9. die Gesellschaft der Freunde von Bayreuth e. V., vertreten durch den Vorsitzenden

10. die Oberfrankenstiftung (Adolf-Wächter-Stiftung) Bayreuth, vertreten durch den Vorsitzenden des Stiftungsrates

11. der Bezirk Oberfranken, vertreten durch den Regierungspräsidenten, und

---

[*]   Quelle:http://www.bayreuther-festspiele.de/rechtsform_und_finanzierung/stiftungs-urkunde_143.html.

12. die Bayer. Landesstiftung, vertreten durch den Vorstand

mit Wirkung von dem auf die Zustellung der Genehmigung an den letzten Stifter folgenden Tage eine rechtsfähige öffentliche Stiftung des bürgerlichen Rechts mit dem Sitz in Bayreuth.

Die Stiftung wird mit dem in § 3 der Satzung und in der der Satzung beigegebene Aufstellung näher bezeichneten Vermögen ausgestattet.

Die Stifterinnen zu 1) und 8), erstere mit Zustimmung der Stifter zu 2) bis 5), übereignen alsbald nach der Errichtung der Stiftung das Festspielhaus Bayreuth nebst allen Nebengebäuden und allen dazugehörenden bebauten Grundstücken unentgeltlich auf die Stiftung. Die Stifter zu 6), 10) und 12) stellen der Stiftung das Richard-Wagner-Archiv (einschließlich der Bibliothek Richard Wagners sowie der Bilder, Büsten und sonstiger Erinnerungsstücke und des bis 1945 entstandenen Bildmaterials) für dauernd leihweise zur Verfügung. Die Stifterin zu 8) stellt der Stiftung das Haus Wahnfried mit allen Nebengebäuden und Park für dauernd leihweise zur Verfügung. Die Stifterin zu 9) verzichtet auf ihren Anspruch auf Rückzahlung der für Baumaßnahmen am Festspielhaus zur Verfügung gestellten Beträge sowie auf die dafür bestehenden Sicherheiten.

Der Stifter zu 7) verpflichtet sich, der Stiftung nach Maßgabe der Ansätze in seinem Haushaltsplan jährlich zum Verbrauch bestimmte Zuschüsse zu gewähren, deren Gesamthöhe unter Berücksichtigung der eigenen Einnahmen der Stiftung und der von den übrigen Stiftern und von dritter Seite gewährten Zuschüsse und Leistungen die angemessene Erfüllung des Stiftungszwecks nachhaltig ermöglicht. Die Stifterin zu 8) verpflichtet sich, einen wissenschaftlich vorgebildeten Bediensteten zur Betreuung des Richard-Wagner-Archivs zu stellen und dafür, wie auch für die Tätigkeit des Geschäftsführers und für die Pflege der für die Allgemeinheit zugänglichen Grundstücke am Festspielhaus keinen Kostenersatz und keine Vergütung zu verlangen. Der Stifter zu 11) verpflichtet sich, eine Schreibkraft im tariflich zulässigen Rahmen zu bezahlen, die von der Stiftung eingestellt wird. Die Stiftung soll durch den Stiftungsrat und den Vorstand verwaltet werden. Der durch das Gemeinschaftliche Testament der Eheleute Siegfried und Winifred Wagner vom 8.3.1929 bestimmte Testamentsvollstrecker Rechtsanwalt Dr. Fritz Meyer I, Bayreuth, stimmt der Errichtung der Stiftung zu.

Die Stiftung erhält die nachstehende

Satzung

§ 1 Name und Sitz der Stiftung

(1) Die Stiftung führt den Namen „Richard-Wagner-Stiftung Bayreuth". Sie ist eine rechtsfähige öffentliche Stiftung des bürgerlichen Rechts.
(2) Sitz der Stiftung ist Bayreuth.

§ 2 Stiftungszweck

Zweck der Stiftung ist es, im Sinne des Gemeinschaftlichen Testaments von Siegfried und Winifred Wagner vom 8.3.1929

1. den künstlerischen Nachlaß von Richard Wagner dauernd der Allgemeinheit zu erhalten;

2. das Festspielhaus Bayreuth dauernd der Allgemeinheit zu erhalten und zugänglich zu machen und stets den Zwecken dienstbar zu machen, für die es sein Erbauer bestimmt hat, also einzig der festlichen Aufführung der Werke Richard Wagners;

3. die Richard-Wagner-Forschung zu fördern;

4. das Verständnis für die Werke Richard Wagners insbesondere bei der Jugend und beim künstlerischen Nachwuchs zu fördern.

§ 3 Stiftungsvermögen

(1) Das Vermögen der Stiftung besteht aus

1. dem Festspielhaus Bayreuth samt Nebengebäuden;

2. dem Anspruch gegen die Stadt Bayreuth auf leihweise Überlassung des Hauses Wahnfried mit allen Nebengebäuden und dem Park,

3. dem Anspruch gegen die Bundesrepublik Deutschland, die Bayer. Landesstiftung und die Oberfrankenstiftung auf leihweise Überlassung des Richard-Wagner-Archivs einschließlich Bibliothek und Zubehör,

4. sonstigen, dem Stiftungszweck dienenden Gegenständen, die der Stiftung zugewendet werden,

5. Forderungen gegen den Freistaat Bayern, die Stadt Bayreuth und den Bezirk Oberfranken auf laufende Unterstützung nach Maßgabe der Stiftungsurkunde. Im Einzelnen ergibt sich das Stiftungsvermögen nach Nr. 1 bis 3 aus der dieser Satzung als Anlage beigefügten und einen Bestandteil der Satzung bildenden Aufstellung.

(2) Die in Abs.1 Nr. 1 und 4 genannten Gegenstände sowie das Richard-Wagner-Archiv und das Haus Wahnfried sind der Öffentlichkeit zugänglich zu machen, soweit das im Rahmen der Möglichkeiten der Stiftung ohne Gefährdung des Vermögens geschehen kann.

§ 4 Organe der Stiftung

(1) Organe der Stiftung sind 1. der Vorstand 2. der Stiftungsrat
(2) Die Tätigkeit in den Organen der Stiftung ist ehrenamtlich.
(3) Die Mitgliedschaft in den Organen endet außer durch Tod durch Zeitablauf, Abberufung oder Rücktritt. Abberufung und Rücktritt können, sofern nicht ein wichtiger Grund vorliegt, nur zum Ende eines Rechnungsjahres erfolgen.
(4) Beschlüsse mit finanziellen Auswirkungen können nur mit Zustimmung des Freistaates Bayern gefaßt werden. Bezieht sich ein Widerspruch des Freistaates Bayern auf den Haushaltsplan, so gelten diejenigen niedrigeren Ansätze, die die Zustimmung des Freistaates Bayern gefunden haben.
(5) Soweit der Leiter der Bayreuther Festspiele nicht Mitglied eines Organs ist, sollen ihn die Organe zu ihren Sitzungen zuziehen, sofern dies nicht unzweckmäßig erscheint.
(6) Vorstand und Stiftungsrat geben sich eine Geschäftsordnung, ersterer mit Zustimmung des Stiftungsrates.

§ 5 Der Vorstand

(1) Der Vorstand der Stiftung ist Vorstand im Sinne des Bürgerlichen Gesetzbuches. Er vertritt die Stiftung nach außen und ist für alle Angelegenheiten Geschäftsführer übertragen hat.
(2) Der Vorstand besteht aus drei Mitgliedern. Je ein Vorstandsmitglied wird vom Bund und vom Freistaat Bayern bestellt. Ist der Leiter der Bayreuther Festspiele ein Abkömmling Richard Wagners, so ist er zugleich das dritte Mitglied des Vorstands! sind mehrere Abkömmlinge zusammen Leiter der Festspiele, so wird, wenn sie sich nicht einigen, der älteste von ihnen Mitglied des Vorstands. Im Übrigen wird das dritte Vorstandsmitglied durch die Vertreter der Familie Wagner im Stiftungsrat benannt und bei gleichzeitiger Benennung eines neuen Mitgliedes abberufen. Haben die Vertreter der Familie Wagner innerhalb von zwei Monaten nach Aufforderung durch die Stiftungsaufsichtsbehörde keine Entscheidung getroffen, so entscheidet die Stiftungsaufsichtsbehörde selbst.
(3) Entscheidungen des Vorstands bedürfen einer Mehrheit von zwei Stimmen. Stimmübertragung ist zulässig. Die Vertretung der Stiftung erfolgt, soweit nicht der Vorstand etwas anderes bestimmt, durch den vom Vorstand zu wählenden Vorsitzenden des Vorstands zusammen mit einem weiteren Vorstandsmitglied oder mit dem Geschäftsführer.

§ 6 Stiftungsrat

(1) Der Stiftungsrat stellt den Haushaltsplan der Stiftung auf und entscheidet über die Vermietung des Festspielhauses (§ 8), in allen Fragen von grundsätzlicher Bedeutung sowie in den Angelegenheiten, in denen er sich die Entscheidung vorbehält. Er ist für Änderungen dieser Satzung zuständig.

(2) Die Stimmenzahl im Stiftungsrat beträgt 24. Sie verteilt sich wie folgt:
Bundesrepublik Deutschland 5 Stimmen
Freistaat Bayern 5 Stimmen
Familie Wagner 4 Stimmen
Stadt Bayreuth 3 Stimmen
Gesellschaft der Freunde von Bayreuth 2 Stimmen
Oberfrankenstiftung 1 Stimme
Bezirk Oberfranken 2 Stimmen
Bayer. Landesstiftung 2 Stimmen

(3) Für die Vertretung der Familie Wagner im Stiftungsrat gilt folgendes: Eine Stimme steht Frau Winifred Wagner zu; sie kann auch einen Vertreter in den Stiftungsrat entsenden. Von den übrigen vier Stimmen steht jedem Stamm der vier gemeinschaftlichen Abkömmlinge von Siegfried und Winifred Wagner eine Stimme zu, wobei jeder Stamm auch einen Vertreter benennen kann, der nicht der Familie Wagner angehört. An die Stelle eines verstorbenen Abkömmlings treten jeweils seine Abkömmlinge, die ihr Benennungsrecht mit Mehrheit ausüben. Für jedes Mitglied im Stiftungsrat kann ein Stellvertreter bestellt werden. Der Stellvertreter hat das Recht, an den Sitzungen des Stiftungsrates teilzunehmen; ein Stimmrecht steht ihm nur zu, soweit das ordentliche Mitglied an einer Abstimmung verhindert ist.

Stirbt ein Stamm aus, so geht das Benennungsrecht auf die übrigen Stämme über, die es gemeinschaftlich ausüben und mit der Mehrheit ihrer Angehörigen entscheiden. Hierbei hat jeder Stamm eine Stimme. Hat das letzte Mitglied eines ausgestorbenen Stammes durch letztwillige Verfügung eine Person für den Stiftungsrat benannt, so gehört diese Person dem Stiftungsrat auf die Dauer von zwanzig Jahren seit dem Wirksamwerden der letztwilligen Verfügung an. Nach Ablauf der zwanzig Jahre gilt Satz 1. Adoptivkinder setzen einen Stamm nicht fort. Beim Ableben von Frau Winifred Wagner vermindert sich die Zahl der Stimmen der Familie Wagner auf vier; die Zahl der Stimmen der Gesellschaft der Freunde von Bayreuth erhöht sich auf zwei.

(4) Der Stiftungsrat ist beschlußfähig, wenn mehr als die Hälfte der Vertreter ernannt und mehr als die Hälfte der Stimmen vertreten ist. Stimmübertragung ist zulässig, Der Stiftungsrat kann die Teilnahme von Beratern gestatten.

§ 7 Der Geschäftsführer

(1) Zur Erledigung der einfachen und laufenden Geschäfte der Stiftung wird ein Geschäftsführer bestellt, dem auch Vollmacht zur Vertretung der Stiftung in bestimmten Fällen erteilt werden kann. Die Aufgaben des Geschäftsführers im Einzelnen werden durch die Geschäftsordnung und durch Beschluß des Vorstands geregelt. Zur Bestellung und Entlassung des Geschäftsführers ist der Vorstand zuständig.

(2) Die Stadt Bayreuth benennt für den Posten des Geschäftsführers den Oberbürgermeister, der sich durch einen geeigneten Bediensteten der Stadt vertreten lassen kann. Nimmt die Stiftung dieses Angebot nicht an, so hat sie den Geschäftsführer auf eigene Kosten anzustellen.

(3) Der Geschäftsführer nimmt an allen Sitzungen des Vorstands mit beratender Stimme teil.

§ 8 Vermietung des Festspielhauses an Festspielunternehmer

(1) Die Stiftung wirkt dahin, daß im Festspielhaus Bayreuth festliche Aufführungen der Werke Richard Wagners veranstaltet werden. Die Festspiele werden von der Stiftung jedoch nicht finanziert oder durchgeführt.

(2) Das Festspielhaus ist grundsätzlich an ein Mitglied, ggfs. auch an mehrere Mitglieder der Familie Wagner oder auch an einen anderen Unternehmer zu vermieten, wenn ein Mitglied, ggfs. auch mehrere Mitglieder der Familie Wagner die Festspiele leiten. Dies gilt nur dann nicht, wenn andere, besser geeignete Bewerber auftreten. Mit der Mehrheit ihrer Stimmen im Stiftungsrat können die Abkömmlinge von Richard Wagner Vorschläge machen. Sobald feststeht, daß der Vertrag mit einem Festspielunternehmer beendet ist oder beendet wird, weist die Stiftung die Vertreter der Familie Wagner im Stiftungsrat auf die Möglichkeit hin, einen Vorschlag zu machen; der Vorschlag muß innerhalb von vier Monaten nach Zugang der Mitteilung der Stiftung bei der Stiftung eingehen. Die Mitteilungen gelten mit dem Ablauf des dritten Tages nach Absendung an die der Stiftung zuletzt mitgeteilte Adresse als zugegangen.

(3) Hat der Stiftungsrat Zweifel darüber, ob ein Mitglied der Familie Wagner für den Posten des Festspielunternehmers besser oder ebenso gut geeignet ist wie andere Bewerber, so hat der Stiftungsrat die Entscheidung einer dreiköpfigen Sachverständigenkommission einzuholen. Diese Kommission besteht aus den Intendanten von Opernhäusern aus dem deutschsprachigen Raum, wobei die Intendanten in der Reihenfolge der nachstehend genannten Opernhäuser zuzuziehen sind:

Deutsche Oper Berlin,

Bayerische Staatsoper München,

Staatsoper Wien,

Staatsoper Hamburg,

Staatsoper Stuttgart,

Städtische Oper Frankfurt/Main,

Städtische Oper Köln.

Kommt eine Entscheidung der Kommission nicht zustande, so entscheidet der Stiftungsrat unter Abwägung aller Gesichtspunkte.

(4) Soweit sofort eine Entscheidung getroffen werden muß, entscheidet der Stiftungsrat allein unter Abwägung aller Gesichtspunkte über die unumgänglichen Maßnahmen.

(5) Der Mietvertrag sichert dem Unternehmer die künstlerische Freiheit.

§ 9 Verwaltung des Stiftungsvermögens

(1) Das Stiftungsvermögen ist nach den für staatliches Vermögen des Freistaates Bayern geltenden Grundsätzen zu verwalten.

(2) Die in § 3 Abs. 1 Nr. 1 bis 3 genannten Gegenstände sind unangreifbares Grundstockvermögen der Stiftung; die in § 3 Abs. 1 Nr. 4 genannten Gegenstände sind Grundstockvermögen, soweit sich nicht aus den Umständen der Zuwendung etwas anderes ergibt.

(3) Rechnungsjahr der Stiftung ist das Kalenderjahr.

§ 10 Gemeinnützigkeit

(1) Die Stiftung verfolgt ausschließlich und unmittelbar gemeinnützige Zwecke im Sinne des § 17 des Steueranpassungsgesetzes und der Gemeinnützigkeitsverordnung vom 24.12.1953.

(2) Die Stiftung verfolgt keinerlei Erwerbszwecke. Sie darf niemanden durdl Ausgaben, die dem Zweck der Stiftung nicht entsprechen, durch unverhältnismäßig hohe Vergütungen oder in sonstiger Weise begünstigen. Erträge des Stiftungsvermögens dürfen nur für satzungsmäßige Zwecke verwendet werden.

§ 11 Stiftungsaufsicht, Rechnungsprüfung

(1) Die Stiftungsaufsicht wird unter der Oberleitung des Bayerischen Staatsministeriums für Unterricht und Kultus von der Regierung von Oberfranken wahrgenommen. (2) Die Prüfung der Haushalts- und Wirtschaftsführung der Stiftung erfolgt durch den Bayer. Obersten Rechnungshof. Der Bundesrechnungshof kann sich an der Prüfung beteiligen.

§ 12 Vermögensanfall

Im Falle der Aufhebung der Stiftung fällt das Festspielhaus nebst allen Nebengebäuden und allen dazugehörenden bebauten Grundstücken an die Stadt Bayreuth, die es im Sinn des Stiftungszweckes und der Anordnungen im Gemeinschaftlichen Testament von Siegfried und Winifred Wagner vom 8.3.1929 verwaltet und verwendet. Die Leihgeber erhalten ihre Leihgaben zurück; für Verbesserungen ist der Stiftung kein Ersatz zu leisten. Im übrigen geht das Vermögen im Verhältnis der seit Errichtung der Stiftung erbrachten Aufwendungen auf die Stifter über, die es im Rahmen ihrer Möglichkeiten zur Pflege und Erforschung der Kunst Richard Wagners zu verwenden haben.

§ 13 Satzungsänderungen

(1) Änderungen dieser Satzung bedürfen einer Mehrheit von drei Vierteln der satzungsmäßigen Stimmenzahl des Stiftungsrates.
(2) § 4 Abs. 4 kann nur mit Zustimmung des Freistaates Bayern, § 12 S. 1 nur mit Zustimmung der Stadt Bayreuth geändert werden. Änderungen der §§ 2, 5, 6, 8, 12 Satz 1 und 14 bedürfen bis zum Jahre 2052 einschließlich der Mehrheit der den Mitgliedern der Familie Wagner im Stiftungsrat zustehenden Stimmen. Satzungsänderungen, durch die ein Stifter zusätzlich verpflichtet werden soll, bedürfen dessen Zustimmung.

§ 14 Aufhebung der Stiftung

Eine Aufhebung der Stiftung ist nur aus den gesetzlich vorgesehenen Gründen zulässig.

München, den 2. Mai 1973.

Der Aufbau der Richard Wagner Stiftung[*]

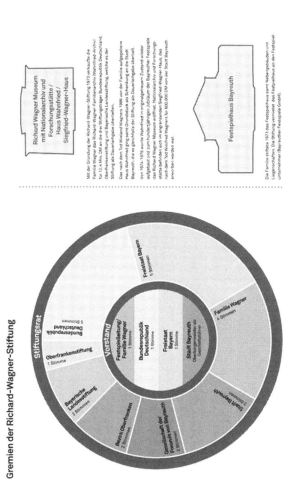

Gremien der Richard-Wagner-Stiftung

*   Quelle: www.wagnermuseum.de/stiftung_15.html.

Das gemeinschaftliche Testament Siegfried und Winifred Wagners vom 8. März 1919[*]

Testament

Heute, den achten März neunzehnhundertneunundzwanzig, 8. März 1929, erschienen vor mir, Justizrat Josef Leuchs, Notar in Bayreuth, in den Amtsräumen des Notariats Bayreuth II: Herr Siegfried Wagner, Dichterkomponist in Bayreuth, 59 Jahre alt, und dessen Gattin Frau Winifred Wagner, daselbst, 31 Jahre alt, beide mir persönlich bekannt und geschäftsfähig. Da die Erschienenen erklärten, ein Testament errichten zu wollen, so wurden als einwandfreie Zeugen zugezogen:

1. Herr Ernst Beutter, Bankdirektor in Bayreuth
2. Herr Dr. Fritz Meyer, Rechtsanwalt in Bayreuth,
beide mir ebenfalls persönlich bekannt.

In Gegenwart der beiden Zeugen übergaben mir die Ehegatten Wagner die diesem Protokoll beigeheftete offene Schrift mit der mündlichen Erklärung, dass dieselbe ihren beiderseitigen letzten Willen enthalte. Sämtliche mitwirkende Personen waren während der ganzen Dauer der Verhandlung zugegen. Vorgelesen vom Notar, von den Ehegatten Wagner genehmigt und von ihnen und den beiden Zeugen eigenhändig unterschrieben.

gez. Siegfried Wagner
gez. Winifred Wagner
gez. Ernst Beutter
gez. Dr. Fritz Meyer
gez. JR. Leuchs, Notar.

L.S. Gemeinschaftliches Testament der Eheleute Siegfried und Winifred Wagner. Herr Siegfried und Frau Winifred Wagner bestimmen ihren letzten Willen wie folgt:

Die Ehegatten leben in dem gesetzlichen Güterstand der Verwaltung und Nutzniessung.

---

[*] Quelle: http://www.bayreuther-festspiele.de/rechtsform_und_finanzierung/testament_139.html.

I.

Stirbt Herr Siegfried Wagner vor Frau Winifred Wagner, so hat folgende Erbfolge Platz zu greifen:

1. Frau Winifred Wagner wird Vorerbin des gesamten Nachlasses des Herrn Siegfried Wagner. Als Nacherben werden bestimmt die gemeinsamen Abkömmlinge der Ehegatten Wagner zu gleichen Stammteilen. Die Nacherbfolge tritt ein mit dem Tode oder mit der Wiederverheiratung der Frau Winifred Wagner. Geht Frau Winifred Wagner eine neue Ehe ein, oder schlägt sie die Erbschaft aus, so soll sie nur Anspruch auf den Pflichtteil haben. In diesem Falle sind Vorerben die Söhne und Töchter der Eheleute Wagner. Nacherben sind deren gemeinschaftliche Abkömmlinge, die zur Zeit des Eintritts der Nacherbfolge am Leben sind. Die Nacherbfolge tritt ein, wenn die sämtlichen Söhne und Töchter der Eheleute Wagner gestorben sind. Schlagen die Söhne und Töchter der Eheleute Wagner die ihnen zugedachte Nacherbschaft aus; so erhalten sie nur den Pflichtteil, Frau Winifred Wagner wird Erbin.

2. Die Erben erhalten bezüglich des Festspielhauses folgende Auflage: Das Festspielhaus darf nicht veräussert werden. Es soll stets den Zwecken, für die es sein Erbauer bestimmt hat, dienstbar gemacht werden, einzig also der festlichen Aufführung der Werke Richard Wagners. Erfüllen die Erben diese Auflage nicht, so sollen die gleichen Folgen eintreten, wie sie oben unter Ziffer II für den Fall der Ausschlagung der Erbschaft durch Vorerben oder Nacherben dargestellt sind. Ist die Durchführung dieser Auflage trotz besten Willens der mit dieser Auflage belasteten Personen unmöglich, so soll über die weitere Bestimmung und das weitere Schicksal des Festspielhauses unter Ausschluss der ordentlichen Gerichte mit bindender Wirkung für alle beteiligten Personen eine Kommission entscheiden, die aus folgenden Personen besteht:

Frau Winifred Wagner, sofern sie nicht wieder verheiratet ist, nach deren Wegfall der jeweils älteste Abkömmling des Herrn Siegfried Wagner als Vorsitzender, das älteste Mitglied der Juristischen Fakultät in Erlangen und der Testamentsvollstrecker, Herr Ernst Beutter, Bankdirektor in Bayreuth, nach dessen Wegfall oder Unfähigkeit Herr Rechtsanwalt Dr. Fritz Meyer in Bayreuth, nach dessen Wegfall oder Unfähigkeit der Präsident der Akademie der Künste und Wissenschaften in München. Ist einem berufenen Mitglied dieser Kommission die Mitwirkung aus irgendeinem Grunde nicht möglich, so wird der Ersatzmann durch den ersten Bürgermeister der Stadt Bayreuth bestimmt. Die Kosten der Kommission treffen den Nachlass. Massgebend für die Entscheidung der Kommission soll die Erwägung sein, dass das Festspielhaus als eine Hochburg echter deutscher Kunst der Nachwelt erhalten bleiben soll. Sollten alle in diesem Testament bedachten Personen die Erbschaft ausschlagen und dadurch die gesetzliche Erbfolge herbeiführen, so soll auch für diesen Fall die Auflage bezüglich des Festspielhauses gelten. Die Vollziehung dieser Auflage soll dann die Stadt Bayreuth verlangen können (§ 2194 BGB). Sollten Vorerben, Nacherben oder gesetzliche Erben durch Verschulden sämtlicher Erben, oder eines von ihnen, die

Auflage nicht erfüllen, so soll die Stadt Bayreuth als Vermächtnisnehmerin das Festspielhaus zum Eigentum erhalten. Der Stadt Bayreuth wird für diesen Fall die im vorstehenden, den Erben gemachten Auflagen ausdrücklich auferlegt.

II.

Frau Winifred Wagner soll als Vorerbin befreit sein von den Vorschriften der §§ 2116, 2117, 2118, 2119 BGB. Das gleiche gilt für den Fall der Ausschlagung der Erbschaft durch die Vorerbin Frau Winifred Wagner für die Abkömmlinge des Herrn Siegfried Wagner, die in diesem Falle als Vorerben berufen sind.

III.

Stirbt Frau Winifred Wagner vor ihrem Ehemann, so ist Herr Siegfried Wagner Alleinerbe. Sollte einer der Abkömmlinge seinen Pflichtteil aus dem Vermögen der Mutter verlangen, so soll dieser Abkömmling auch aus dem Vermögen des Herrn Siegfried Wagner den Pflichtteil erhalten. Im übrigen soll Herr Siegfried Wagner nach dem Ableben seiner Ehefrau das Recht haben, das vorliegende Testament aufzuheben, ohne dass er das ihm Zugewendete ausschlagen muss (§ 2271 BGB).

IV.

Dieses Testament soll keinerlei Geltung und Wirkung haben, wenn die Ehe der Eheleute Wagner aus irgendeinem Grunde geschieden wird (§ 2268 BGB.) oder wenn Herr Siegfried Wagner zur Zeit seines Todes auf Scheidung wegen Verschuldens seiner Ehefrau – zu klagen berechtigt war und die Klage auf Scheidung oder Aufhebung der ehelichen Gemeinschaft eingereicht war.

V.

Die sämtlichen Verfügungen dieses Testaments sind korrespektiv im Sinne des § 2270 BGB; es ist anzunehmen, dass die Verfügung des einen nicht ohne die Verfügung des anderen getroffen sein würde. Das Aufhebungsrecht des Herrn Siegfried Wagner (Ziffer III) soll jedoch trotzdem bestehen.

VI.

Als Testamentsvollstrecker wird Herr Bankdirektor Ernst Beutter in Bayreuth bestimmt, sollte dieser wegfallen, als Ersatzmann Herr Rechtsanwalt Dr. Fritz Meyer in Bayreuth.
> Bayreuth, den 8. März 1929.
> gez. Siegfried Wagner
> gez. Winifred Wagner

Beglaubigt:
> Bayreuth, den 18. Oktober 1932.
> Der Urkundsbeamte der Geschäftsstelle des Amtsgerichts.
> Justizobersekretär.